智能医药物流系统规划与设计

翁 迅 张经天 著

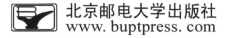

北京邮电大学出版社
www.buptpress.com

内容简介

本书在介绍国内外医药物流配送中心发展现状的基础上,对智能医药物流系统的典型物流系统进行了详细介绍;系统地介绍了智能医药物流系统规划与设计的各个环节和涉及的关键技术;从医药物流配送中心的选址问题入手,介绍了单个医药物流配送中心设施点选址和多仓协同设施点选址的相关算法;通过医药物流配送中心的调研及数据分析方法讲解,系统地阐述了需求预测、PCB分析、EIQ分析等关键技术在医院物流中心规划中订单分析环节的应用方法;针对布局设计,详细介绍了作业流程分析和SLP布局方法;通过对典型智能装备的介绍,系统地介绍了"货到人"系统典型问题的问题描述和算法建模过程,并提供了算法验证和分析;针对智能设备的调度问题,提出了RMFS的订单分配与优化和四向穿梭车系统的提升机调度与优化的算法;针对环形穿梭车调度问题,详细分析了基于排队论的关键参数评估模型、车辆动态调度算法和基于时间窗的任务调度算法;最终介绍了采用上述技术完成的3个典型智能医药物流配送中心设计实例。

本书可供医药物流行业的技术人员、物流企业的经营管理人员参考,也可作为高校物流专业师生的参考书。

图书在版编目(CIP)数据

智能医药物流系统规划与设计/翁迅,张经天著. -- 北京:北京邮电大学出版社,2022.7 (2024.9重印)

ISBN 978-7-5635-6662-4

Ⅰ. ①智… Ⅱ. ①翁… ②张… Ⅲ. ①智能技术—应用—医药产品—物流管理—物资配送—系统工程—研究 Ⅳ. ①F252.8-39

中国版本图书馆CIP数据核字(2022)第105418号

策划编辑:彭 楠　　责任编辑:刘 颖　　责任校对:张会良　　封面设计:七星博纳

出版发行:北京邮电大学出版社
社　　址:北京市海淀区西土城路10号
邮政编码:100876
发 行 部:电话:010-62282185　传真:010-62283578
E-mail:publish@bupt.edu.cn
经　　销:各地新华书店
印　　刷:保定市中画美凯印刷有限公司
开　　本:700 mm×1 000 mm 1/16
印　　张:16
字　　数:318千字
版　　次:2022年7月第1版
印　　次:2024年9月第2次印刷

ISBN 978-7-5635-6662-4　　　　　　　　　　　　　　　定　价:78.00元

·如有印装质量问题,请与北京邮电大学出版社发行部联系·

前　言

在我国医改政策的大背景下,医药物流需求从传统多级分销体系的大批量进出的作业模式,转向两级分销体系的多订单、小批量、多拆零的作业模式。一方面,在药品的"带量采购"等政策影响下,医药流通环节的利润越来越薄;另一方面,随着人口红利的逐渐消失,医药流通企业的人力成本持续上升。这些变化导致医药物流作业不得不面对拆零订单比例持续上升的问题。医药物流配送中心以整托盘或整箱为主要出库单元的业务模式逐渐被以零头的拆零拣选为主要出库单元的业务模式所取代,订单的碎片化大大增加了物流作业的复杂程度,传统依靠人工作业的方式难以为继。

物流中心的选址、工艺流程的设计等都对物流中心的整体作业效率有着一定的影响,对其进行优化分析是智能医药物流配送中心规划设计中不可或缺的环节。

智能物流系统是医药物流应对现有行业发展趋势的最佳解决方法之一。尤其是对仓库内劳动强度最大、投入成本最高的拆零拣选作业环节处理得好与坏,是影响配送中心作业成本和订单履行效率的重要因素。

智能装备是集合人工智能技术、自动化技术和机械工程于一体的复杂设备,智能物流系统通过智能装备和信息系统的深度融合,通过任务分配和调度算法实现入库、存储、拣选、出库等作业环节的智能装备高效运行,以达到库内作业高效化、物流运营数字化和调度决策智能化的效果。让智能医药物流配送中心具备灵活性、高效性的特点,可以使我们有效地应对医药流通行业对物流配送中心提出的挑战。

本书在介绍国内外医药物流配送中心发展现状的基础上,对典型的智能医药物流系统进行了详细介绍。本书系统地介绍了智能医药物流系统规划与设计的各个环节和涉及的关键技术；从医药物流配送中心的选址问题入手，介绍了单个医药物流配送中心设施点选址和多仓协同设施点选址的相关算法；通过医药物流配送中心的调研及数据分析方法讲解，系统地阐述了需求预测、PCB分析、EIQ分析等关键技术在医院物流中心规划中订单分析环节的应用方法；针对布局设计，详细地介绍了作业流程分析和SLP布局方法；通过对典型智能装备的介绍，系统地介绍了"货到人"系统典型问题的问题描述和算法建模过程，并提供了算法验证和分析；针对智能设备的调度问题，提出了RMFS的订单分配与优化和四向穿梭车系统的提升机调度与优化的算法；针对环形穿梭车调度问题，详细分析了基于排队论的关键参数评估模型、车辆动态调度算法和基于时间窗的任务调度算法。

人工智能技术的持续发展，将为智能装备在医药物流配送中心的落地提供更加广阔的应用场景。通过不断地寻求突破与创新，将数据分析技术、人工智能技术与现有的自动化装备和信息技术有机融合，形成高效、准时、精益的智慧物流系统，必将能更好地提升我国的医药物流配送水平。

本书由分翁迅、张经天著。在本书编写过程中，团队成员范宏强、张静等老师，刘昭、杨鸿雪、曾鸿飞、马莹、胡晓、曹忠辉等同学付出了辛勤的劳动，在此致以衷心的感谢！

作者

2022年2月

目 录

第1章 绪论 ··· 1

1.1 医药物流配送中心的研究意义和现状 ··· 2
   1.1.1 医药物流发展的趋势及研究意义 ·· 2
   1.1.2 我国医药物流配送中心的发展现状 ·· 5
1.2 我国智能医药物流系统现状简介 ·· 10
1.3 医药物流配送中心常见的物流系统 ··· 13
   1.3.1 传统仓储系统 ·· 13
   1.3.2 自动仓储系统 ·· 15
   1.3.3 传统拆零拣选系统 ·· 17
   1.3.4 "货到人"拆零拣选系统 ·· 18
   1.3.5 自动化拆零拣选系统 ··· 21

第2章 医药物流配送中心的设施选址问题 ······································ 24

2.1 单个医药物流配送中心设施点选址问题 ······································ 25
   2.1.1 P-中值模型 ··· 25
   2.1.2 选址原则 ·· 26
   2.1.3 选址程序及步骤 ··· 27
   2.1.4 影响因素分析 ·· 28
   2.1.5 影响因素的量化与处理 ·· 29
   2.1.6 单设施点模型的建立 ··· 31
2.2 多仓协同设施点选址问题的提出 ··· 35
   2.2.1 问题的提出及模型的建立 ··· 35
   2.2.2 模型求解 ·· 36

第3章 医药物流配送中心的调研及数据分析方法 … 40

3.1 医药物流配送中心需求调研 … 40
3.2 配送中心需求预测 … 45
3.2.1 配送中心需求预测概述 … 45
3.2.2 指数平滑法及应用 … 47
3.2.3 线性回归预测法及应用 … 51
3.2.4 组合预测模型 … 52
3.3 PCB 分析方法 … 53
3.4 EIQ 数据分析方法 … 54
3.4.1 订单资料的分解 … 54
3.4.2 EIQ 数据分析及效果 … 57
3.4.3 订单订购量（EQ）分析 … 58
3.4.4 订单品项数分析 … 59
3.4.5 品项受订次数分析 … 61
3.4.6 IQ-IK 交叉分析 … 62

第4章 医药物流配送中心的布局设计 … 64

4.1 医药物流配送中心流程分析 … 64
4.1.1 流程分析 … 64
4.1.2 作业区域规划 … 66
4.1.3 作业区域分析 … 67
4.1.4 作业区域功能规划 … 71
4.1.5 作业能力规划 … 75
4.2 SLP 布局方法 … 80
4.2.1 系统布置设计法 … 80
4.2.2 医药物流配送中心布局规划 … 81
4.2.3 医药物流配送中心功能区评价模型及布局方案选择 … 82
4.2.4 医药物流配送中心功能区布局方案 … 83

第5章 医药物流配送中心典型智能装备 86
5.1 多层穿梭车系统 86
5.2 潜伏式机器人系统 89
5.3 箱式仓储机器人 93
5.4 视觉拆垛及混合码垛系统 95
5.5 轨道穿梭车系统 96

第6章 "货到人"系统典型问题 100
6.1 医药物流"货到人"系统需求特性分析 100
6.1.1 "货到人"拣选系统的分类 100
6.1.2 典型"货到人"拣选系统的工作流程——搬运机器人模式 102
6.1.3 典型"货到人"拣选系统的工作流程——多层穿梭车模式 103
6.1.4 医药物流中"货到人"系统典型问题 105
6.2 医药物流中"货到人"系统订单分批聚类模型建模与优化问题 111
6.2.1 聚类算法模型的划分 111
6.2.2 订单分批问题描述 113
6.2.3 基于EIQ分析的订单粗分批降维处理策略 114
6.2.4 基于降维订单的数据预处理方法 116
6.2.5 改进的K-means聚类算法 119
6.3 "货到人"系统订单任务分配建模与优化问题 122
6.3.1 订单分配问题描述 122
6.3.2 医药批次约束背景下的订单分配策略分析 123
6.3.3 医药批次约束背景下的多拣选台同步拣选分配优化策略研究 125
6.3.4 单拣选台场景料箱动态规划策略 127
6.3.5 单拣选台场景订单动态规划策略 129
6.3.6 迭代优化分配算法 129
6.3.7 医药批次约束背景下的多拣选台料箱分配解耦算法 130
6.4 "货到人"系统数据分析与订单处理算法仿真验证 131
6.4.1 基于EIQ分析的改进的聚类订单分批算法验证及分析 132

6.4.2　特征阈值的确定 ·· 135
　　6.4.3　"货到人"系统数据分析与订单处理算法仿真结果对比分析 ········ 138
　　6.4.4　医药批次约束背景下的单拣选台订单分配算法验证及分析 ········ 139
　　6.4.5　多拣选台订单分配解耦算法验证及分析 ······················ 141

第7章　智能设备调度问题 ·· 145

7.1　基于任务时间成本的RMFS订单任务分配建模与优化 ················ 145
　　7.1.1　问题描述 ·· 146
　　7.1.2　数学模型 ·· 148
　　7.1.3　考虑转弯和加减速的机器人路径时间代价计算 ·················· 151
　　7.1.4　基于邻域搜索的改进遗传算法 ································ 156
　　7.1.5　算例分析 ·· 158
7.2　四向穿梭车系统提升机调度与优化问题 ··························· 163
　　7.2.1　四向穿梭车系统的提升机调度问题 ···························· 164
　　7.2.2　提升机调度问题模型构建 ···································· 167
　　7.2.3　增强型遗传算法求解四向穿梭车系统的提升机调度问题 ·········· 169
　　7.2.4　基于MATLAB的仿真测试分析与验证 ·························· 174

第8章　环形穿梭车调度问题 ·· 178

8.1　基于排队论的环形穿梭车关键参数分析 ··························· 178
　　8.1.1　环形穿梭车数量评估模型 ···································· 179
　　8.1.2　等待制排队系统相关公式推导 ································ 180
　　8.1.3　小车数量求解与分析 ·· 183
　　8.1.4　站台缓存位大小和系统吞吐量评估模型 ························ 184
　　8.1.5　站台缓存位大小的计算 ······································ 185
　　8.1.6　系统吞吐量的计算 ·· 187
8.2　环形穿梭车调度算法研究 ······································· 188
　　8.2.1　环形穿梭车系统动态调度问题分析 ···························· 188
　　8.2.2　环形穿梭车系统的数学描述 ·································· 189
　　8.2.3　遗传算法（GA）模型设计 ··································· 191

8.2.4 改进遗传算法设计 ··· 194
8.3 基于时间窗的环形穿梭车调度算法的研究 ································ 197
　　8.3.1 时间窗模型概述 ··· 197
　　8.3.2 环形穿梭车调度时间窗模型 ······································· 200
　　8.3.3 仿真程序的搭建与算法有效性验证 ································ 202
　　8.3.4 算法对比与验证 ··· 210
　　8.3.5 时间窗模式下的算法结果对比 ····································· 215

第9章 典型智能医药物流配送中心设计实例 ································ 218

9.1 南京医药股份中央物流中心设计实例 ······································ 218
　　9.1.1 南京医药股份有限公司中央物流中心项目介绍 ···················· 218
　　9.1.2 项目设计指标 ··· 219
　　9.1.3 项目设计难点 ··· 220
　　9.1.4 物流中心的核心设备构成 ·· 220
　　9.1.5 项目先进性 ·· 222
　　9.1.6 应用效果与展望 ··· 225
9.2 国药物流有限责任公司面向医药流通的机器人"货到人"拣选系统实例 ··· 226
　　9.2.1 概述 ··· 226
　　9.2.2 面向医药流通的机器人"货到人"拣选系统介绍 ··················· 226
　　9.2.3 机器人"货到人"拣选系统关键技术 ································ 227
　　9.2.4 详细技术内容 ··· 231
9.3 中国医药集团广州一致药业物流中心设计实例 ····························· 235
　　9.3.1 概述 ··· 235
　　9.3.2 "AS/RS+AMR+AI"智慧物流解决方案 ···························· 236
　　9.3.3 对行业的借鉴意义 ··· 237

参考文献 ··· 239

第1章
绪　　论

医药行业是对政策的依赖性较高的行业,新药上市、渠道销售等都与政策紧密相连。2020年医药行业的政策主题仍旧以合规、降价、控费、集采等为医药改革的主旋律。2020年是我国"十三五"规划收官、制订"十四五"规划宏伟蓝图的重要时期。在《"健康中国2030"规划纲要》的国家战略目标指导下,面对经济逆全球化现象,我国开启了以国内大循环为主体、国内国际双循环互相促进发展的新格局。医药产业具有消费属性及科技属性,符合内循环产业逻辑。随着新冠肺炎疫情的暴发和蔓延,短期来看整个社会对医药防护、医药供应链等产业产生了巨大需求,长期来看整个生物医药产业也将发生变革。医药供应链产业作为联系医药行业上下游产业的中间环节,具有物流业务的属性,同时又因为医药行业的特殊性而被赋予了更深远的意义。宏观政治、经济环境以及行业政策等众多因素都将深刻影响医药供应链产业的发展与变革。将5G、大数据、人工智能等运用到物流运营服务领域,包括智能调度、视频监控、物流配送等,基于智慧供应链的医护物资、高值耗材管理,或成为医药供应链产业的主要业态。

"新基建"赋能众多业内企业重塑供应链体系、提升物流效率,在医药行业将实现药品流向实时更新,构建药品信息化追溯体系,保障公众用药安全。通过信息化来加强上下游协同,从而提升效率、降低成本,做到全程可视,保障安全。在现代物流业高质量发展的新阶段,"新基建"驱动医药供应链转型升级,医药物流行业将迎来新的发展趋势。

新医改以来,我国医药政策开启了变革之路,给医药流通企业带来了重大影响。国家有关部委联合推进药品价格改革,取消药品政府定价,通过带量采购大幅度降低药价,不断探索并最终建立医保支付标准;推进医保支付制度改革,通过总额预付、按病种付费、DRGs付费等改革,扭转医疗机构的运营观念。"两票制"施行后,大批流通企业转型升级,减少了药品流通环节,也促使药品流通集中度进一步提高。在医联体、医共体的探索中,加强医联体内药品供应保障,在医联体内推进长期处方、延伸处方,逐步统一药品耗材管理平台,实现用药目录衔接、采购数据共享、处方自由流动、一体化配送支付。2020年是百年未有之大变局的重要时间节点,医药物流在如此宏观环境下面临着巨大的机遇与挑战。总体来看,医改政策对医药物流产生了深远的影响。而今后在"双循环""新基建"的双轮驱动下,我国医药物流行业将快速增长,机遇广阔,未来可期。目前,在新发展格局中,提升产业链和供应链的完整性、智慧性、互联性将至关重要。

1.1 医药物流配送中心的研究意义和现状

1.1.1 医药物流发展的趋势及研究意义

国家药品监督管理局发布的《药品监督管理统计年度报告(2020年)》的数据显示,截至2020年年底,全国共有《药品经营许可证》持证企业57.33万家。其中,零售药店24.10万家,占经营企业数量的42.037%,零售连锁企业和门店数量31.92万家,占比55.678%,批发企业1.31万家,占比2.285%。据不完全统计,2020年全国医药流通市场的规模约为24 029.87亿元。随着"两票制"和集中带量采购政策的推进,药品流通环节不断压缩,对医药商业造成了一定的影响。近些年医药流通市场规模增速呈持续下滑趋势,从2016年的10.71%下滑到2020年的4.00%,如图1-1-1所示。

图1-1-1　2015—2020年我国医药流通市场规模

推行"两票制"以来,医药流通行业进入行业整合期,虽然每年药品经营持证企业数量在不断增加,但是行业头部企业市场集中度仍保持持续升高的趋势。2020年,我国四大医药流通企业主营业务收入约占全国医药流通市场销售总额的39.93%,较2019年提高了1.12%。在新冠肺炎疫情期间,四大医药流通企业依托其完善的物流网络体系和强大的供应链保障体系,主营业务收入平均增长率仍然达到5%,高于行业整体增长率,头部优势日益明显。

2021年3月11日,第十三届全国人民代表大会第四次会议批准了《中华人民共和国国民经济和社会发展第十四个五年规划和2035年远景目标纲要》。规划一经发布,举国热议。在"十四五"期间,医药物流将迎来重大发展。规划阐述了全面推进健康中国建设的发展方向和重要措施,比如完善疫苗、创新药等快速审评审批机制;建立健全统一的国家公共卫生应急物资储备体系;大型公共建筑预设平疫结合改造接口等。在冷链物流方面则强化流通体系对畅通国内大循环的支撑作用,明确提出加快发展冷链物流,统筹物流枢纽设施、骨干线路、区域分拨中心和末端配送节点建设,完善骨干冷链物流基地设施条件,健全县乡村三级物流配送体系。"十四五"期间将加快医药物流的发展步伐,枢纽节点将更加完善,物流网络将进一步下沉。此外,数字化、绿色发展等高频词在规划中格外亮眼,智慧物流、智慧医疗等热点重点领域会始终贯穿于"十四五"期间乃至在2035年远景目标中飞速发展。从整个行业发展的角度看,随着各项政策的陆续推出和落地,未来我国医药物流发展存在如下趋势。

(1) 行业监管趋严,优秀企业将崭露头角

新修订的《药品管理法》已经于2019年12月1日起正式实施,其中明确取消药品GMP、GSP认证。一方面简政放权的做法,大幅度地降低了医药生产和物流企业运营成本,有效地激发了医药产业活力,利于药品安全与行业创新;另一方面监管部门将改变原有的监管方式,从原来的认证模式改成对执行情况进行飞行检查的模式,在此背景下,医药供应链将面临更为严格的监管。《疫苗管理法》作为我国首部疫苗管理领域的专门法规,明确规定疫苗在储存、运输全过程中应当处于规定的温度环境,储存、运输应当符合冷链的相关要求,并定时监测、记录温度,规定实行疫苗全程电子追溯制度,对医药冷链企业提出了更高的储运要求。在监管趋严的背景下,合规化已成为企业发展的内在需求,合规也是企业经营的基本原则。法律法规对于医药冷链的要求日益严格,而医药流通模式的改变是利好药品第三方物流企业的。对于药品第三方物流企业而言,不仅要致力于为生产企业解决温控方面的问题,对南北方温度差异、冬夏季温度差异提出更合理的温控质量解决方案,还需要围绕企业的降本增效,提出集约化的运输温控方案,做到精细化、精益化管理。

(2) 全国性智慧医药物流服务体系逐渐形成

医药物流企业开始构建供应链平台,满足外延式发展的需要。"两票制"的推行使得医药供应链链条缩短,链条节点上的医药生产、医药流通、终端相互间的结合更加紧密,规模性生产企业将拥有更大的优势,部分传统的配送企业向供应链综合服务商转型,产业园区聚集效应更加明显,药品配送效率大大提高,医疗服务水平得到提升,供应链去中心化、扁平化趋势显著。目前,我国医药商业企业基本形

成辐射全国、辐射部分省市和辐射单一省市三大梯度。其中,中国医药集团、上海医药集团、华润医药集团、九州通医药股份等龙头企业的物流配送网络能够辐射全国大部分地区。医药行业发展的新形势对医药物流提出新的需求,其中医药物流信息化是未来医药物流发展的主要方向。在"互联网+"的影响下,医药供应链与互联网必将深度融合,企业的边界被打破,医药供应链资源分割的状况得以改善,信息技术的发展及应用将倒逼产业强化供应链的协同,各方资源进一步融合,医药供应链信息互通程度大大加强,将会形成全国一张网的智慧医药物流服务体系。智慧医药物流结合无人车、无人仓等先进技术,打造标准化、规范化、技术化的可追溯服务体系,实现多码并存、来处可查、去处可追的药品信息化溯源平台。

(3) 医药冷链物流步入快车道

我国医药冷链市场体量快速扩大。以疫苗为例,随着大众疾病预防意识的不断提高,疫苗备受青睐,新冠疫苗需求大幅增长,预计将带来 26 亿～28 亿剂的国内市场增量。另外,人口老龄化趋势、慢性病多发等因素也将进一步推动医疗需求的增长,医药冷链物流作为供应链下游,其市场规模必然会相应地增长。随着《疫苗管理法》、新修订的《药品管理法》的出台及实施,整个医药行业已进入最严的监管时代,对医药冷链的要求也逐步提高,尤其是随着有温控需求的医药产品的快速增长,终端对医药温控运输需求越来越大。在医药中涉及的冷链需求不仅仅是指冷藏或冷冻,温度控制的说法由于其描述更加精准,已越来越获得业内人士的认同。各种药品对储存、运输温度有严格的要求,加上我国地域广、四季温差大,为了保证药品的质量安全,未来医药冷链运输的产品范畴有望进一步扩大。

专业的第三方物流企业将会成为冷链物流领域竞争的主体。在当前一系列政策的影响下,医药冷链第三方物流企业通过对各方资源进行整合,开发灵活多样化的物流模式,提供更优的物流成本和解决方案,化解传统医药物流模式下配送散、成本高、时效慢和破损严重等问题,顺应医药营销及供应链升级变革的趋势,满足新形势下的物流服务需求,医药冷链第三方物流企业将会成为未来市场竞争主体。

(4) 信息化、智能化的技术创新应用为医药物流发展提供新动能

《中华人民共和国国民经济和社会发展第十四个五年规划和 2035 年远景目标纲要》全文正式发布。规划指出要推动 5G 在智慧物流、智慧医疗等重点领域开展试点示范;深入推进服务业数字化转型,培育智慧物流等新增长点。当前,医药物流的数字化、智慧化特征已经显现,医药物流配送中心广泛地应用 WMS、WCS、DPS、温湿度自动监控系统等管理信息系统,《中华人民共和国国民经济和社会发展第十四个五年规划和 2035 年远景目标纲要》的发布对推动医药物流行业往数字化、智慧化方向转型发展的正向作用明显。通过发展医药物流的数字化、智能化,可实现药品全作业流程可追溯管理,实现全程温控管理。通过将人工智能的技术应用到医药物流作业各个环节,避免人工作业产生的失误,同时降低人工成本、减

少人工在恶劣环境中作业带来的健康安全问题。同样也能够利用人工智能等相关技术精准预测药品的供应链需求，设计一站式物流解决方案成为降本、提质、增效的有效手段。

当前已有部分企业尝试使用 AGV、机器臂拣选、自动化立体仓库、自动穿梭机等自动化物流技术实现机器换人。在冷库安装温湿度自动中央控制监测系统，自动实时地监测和记录温湿度数据，可实现现场蜂鸣报警、远程声光报警、短信报警等预警措施。通过技术手段完成药品运输全过程信息化的跟踪，通过信息的反馈来维持药品的环境进而保证药品质量，使得生产、储存和运输过程更加智能化、更加可控，这是医药物流发展中的必经之路。

信息化、智慧化是医药流通企业能否成功进行业务扩张并降低管理成本的关键因素，也是更好、更快地响应客户需求的技术支持。未来大数据技术、智能分拣系统、自动化物流设备等智慧物流技术的应用，将是医药物流转型升级的主要方向。现代化的智慧信息管理系统的建立，将大大地降低差错率、提高劳动效率，可以助力企业向自动化、高效化转型。新技术特别是区块链、大数据、云计算等技术将得到研究与应用。区块链技术能够保证供应链中的交易数据不被篡改，有效地解决信用数据的安全问题，特别是对于交易全流程能够进行有效地记录，可以降低医疗风险。大数据、云计算使医药冷链物流全流程、全环节的数据联网化，数据流不再是线状，而是立体化、多维网络化，可以对拟融资企业进行风险评价、风险预警等。可以看出，"互联网＋药品流通"依然是行业发展方向，"互联网＋"是医药流通行业发展的机会所在。

（5）加快构建推动高质量发展的医药物流标准体系

医药物流标准化的发展将由浅入深，逐步发展，系统推进。全国物流标准化技术委员会医药物流标准化工作组针对医药物流标准化的高质量发展趋势，采取的主要措施包括补充空白标准，立项前期更严格地作审查；加大标准推广、评估，提升标准发展质量；加强与政府的沟通；加强与国际沟通，尽快与国际接轨。随着医药物流标准化工作的不断深入，未来医药物流标准化的发展会得到政府部门、协会以及企业的积极响应、大力支持，并进行高效协同。同时，标准的有效使用会大幅地降低医药物流成本，提高医药物流效率，推动医药物流行业的发展，对于社会效益与经济效益的提升将会大有裨益。

1.1.2 我国医药物流配送中心的发展现状

1. 医药物流配送中心的规模稳步增加

医药产品是特殊的商品，仓储环节对温度和湿度控制的要求较高。在《药品经营质量管理规范》中，按照存储温度要求的不同，将存储药品的仓库分为冷库（温度控制在2~8℃)、阴凉库(温度控制在20℃以下)和常温库(温度控制在30℃以下)。存储时按照药品的剂型和自然属性及说明书的要求将药品存放于不同条件的仓库中。同时要求仓库内要安装温湿度监测设备和去湿设备。随着两票制政策的全面推广,医药第三方物流的市场逐渐放开,医药物流行业的竞争日渐激烈,各家企业在医药物流领域的硬件建设投入在近几年持续增加。据不完全统计,截至2018年年底,我国医药物流仓储面积为1 764.6万平方米,较2017年增长19.23%,增长率同比减少1.77%。

表1-1-1 2016—2018年我国医药物流仓储面积统计表

年份	2016年	2017年	2018年
仓储面积(万平方米)	1 223.0	1 480.0	1 764.6
增长率	19.20%	21.01%	19.23%

在现有的各种类型的医药物流中心里,阴凉库占比最大,总面积达到1 179.03万平方米,占比达到66.82%;常温库和冷藏库面积分别为315.93万平方米和54.62万平方米,占比为17.90%和3.10%。具体如图1-1-2所示。

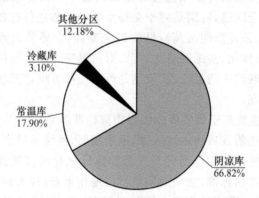

图1-1-2 我国医药物流仓储面积分类统计

目前,医药物流的仓储功能主要由医药物流配送中心来承担。医药物流配送中心提供医药物流运输配送、仓储管理、流通加工、装卸搬运、网络设计和信息处理的服务业务,其建设发展越来越受到各级政府部门和企业的重视。按照物流经营内容和业务方向的不同,我国医药物流配送中心主要分为工业型物流中心、医药纯销和分销调拨型物流中心,普药快批型物流中心三种。

随着两票制的全面落地,行业集中度加速提升,医药物流前置仓需求逐渐增多,出库订单中的拆零比例大幅增加。医药物流的调配环节日趋扁平化、协同化,多仓联动成为未来医药物流的发展趋势。多仓联动是指在同一个医药集团下拥有多个独立的物流子公司,通过构建网络化的配送体系和标准化的管理,对多个不同区域的仓库进行全方位、协同化管理。多仓联动的具体工作包括统一的订单处理接口及任务分析、集团内库存情况整体分析与协同管控、各仓库出入库数量检查、各仓库之间的药品调拨与库存补充计划等。多仓联网联动通过整合物流信息实现系统化配送,有效地解决物流体系与上、下游客户的协调问题,从而实现"一地委托,多地存储,就近配送"的目标。多仓联网的方式是医药物流扁平化背景下,企业应用技术手段升级物流体系的重要途径。通过高效的信息化管控平台能够提高配送效率,减少中间环节,降低物流成本。

2. 信息系统的应用仍有提升空间

由于 GSP 的监管要求不断提高,新技术在我国医药物流企业中的应用比例不断增加。目前,我国以自动立体库、高速分拣系统、电子标签拣选系统、仓库管理系统(WMS)与运输管理系统(TMS)等为代表的现代化设施设备已经成为国内大多数省级药监部门核准医药商业企业开办的基础条件。随着医药物流配送企业现代基础设施的不断完备,医药配送的专业化能力也不断提升。从实际效果看,由于企业管理能力与信息化水平的匹配度仍然有较大差距,出现了即使应用新技术也无法确保有效提高工作效率的情况。另外,与信息技术领域相关的人才队伍也存在较大缺口。

随着人力成本的持续上升,信息化和自动化技术在医药物流行业的应用呈现逐年增多的趋势。图 1-1-3 为中国物流与采购联合会医药物流分会调研的我国医药物流企业信息化系统使用情况。从使用率可以看出,GSP 强制要求的系统使用率最高,如温湿度检测系统,但即便是 GSP 强制要求的温湿度检测系统,依然没有达到百分之百完全覆盖。综合管理系统,如仓库管理系统和运输管理系统,作为基础性管理工具使用率相对较高,均超过了 50%。货主管理系统和客户管理系统的覆盖范围有待进一步提高。

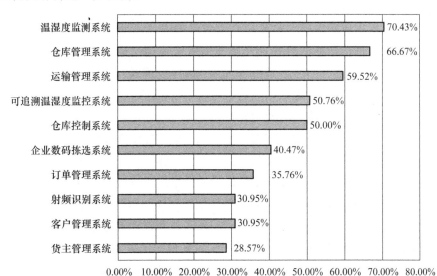

图 1-1-3 我国医药物流企业信息化系统使用率

3. 我国医药物流自动化应用及发展情况

医药物流行业在国家两票制、分级诊疗等多种政策的综合因素影响下，部分大型医药物流中心的业务模式开始发生变化，从以往的以分销为主开始向分销、纯销并重或者纯销为主的方向演变，部分连锁药店的医药物流配送中心甚至开始关注处方药外流带来的电商需求。由此导致物流中心的内部存储模式也发生了变化，从原来托盘为主的堆垛机存储的模式向托盘立体库＋Miniload/多层穿梭车组合的模式进行演变。

从单机设备角度来看，不同的产品呈现不同的市场竞争格局。针对堆垛机产品，国内的堆垛机厂家经过几十年的持续研发和发展，其产品质量、可靠性等方面与国际主流厂家之间的差距在逐渐缩小，体现出较高的性价比优势。无锡中鼎集成技术有限公司、昆船智能技术股份有限公司等堆垛机生产企业的市场占有率持续攀升。针对 Miniload 和多层穿梭车产品，国内各个生产厂家与国际主流厂家的产品仍然存在一定的差距，主要表现在设备的可靠性、设备的调度算法等方面有待进一步提升。多层穿梭车产品得益于其在国内应用规模的不断扩大以及应用场景的多样性，国内厂商在持续努力缩小与国际主流厂家之间的差距，在功能创新方面提出独立见解和思路。目前国内医药物流行业具有多层穿梭车系统成功应用案例的企业主要有奥地利的 KNAPP、日本的大福、江苏华章物流科技股份有限公司、山东兰剑物流科技股份有限公司、浙江凯乐士科技集团股份有限公司等。部分国际知名品牌，如德国的 DEMATIC、法国的 Savoye、瑞士的 Swisslog 等，也积极准备介入中国医药物流领域的多层穿梭车市场。

随着医药拆零业务在整个物流中心业务量的占比不断提升，医药物流中心的拣选面积设置和拣选作业的模式也开始发生变化，随着"货到人"概念的提出和推广，部分新建物流中心开始考虑采用"货到人"的作业模式，比如中国医药集团的上海物流中心二期项目、国药山西太原物流中心、南京医药股份南京中央物流中心、国药吉林长春物流中心、重庆医药物流配送中心、昆药商贸昆明物流中心、华润河南郑州物流中心、广州医药物流配送中心、科伦医贸成都物流中心、九州通医药股份的郑州物流中心等。在"货到人"的技术选择上，除了多层穿梭车形式外，国内以上海快仓智能科技有限公司、极智嘉科技股份有限公司、杭州海康机器人技术有限公司等为代表的搬运机器人企业，通过借鉴亚马逊 Kiva 的作业模式，结合医药流通行业严格批号管理、双人双拣、专人专管、分区分类管理等业务特点，进行了核心技术研发和技术迭代，形成了自主知识产权的系列产品并将其应用于医药物流配送中心。从使用的效果看，降低了作业人员的劳动强度，作业效率提高到人工作业效率的 2～3 倍，拣选准确率达到 99.99%，也达到了预期目标。

随着"货到人"的多层穿梭车、搬运机器人等以料箱为主的物流存储、拣选模式在医药物流配送中心的应用,高效率的料箱输送线系统也逐渐为各家企业重视,作为串联起医药物流配送中心各个区域的生命线,料箱输送线的设备可靠性、运行平稳性、输送效率的高效性等都成为关键的设备评价指标。国内以浙江德马科技股份有限公司、昆山同日工业自动化有限公司等为代表的料箱输送线生产企业在医药物流领域得到广泛应用。

在"货到人"模式中的关键设备——"货到人"拣选工作站的应用方面,国内的医药物流配送中心有了一定的积累,也暴露出一些不足,主要体现在控制系统的调度算法、订单处理的任务分配、设备的拣选作业效率等方面。目前大多数企业的"货到人"拣选工作站的相关算法均来源于电商行业或者新闻出版行业,这些行业的订单结构和医药物流配送中心的拆零订单结构存在较大的差异。在系统上线和实施过程中,或多或少存在算法的稳定性不足、作业效率的爬坡期较长、对医药行业的订单波动性的支持有限等问题。作为新兴的技术装备,在实际的项目执行和验收过程中,也出现了没有国家相关标准可以借鉴的尴尬局面。从已经投入使用的"货到人"拣选工作站来看,国外的KNAPP、Savoye等企业在算法方面的积累表现了明显的优势。国内的各个设备生产企业均对此项技术的研发表现出较高的重视程度,国内以江苏华章物流科技股份有限公司、山东兰剑物流科技股份有限公司为代表的学院派展现了在算法等方面的明显优势,通过案例积累,取得了显著的成果,其产品具备较高的性价比。

随着医药物流的两化进程加速,信息化和自动化融合程度不断提高,我国医药物流的智能化已成为未来发展的趋势之一。首先,软件系统的协同与集成。物流信息化系统与医药物流企业甚至医药生产企业的商业信息系统相结合,客户管理体系实现基层终端信息协同。同时通过有效的数据挖掘和利用,将数据转化为对商业市场的分析评价,支持或协助商业人工智能的发展,从而实现药品流通运输与商业活动的有效整合。其次,硬件方面,在电商模式提出的仓配一体化新概念推动下,物流系统以机器代人的无人化作业将加快应用,越来越多的医药物流中心将围绕"收、发、存、拣、配"等五大环节进行技术自动化、智能化升级。例如,整箱智能穿梭车存取系统、自动拆码垛机器人、自动贴标机等,使物流中心能够更加智能地应对医药线上、线下多样性的复杂物流需求。再次是软件系统与智能硬件设备的协同集成。随着自动化仓储,穿梭车等智能硬件的逐步使用和以RFID技术为代表的物联网技术应用。物流软件与硬件将实现有效集成,并有机协同发展,从软件和硬件两个维度共同助推医药物流智能化的发展。

1.2 我国智能医药物流系统现状简介

在国家医药改革的两票制、分级诊疗等各种政策的综合因素影响下,部分大型医药物流配送中心的功能开始发生变化,订单拆零拣选作业等工作内容的增加促使智能化系统设备应用需求快速增长。另外,人力资源成本上升和信息技术的高速发展也成为智能化系统设备加速推广的重要因素。

中国医药集团上海物流中心二期项目(如图 1-2-1 所示)作为我国医药流通行业的首例"货到人"拣选系统落地项目,自建设之日起便备受业界关注。该项目经过国药控股有限公司及各方专家的充分调研论证、科学规划、系统化设计,融合了国药控股有限公司对现代医药物流的深刻理解,汇聚了国内外领先的物流系统集成经验与技术设备。

图 1-2-1 中国医药集团上海物流中心二期项目 OSR 系统

如图 1-2-2 所示,该项目建筑面积达到 62 000 平方米,全部设备投资超过 1.5 亿元,设计年配送能力 280 亿元,是我国新一代医药物流的标志性项目。中国医药集团上海物流中心二期项目在新技术的引入、实施落地,以及物流中心整体效率持续提升等方面,为业界做出了表率,给国内医药流通行业提供了一个比较好的典型案例,引领了我国医药物流行业的创新发展。该项目于 2016 年 10 月正式上线运行。中国医药集团上海物流中心二期项目整个物流中心总体有三层,局部单层采用全阴凉库设计。其中一楼为收发货作业区及冷库区,二楼主要用于拆零拣选,三楼主要用于整件拣选。该项目全面采用现代物流技术,强化拆零区域的设计,尤其是提高了拆零拣选和包装的效率,采用先进的物流设备系统,实现作业高度自动化、管理高度信息化、流程高度标准化,为制药企业、医药商业公司提供了物流作业方面完善的解决方案,可以满足医药商业公司全部的物流需求。

图 1-2-2　中国医药集团上海物流中心二期项目鸟瞰图

南京医药股份中央物流中心项目是国内医药行业首个"多层穿梭车＋特殊类型全区域搬运机器人"项目。该项目位于南京市江北新区,外景如图 1-2-3 所示,占地面积约 59 600 平方米,主物流中心长约 171 米,宽约 117 米,总建筑面积约 42 000 平方米,分为入库待检区、AS/RS 自动化立体库区、叉车高位货架存储区、全品规多层穿梭车自动化立体库及"货到人"拆零拣选区、多穿系统补货换箱区、复核包装区、特殊商品移动机器人整箱/拆零作业区、发货集货区、托盘地堆区、其他各种特殊功能存储库等。

图 1-2-3　南京医药股份中央物流中心外景图

AS/RS 自动化立体库区和多层穿梭车库区均为单层框架结构,西侧区域为三层楼库结构。AS/RS 自动化立体库区建筑总高 23.4 米,采用 8 台单伸位托盘高速堆垛机;多层穿梭车库区层高 17 米,采用 73 台多层穿梭小车配合 7 台小车换层提升机和 14 台双工位高速料箱式提升机;叉车高位货架存储区层高 11.5 米;三楼层高 5.5 米,设置有多穿货到人拆零拣选区、复核包装区、多穿系统补货换箱区、关节机器人自动拆垛补货发货区、移动机器人"货到人"整箱拣选区、移动机器人"货到人"拆零拣选区等;二楼层高 5.5 米,主要为疫苗/冷链类产品,规划有机器人"货到人"整箱拣选区、机器人"货到人"拆零拣选区、关节机器人自动拆垛/混合码垛区等。30 台搬运机器人联动作业,实现自动化拣选作业。该项目是国内首个采用多层穿梭车系统实现全品规药品的存储、"货到人"拣选模式,叠加特殊类型(器械、超尺寸药品、疫苗冷链)的全区域应用机器人搬运模式,配合各种类型的"货到人"拣选工作站的高度自动化医药物流配送中心。

中国医药集团山西物流中心是国内医药流通行业首个冷库"多层穿梭车+机器人拆码垛"项目,如图 1-2-4 所示。该项目位于山西省太原市,占地 100 亩,一期工程总投资 2.5 亿元,总建筑面积 1.97 万平方米,其中药品配送中心建筑面积为 1.7 万平方米。该物流中心除托盘式自动化立体库、箱式自动化立体库外,还首次在医药冷库中采用穿梭车系统,大大地提高了冷库药品出入库作业效率,同时降低了低温环境对操作人员的身体危害。该医药物流配送中心一楼主要用于药品入库、仓储和出库,这一过程实现了全程自动化。药品扫码入库后由系统自动分拣,分拣后的药品由机械臂分门别类地码垛后送入自动化立体库。立体库占地面积 3 000 平方米,高 24 米,总存量可达 30 万件,每小时出入库可达 5 000 件,配套两台机械臂及 3D 视觉识别系统,实现库区高度自动化、无人化。出库药品自动按照配送线路自动分装。医药物流配送中心二楼主要用于零散药品的拆零拣选。搬运机器人拆零区占地面积 2 400 平方米,由 30 台搬运机器人、600 组可移动货架组成,总存量达 3 万件。相比传统的人工拆零方式,搬运机器人拆零作业效率及准确率大大提高,同时减少了近 70% 的人力成本投入。

四川科伦医药贸易有限公司的成都物流中心是国内医药流通行业小车规模最大的多层穿梭车"货到人"项目。该项目位于成都市,占地面积 140 亩,一期工程总投资 6 亿元,药品配送中心建筑面积为 8 万平方米。该物流中心除托盘式自动化立体库、Miniload 箱式立体库外,大规模地采用了多层穿梭车立体库,是国内已建和在建医药物流配送中心中,穿梭小车应用规模最大的多层穿梭车"货到人"项目。医药物流配送中心共四层,每层两万平方米。一楼主要用于药品入库、仓储和出库,二楼主要用于整件拣选和退货处理,三楼主要用于拆零拣选和复核包装,四楼主要用于处理异型和中药饮片。该医药物流配送中心一楼布置了托盘立体库,该立体库有 13 个巷道,高 24 米,有 25 000 多个货位;Miniload 箱式立体库有 5 个巷道,

图 1-2-4 中国医药集团山西物流中心调度指挥中心

高 20 米,有 22 000 多个货位。该医药物流配送中心在二楼和三楼布置了多层穿梭车立体库,立体库有 6 个巷道,高 8 米,13 层,有 78 台穿梭车,有 34 000 个货位,有"货到人"拣选工作站 6 组。

1.3 医药物流配送中心常见的物流系统

1.3.1 传统仓储系统

传统仓储系统的主要类型如表 1-3-1 所示。

表 1-3-1 医药物流配送中心常用货架类型及功能比较

类型	存放形式	功能
阁楼货架	整箱或者零头	整箱出入库、拆零拣选出库、整箱补货至拆零区
隔板货架	整箱或者零头	整箱出入库、拆零拣选出库、整箱补货至拆零区
横梁货架	整托盘	整托盘/整箱出入库,整箱补货至拆零区
辊道货架	整托盘	整托盘/整箱出入库,整箱补货至拆零区
穿梭式货架	整托盘	整托盘出入库

1. 阁楼货架

阁楼货架是在已有的工作场地或货架上建一个中间阁楼,以充分增加存储空间,根据需要可做成二、三层阁楼,宜存取一些轻泡货物及中小件货物,适于多品种大批量或多品种小批量货物,通过人工作业来存取货物,货物通常由叉车、液压升降台或货梯送至二层、三层阁楼,再由轻型小车或液压托盘车送至某一位置。此类系统,通常采用中型搁板式货架或重型搁板式货架作为主体和楼面板的支撑(根据单元货架的总载重量来决定选用何种货架形式),楼面板通常选用冷轧型钢楼板、花纹钢楼板或钢格栅楼板。阁楼货架具有承载能力强、整体性好、承载均匀性好、精度高、表面平整、易锁定等优势。在拆零拣选环节,为了提升空间利用率,增加存储空间,会考虑此种类型的存储系统。

2. 隔板货架

隔板货架按其单元货架每层的载重量可分为轻型、中型、重型隔板货架,隔板主要分为钢板、木板两种。隔板货架适合存放零散、轻便的货物,可以改装成阁楼货架。为了满足物品更多的存放需求,隔板货架还可以配置重型梁的支撑(柱)。隔板货架也可设计成多楼层(通常 2~3 层),配有楼梯、扶手和货物提升电梯等,这就演变成了阁楼货架,此设计特别适用于汽配、电子器件等系列产品的分类保存,其承重能力小于或等于 500 千克/平方米。

3. 横梁货架

横梁货架又称重型货架,是最普遍使用的一种货架形式,通常为"立柱片+横梁"形式的全组装结构,结构简明有效,每层承重超过 2 000 千克。该货架形式具有很高的拣选效率,可存储较重的物品,但储存密度较低。可根据存储单元的物品特性对横梁货架加装隔档、钢层板(钢格板)、金属丝网层、仓储笼导轨、油桶架等功能性附件,以满足不同集装单元设备形式的货物存储。横梁货架具有承重能力强、适用范围广、可机械存取、存取效率高等特点,但空间利用率没有明显优势。横梁货架广泛应用于制造业厂家、第三方物流和配送中心等场地,既适用于多品种小批量物品,又适用于少品种大批量物品。此类货架在高位仓库和超高位仓库中应用得最多(自动化立体仓库中货架大多用此类货架)。

4. 辊道货架

辊道货架又称重力式货架,属于托盘存储货架。辊道货架是横梁货架的衍生品,结构与横梁货架相似,区别是在横梁上安装了辊筒式轨道,轨道有 3°~5°的倾斜。托盘货物用叉车搬运至货架进货口,利用自重,托盘从进口自动滑行至另一端的取货口。辊道货架的货架总深度(即导轨长度)不宜过大,否则不可利用的上下"死角"会较大,会影响空间的利用。辊道货架的坡道不宜过长,否则下滑的可控性会较差,要么下滑不畅、卡住,要么因下滑的冲力较大而引起托盘货物的倾翻。如果坡道较长,为了使下滑流畅,应在中间加设阻尼装置。为了使托盘货物下滑至最底端时不致因冲击力过大而倾翻,应在坡道最低处设计缓冲装置和取货分隔装置,这样的设计、制造、安装难度较大,成本较高。此类货架不宜过高,一般在 6 米以内,单托盘货物重量一般在 1 000 千克以内,否则其可靠性和可操作性会降低。辊道货架属于先进先出的存储方式,货架深度及层数可根据实际需要进行设计,适用于少品种大批量同类货物的存储,空间利用率极高。

5. 穿梭式货架

穿梭式货架是由一定数量的托盘货架以及台车组成的高密度存储系统,是由台车负责托盘的入库、运输和存储的自动化物流装备,这种高效率的存储方式能够提高仓库空间的利用率,穿梭式货架的空间利用率可达 80% 以上。存货作业由叉车将货物放在货架巷道导轨的最前端,通过无线电遥控穿梭车可以承载托盘货物在导轨上运行。取货作业由穿梭车将货架深处的托盘移至货架最前端,用叉车将托盘货物从货架上取下。穿梭车更换巷道作业由叉车将穿梭车放置于不同的巷道,多个巷道可以共用一部穿梭车。穿梭车的数量由巷道深度、货物总量、出货批量、出货频率等综合因素决定。穿梭车的载重能力为 1 000~1 500 千克,空载运行速度为 0.7~0.9 米/秒,满载运行速度为 0.6~0.8 米/秒。采用锂锰蓄电池或锂电池作为动力单元时,额定电压为 24 伏,电池续航的正常使用时间大于 8 小时,遥控器感应范围为 50 米以上。

1.3.2 自动仓储系统

自动存/取系统(automated storage/retrieval system,AS/RS)是指不用人工直接处理,能自动存储和取出物料的系统。

自动仓储系统采用高层货架储存货物,是用起重、装卸和运输机械设备进行货物出库和入库作业的系统,所以又称为自动化立体仓库系统或高层货架仓库系统。自动仓储系统具有空间利用率高、出入库能力强、不需人工处理、计算机控制生产和作业管理的特点。储存单元货物的货架一般有几层、十几层甚至几十层,用相应的物料搬运设备进行货物入库和出库作业,所以也被形象地称为立体仓库,如图 1-3-1 所示。

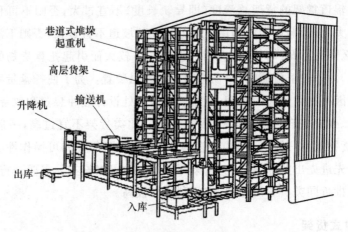

图 1-3-1　自动化立体仓库构成

1. 自动化立体仓库的构成

自动化立体仓库主要由以下设施设备组成。

（1）土建及公用工程设施

自动化立体库的土建及公用工程设施包括库房、消防系统、照明系统、动力系统、通风及采暖系统和其他辅助设施。其中库房部分所涉及的库存容量和货架规格等内容是库房设计的主要依据；对于自动化立体仓库的消防系统而言，由于库房规模大，存储的货物和设备较多且密度大，而仓库的管理和操作人员较少，所以仓库内一般都采用自动消防系统。自动化立体库的照明系统，由日常照明、维修照明和应急照明三部分组成。动力系统所涉及的主要设备有动力配电箱、动力电缆、控制电缆、稳压设备和隔离设备等。通风及采暖系统是根据存储物品要求采用的通风和采暖设备等，特别是存储有害气体的仓库要安装通风机，将有害气体排出室外。其他设施往往是建筑的辅助系统，如排水设施、避雷接地设施和环境保护设施等。

（2）机械设备

机械设备包括组合式货架、货箱与托盘、堆垛机、周边搬运设备等。

① 组合式货架。组合式货架的材料一般选用钢材，组合式货架的优点是构件尺寸小，制作方便，安装建设周期短，而且可以提高仓库的库容利用率。自动化立体仓库的货架一般都分隔成一个个的单元格，单元格是用于存放托盘或直接存放货物的。

② 货箱与托盘。货箱和托盘的基本功能是采用集装单元化的方式装小件的货物，以便叉车和堆垛机的叉取与存放。采用货箱和托盘存放货物可以提高货

装卸和存取的效率。

③堆垛机。堆垛机是自动化立体仓库中最重要的设备,它是随自动化立体仓库的出现而发展起来的专用起重机。堆垛机可在高层货架间的巷道内来回运动,其升降平台可做上下运动,升降平台上的货物存取装置可将货物存入货格或从货格中取出。

④周边搬运设备。搬运设备一般是由电力来驱动,由自动或手动来控制,把货物从一处移到另一处。这类设备包括输送机、自动导向车等,设备形式可以是单机的、双轨的、地面的、空中的、一维运行(即沿水平直线或垂直直线运行)的、二维运行和三维运行的等。其作用是配合巷道机完成货物的输送、转移和分拣等作业。在仓库内的主要搬运系统因故停止工作时,周边搬运设备还可以发挥其作用,使作业继续进行。

(3) 电气与电子设备

电气与电子设备主要包括检测装置、信息识别设备、控制装置、监控及调度设备、计算机管理系统、数据通信设备和大屏幕显示器等。

2. 自动化立体仓库的关键设备

(1) 巷道堆垛机

巷道堆垛机是自动化立体仓库的主要设备,通过在巷道内进行水平往复直线、垂直升降、伸缩货叉、左右叉取等一系列协调动作,实现存储单元货物从巷道端口输送机到指定储位的入库作业,或者从指定储位到巷道端口输送机的出库作业,从而与巷道端口入出库输送机系统一起实现货物的自动出入库作业功能。

(2) 托盘输送机

托盘输送机主要包括链式输送机、辊式输送机和辊式顶升移载机。输送机输送能力大,可承载较大的负荷,具有结构简单、载荷大、效率高、运行平稳、维修方便等优点,是托盘出入库系统组成中的重要机型之一,主要由机架、支腿、驱动装置、输送链条、拉杆、护栏等组成。

1.3.3 传统拆零拣选系统

传统拆零拣选系统包括纸单拣选、手持 RF 拣选、灯光拣选和语音拣选。

拆零拣选系统是指在拣选作业时,传递拣选作业的指令信息所使用的方法工具是语音或者灯光等,并未涉及拣选技术的其他方面,比如货物的输送和搬运、各种拣选工具、拣选货位的设置等。因此确切地说,应该称之为采用纸单、RF、灯光或者语音的拣选信息传递技术,这只是拣选技术的一个组成部分。

纸单拣选技术是最原始的拣选信息传递方式,也是最基本的方法,就是使用打印或者手写的纸质拣货单来显示拣选作业需要的各种信息,拣选作业时,操作者通常还会用笔在纸单上做些记录。

手持 RF 拣选技术是使用小型手持计算机终端(过去简称 RF、带有条码扫描器)来传递拣选作业信息。作业时,由后台计算机系统向手持终端发出拣选指令,屏幕上会显示货位、品种、数量等信息,拣选人员走到相应的货位拣取货物。使用手持终端拣货时,通常都要求扫描货物和货位条形码,因此这个拣选方法的作业准确率很高。

灯光拣选技术是使用电子数字显示牌、各种指示灯来显示拣选信息,常用的电子标签拣货系统就是这项技术的典型应用。电子标签拣货系统是在每一个拣选货位上安装一个电子标签,当需要从这个货位拣货时,计算机系统就点亮该货位的电子标签并且显示其数量。拣货完毕时,也需要按动按钮或者进行其他操作,通知计算机拣选管理系统。

语音拣选技术是基于一套计算机控制的语音信息传输系统,通过拣选人员佩戴的耳机和话筒,以及随身的电子操纵器,用语音向拣选人员下达工作指令。例如,在耳机里发出声音:到 A 区 123 货位拣取 5 盒牙膏。拣选完毕后,拣选人员通常要按下电子操纵器的按钮,通知计算机拣选系统,然后接着做下一个货物的拣选。

1.3.4 "货到人"拆零拣选系统

目前市场上主流的"货到人"拆零拣选系统包括 KIVA 机器人和多层穿梭车系统。

1. KIVA 机器人

KIVA 机器人首先在电商仓储领域应用,随着技术持续发展,货架到人的拣选模式开始在医药物流配送中心得到应用。目前国内医药物流配送中心具有机器人搬运的"货到人"系统的典型案例有中国医药集团平顶山物流中心、中国医药集团北京物流中心、南京医药股份中央物流中心、中国医药集团山西物流中心、九州通医药股份有限公司郑州物流中心。以快仓、极智嘉、海康机器人为代表的机器人企业均已实现了基于 KIVA 的医药行业整箱拣选、拆零拣选等各种基本功能。由于最初 KIVA 系统是基于电商行业的业务模式进行开发应用的,在移植到医药物流配送中心的过程中,在系统实施环节,仍存在很多待解决、待优化的问题。

首先,在电商行业的应用中,为了提升 KIVA 机器人的搬运效率,采用了基于出入库频率的热点分布货位模式,出入库频率高的商品放置在离拣选台较近的区域,货架的上架策略是根据数据挖掘算法将受订关联性较强的商品放置在一个货架上。而医药物流配送中心必须按照 GSP 的要求,按照药品四分开的原则在货架上分布品类,可能会出现某些出入库频率都很高的药品没有放在同一货架的情况。这两者的差异性,导致了系统的上架策略和货架的货位指派策略有较大差异,从而影响了整个拣选作业的货架调度逻辑。

其次,在电商行业的实际应用中,为了降低调度系统的算法难度,某个热销的 A 类商品会被放置到多个货架上,拣选任务随意命中其中一个货架即可以完成拣选作业。而医药物流配送中心必须按照 GSP 的要求,严格地进行药品批号批次的管理。为了满足先进先出的要求,可能出现某个品种的尾箱仅仅在某个货架上的情况,而此时如果多个拣选台的拣选任务均需要拣选此品种,则形成了任务订单在多个拣选台间的任务货架耦合的问题。由于拣选台间的拣选任务出现货架耦合而导致拣选人员处于等待状态,导致拣选作业效率降低。因此,在进行设备的投入测算时,无法直接套用电商行业的经验模式。

再次,电商行业往往是小波次进行任务下发的模式,移动机器人在执行拣选作业的过程中,电池电量低于某个阈值后,根据任务的空闲情况,随时插入充电任务即可,任务的下发没有特别明显的时间段,机器人也是随着作业的执行根据电量情况随时去充电。而医药物流配送中心的作业往往有时间段要求,比如上午 9:30 以前基本没有什么任务下发,此时移动机器人处于原地等待状态,等后续大量任务下发后,机器人执行完若干个任务后,可能电量就低于某个阈值,需要考虑插入充电任务。这样就会面临在作业任务最繁忙的时候,机器人却在充电的情况,导致机器人的作业效率降低。如何结合医药物流配送中心的订单作业时段的特点设定机器人的电池充电策略,是目前绝大多数企业需要考虑的问题。

最后,电商行业每个订单通常只有 2~3 个订单行,所采用的任务分配策略比较简单。而医药流通企业中,针对三甲医院等客户每个订单通常有 4~8 个订单行不等,而连锁药店的订单可能达到每个订单 100~200 个订单行。订单结构的巨大差异,导致任务分配策略有着非常大的差异,反映在机器人拣选作业系统中,采用原有的任务分配策略和设备调度逻辑,往往不容易达到电商系统的作业效率。

通过上述分析可知,在进行移动机器人系统选择时,关注其算法在医药物流配送中心积累的应用经验变得至关重要。

2. 多层穿梭车系统

多层穿梭车系统在 20 世纪末具备了技术雏形,国外的生产企业(如 KNAPP、TGW、Savoye、德马泰克等)的多层穿梭车系统在 2005 年前后陆续落地成功,我国医药行业第一个成功案例是中国医药集团上海物流中心二期所采用的多层穿梭车系统,该项目于 2016 年 10 月正式投入使用。随着国内各个厂家的技术逐渐成熟,越来越多的国内厂家的产品也开始登台亮相。最近两年中国医药集团山西物流中心、南京医药股份中央物流中心、昆药商业现代化医药物流配送中心项目、中国医药集团吉林长春物流中心、鹭燕厦门医药现代化仓储中心、华润集团河南郑州物流中心、广州医药股份医药物流配送中心、科伦医贸成都物流中心等项目已经正式投入使用。

随着医改相关政策的持续推出,医药拆零业务在整个物流中心业务量的占比不断提升,由此导致的物流中心拣选面积设置、对应的拆零品种、拣选作业的模式等都发生了变化,随着"货到人"概念的提出和推广,越来越多的新建物流中心开始考虑采用"货到人"的作业模式。以国内的江苏华章物流科技股份有限公司、山东兰剑物流科技股份有限公司、浙江凯乐士科技集团股份有限公司等为代表的多层穿梭车企业,均已实现了基于多层穿梭车在医药行业整箱拣选、拆零拣选等各种基本功能。由于上述企业的相关早期系统算法等均是针对电商行业、图书行业等应用进行开发,在移植到医药物流配送中心的过程中,有很多问题需要解决。

首先,在电商企业和图书行业的应用中,针对爆款/头部品种往往采用其他作业模式,多层穿梭车主要面向的是 B 类和 C 类商品,品种的受订频次相对比较分散,因此多层穿梭车的作业需求相对均衡,料箱提升机的作业瓶颈问题不突出。在目前的医药物流配送中心中,多层穿梭车的使用品类范围仍然存在部分争议。中国医药集团上海物流中心所使用的 OSR 系统,主要满足 B 类产品的拣选作业需求;南京医药股份有限公司中央物流中心所使用的多穿系统满足适合料箱输送线尺寸、重量要求的全品类的拣选作业需求;中国医药集团山西物流中心使用的多穿系统主要用于疫苗类冷藏环境的拣选作业。当多层穿梭车负责全品类的拣选时,品种的 ABC 特性将对订单的波次处理和调度策略提出较高的要求。在料箱提升机的作业能力有限的情况下,如何利用聚类算法等对拣选订单进行合理的波次处理变得至关重要。

其次,在"货到人"拣选台的作业效率测算中,电商和图书行业都是以盒/本/个等为单位进行拣选,每个原料箱针对每个订单需要拣选的数量较小,而且包装单元均一,显示的拣选效率能达到 400～500 订单行/拣选台。医药行业存在中包装和小包装的问题,当发生中包装拆包装的作业时,会直接影响拣选台的拣选效率。此外,医药的单个订单行的拣选数量超过 5 个单品的情况很常见,这也加大了拣选作业人员的拣选动作频次。从实际的医药物流配送中心进行测算的情况看,在原料箱和订单箱均不间断的情况下,实际医药行业的多层穿梭车的拣选效率仅仅能达到 200～300 订单行/拣选台。在进行投资回报率测算和拣选台数量选择等方面,需要关注其作业效率的差异性。

再次,要关注 GSP 对药品的批次管理对"货到人"拣选台的任务分配情况的影响。由于前文所述的聚类算法将订购同一品种的订单尽可能放置在一个拣选波次,虽然降低了料箱提升机的作业需求,但是也将容易引发拣选台之间的任务耦合问题。如何根据企业的订单结构特性和订单品项受订重复度等测算,进行拣选台的"原料箱:订单箱"比例选择(目前有1:1;3:3和2:4等),对于降低拣选台的任务耦合有着重要的指导意义。如何实现拣选台的任务分配解耦算法也是影响最终作业效率的关键所在。

最后,需要关注换箱工作站和拣选工作台的配比情况。目前国内的医药物流配送中心采用了1:1~1:3的配比模式,没有明确的测算理论支撑,从而导致某些物流中心的换箱工作站成为整个系统效率的瓶颈。例如,由于换箱不及时,导致拣选人员只能等待;由于某些配比过高,导致大量的场地被占用,换箱台空置率较高。如何根据每个品种的订单行平均订货量、包装数、受订频次等情况综合进行测算,是接下来各家企业在物流中心设计过程中需要考虑的问题。

通过上述分析可知,在选择医药物流配送中心的多层穿梭车系统时,关注其设计参数的合理性以及在医药物流配送中心的应用经验变得至关重要。

1.3.5 自动化拆零拣选系统

目前,比较典型的自动化拆零拣选系统有 A-Frame、UniPick 药房自动化系统、KNAPP-Store 和机器人视觉拣选系统等。

A-Frame 的分拣技术出现得较早,国外的医药物流配送中心中有过多个成功应用的案例,在我国的江西五洲医药物流配送中心也有实施落地的案例。但是,该类型设备在国内的应用场景的选择有待商榷。目前,A-Frame 的分拣技术在我国主要应用于烟草行业的 C 类品拣选(烟草行业的立式机属于 A-Frame 的变形)。

A-Frame 的分拣系统属于批量补货,按订单在皮带线通过虚拟时窗技术,将各个品种的药品按对应的时窗节点把药品打击落入皮带线。考虑到单个弹出格口的成本较高,往往适用于品种较少、出货频率中等的情况。烟草行业总共的品种数较低,普通物流中心的 C 类烟的数量大概为 100~150 个,属于比较典型的品种少、出货频率中低等的情况。所以采用 A-Frame 的适用度较高。我国的医药流通行业,受制于仿制药的产业特点,则难以找到此类适用的场景:A 类药品虽然品种数量少,但是受订频次高,导致需要过于频繁地补货,人工劳动强度不但没有降低,反而大幅增加了;B 类药品的品种数量往往超过 1 000 个 SKU,而且受订频次不一定很低,且存在季节波动性,从投资性价比而言,难以满足企业的投资性价比的要求;C 类药品的品种数往往超过 2 000 个 SKU,更没有使用 A-Frame 的必要性。A-Frame 设备未来可以考虑的应该是门特药的拣选需求场景和慢病处方药在医院旁边的药店的拣选需求场景。如何进行投入成本、拣选效率需求、用工人数测算等的综合评估,目前国内的各家医药物流企业尚无深入的研究和探索。随着需求场景的进一步挖掘、相关产品成本的持续下降等综合因素影响,才可能明确 A-Frame

设备在医药行业的应用价值。

UniPick药房自动化系统是一款自动发药系统,它能够准确、高效、快速地处理门诊药房的发药流程,降低差错率,提升效率。UniPick的可垂直移动储药传送带和自动机器手补药模块可同时高效、准确地完成发药及补药工作。智能库存管理系统可帮助药师管理设备库存,即使在发药高峰时间,也可将库存维持在合适的水平。由于其存储的药品SKU相对比较少,为单盒出库模式,单台发药速度达每小时2 400盒(瓶),即每小时处理处方约480个。多达10个出药口与发药窗口一一对应,最多可支持10个发药窗口。实时、预配发药智能结合,发药灵活方便。设备后部补药台含6条补药通道,其中一条可用于超大包装药品。系统亮灯提示需补药的药槽和补药数量,可同时补盒装药和瓶装药。激光实时盘点库存,补药不影响发药。补药速度达每小时2 400盒(瓶)。UniPick适用于门诊药房、社区药房和零售药房,目前已用于郑州大学附属第一医院、北京世纪坛医院、上海龙华医院等医院的门诊药房的自动发药环节。

KNAPP-Store是一种创新的仓库拣选系统,KNAPP-Store通过节省空间的方式简便地存储不同的商品,原本耗费人力处理的商品,在KNAPP-Store中能以合理的投资成本和较低的库位成本实现自动化处理,KNAPP-Store的规模可以伸缩,配有稳健的机器人,能在极小的空间里实现最高仓储密度,提升质量和效率,并且有足以对变化多端的要求迅速做出反应的灵活性和处理能力。此外,KNAPP-Store还可满足医药行业基于单品的特殊文档汇编要求(批次追溯、序列号录入、有效期)。KNAPP-Store由可伸缩的货架巷道构成,标配仓储密度极大的玻璃搁板、可靠的双臂抓取系统、入库工位、拣选箱以及量身定制的软件解决方案。入库输送带将商品自动入库,KNAPP-Store还可在收货处录入序列号、批号以及有效期,稳健的双臂抓取系统承担拣选、入库和倒仓任务,该系统采用冗余设计,可操作所有库位。KNAPP-Store是一种高效、可靠的自动化解决方案,适用于B、C类物品、退货、特殊商品和电子商务的多功能创新解决方案。

机器人视觉拣选技术距离成熟落地还有一段距离,随着物流中心业务量的持续上升及人力成本的逐年提升,越来越多企业开始关注到整箱拣选和拆零拣选的用工问题。人工智能技术(主要是机器视觉和机器人技术)的日益成熟,新建的医药物流配送中心开始关注机器人拣选技术在物流中心的应用。在整箱拣选环节,中国医药集团的山西物流中心、中国医药集团广州一致药业物流中心等已经有整箱拣选的落地案例。基于机器视觉进行垛型识别,利用关节机器人进行整箱拣选,配合自动贴标机进行发货标签/补货标签的自动贴标模式,是整箱拣选环节进行人工替代的一个模式。在实际的使用过程中,针对各种外包装尺寸和垛型识别技术已经日趋完善,但是针对外包装纸箱的质量、是否有捆扎带等问题仍然是机器人替代人工进行整箱拣选的矛盾点。此外,采用机器视觉和六关节机械手的抓取模式,还需要考虑建筑所需要的净空高度问题,建议作业净空高度4.5米以上,且地基承载最好满足1.5吨/平方米的承载能力为佳。在拆零拣选环节,目前国内还没有实际落地的拆零拣选案例。虽然现在的"货到人"拣选工作台已经越来越普遍地被应用,但是在此环节完全用机器替代人工仍有较大的难度。例如,机器人没法实现中包装的自动拆包装动作,也没法实现小包装的皮筋捆扎动作。除此以外,在人工拆零拣选作业时,针对多盒拣选需求,往往实现一次多盒拣选,效率较高。而机器人进行拣选作业,只能逐盒进行拣选,虽然机器人能够达到每小时900个拣选动作,对于传统医药物流配送中心的每个订单行5~10盒,甚至更高的拣选数量需求而言,性价比不高。短期内难以达到机器换人的平衡点。

第 2 章
医药物流配送中心的设施选址问题

所谓设施选址,是指如何运用科学的方法决定设施的地理位置,使之与建设单位的整体运营系统有机结合,以便有效、经济地达到建设单位的目的。医药物流配送中心的设施选址与一般物流设施选址的不同之处在于,医药物流配送中心的功能定位不同,选址的逻辑不同。当设施定位为面向全国分销企业做全国总代理的分销仓和面向区域市场做区域内的纯销业务,在选址时需要考虑的因素存在一定的差异。

医药物流配送中心的设施选址包括两个层次的问题:第一是选位,即选择什么地区(区域)设置设施,沿海还是内地,南方还是北方,A 城市还是 B 城市等;第二是寻址,地区选定以后,具体选择在该地区的什么位置设置设施,也就是说,在已选定的地区内选定一片土地作为设施的具体位置。

医药物流配送中心的设施选址还包括这样两类问题:一是原本无设施,需要在网络中布置设施;二是现存有一个或多个设施,但需要布置新的设施。在设施选址实际操作的过程中,首先是根据建立设施的要求,合理地选择医药物流配送中心的备选建设地点;其次考虑主观条件及实际情况中各种约束因素,进行数学建模求解;最后分析求解结果,进一步选择适宜的一个或几个具体地点作为最后确定的设施地点。

医药物流配送中心的设施选址是一件巨大的永久性投资,如果设施选择不当或者仓促建设后发现问题再纠正,都会造成很大的损失。因此,做好设施选址规划工作是十分重要的,在选址过程中每一步都应力求完善,满足主客观条件的要求,得出最合适的地址。

在本书中,医药物流配送中心的设施选址涉及的主要是选位工作,寻址工作因考虑因素复杂多变暂时先不考虑;同时考虑到在现有设施中布置新的设施这类问题,可先将现有设施及其服务点在网络中去除,得到新的网络,而这种新的网络实际上就是上述"原本无设施,需要在网络中布置设施"的问题。

2.1 单个医药物流配送中心设施点选址问题

2.1.1 P-中值模型

医药物流配送中心的选址需要综合考虑多个因素。首先需要考虑的是各个客户的配送需求量,其次是各个客户的具体位置,再次是线路上的运输单价。总体来说,客户的需求量、位置、运输单价导致了配送中心选择不同的地址,运输费用不一样,运输总成本也不一样。

Hakimi 最早提出中值问题,P(指代所选设施点的个数,可以是一个或多个)-中值模型是指在一个给定的数量和位置的需求集合和一个候选设施位置集合下,分别为 P 个设施找到合适的位置并指派每个需求点到一个特定的设施,使之达到设施点和需求点之间的目标值最小。该目标值通常是使总成本最小,如总(平均)运输距离最小,总(平均)需求权距离最小,总运输时间最少,总运输费用最小等,故中值问题又称为最小和问题。这里的距离是指需求点与最近设施点之间的距离,需求权距离是指需求点的需求量和该需求点与最近设施的距离的乘积。这种目标通常应用在企业问题中,如工厂、物流中心、商业设施的选址等,所以又叫"经济效益性"目标。公共设施的选址也可以采用这个标准衡量选址的效率,如学校、图书馆、邮局的选址等,故有人也称之为"集体福利性"目标。

P-中值模型的数学模型如下:

在节点集合 $V=\{v_1,v_2,v_3,\cdots,v_n\}$ 和边集 E 构成的无向图 $G(V,E)$。如果节点 v_j 是开放的(即可被选为设施点),则 $x_{jj}=1$,否则 $x_{jj}=0$;如果节点 v_i 由一个在 v_j 的服务点服务,则 $x_{ij}=1$,否则 $x_{ij}=0$。s_i 为权重,c_{ij} 为距离矩阵,p 为医药物流配送中心设施点的数目。

$$\min z = \sum_{i=1}^{n}\sum_{j=1}^{n} s_i c_{ij} x_{ij} \tag{2-1-1}$$

$$\sum_{j=1}^{n} x_{jj} = p \tag{2-1-2}$$

$$\sum_{j=1}^{n} x_{ij} = 1, \quad 1 \leqslant i \leqslant n \tag{2-1-3}$$

$$x_{jj} - x_{ij} \geqslant 0, \quad 1 \leqslant i,j \leqslant n, i \neq j \tag{2-1-4}$$

$$x_{ij} \in \{0,1\}, \quad 1 \leqslant i,j \leqslant n \tag{2-1-5}$$

目标函数式(2-1-1)使各个客户(医院、连锁药店、社区医疗机构)到 P 个医药物流配送中心之间的总加权距离最小;约束式(2-1-2)保证选定的医药物流配送中

心设施点数目是 P；约束式(2-1-3)保证每一个客户只被一个医药物流配送中心服务；约束式(2-1-4)保证每一个客户一定被 P 个给定的服务点中的一个服务；约束式(2-1-5)为 0-1 约束。

2.1.2 选址原则

医药物流配送中心的选址过程应当遵守如图 2-1-1 所示原则，具体如下。

(1) 适用性

医药物流配送中心的设施选址须与国家以及省市的发展方针、政策相适应，与我国物流资源分布和人民群众的用药需求分布相适应，与国民需要和社会发展相适应。医药物流配送中心的设施选址要考虑到各级（国家级、省市级）相关医药监管政策以及地域的商业业务特点。

(2) 协调性

医药物流配送中心的设施选址应将企业的全国物流网络作为一个大系统来考虑，使各个物流配送中心设施之间、自有设施与租赁设施之间，在地域分布、物流作业能力、技术水平、客户需求响应能力等方面互相协调。新增的医药物流配送中心设施选址须充分考虑能否利用现有设施以及与现有设施之间的协调作业。

(3) 充分性

即要求医药物流配送中心设施能够最大可能地为所有终端配送需求点服务，尽可能最大程度地满足每个需求。这就要求布局时使设施辐射、覆盖的范围尽可能最大化，而且不能因为医药物流配送中心的覆盖能力不足而导致某些医疗终端无法按规定时限进行配送。在这一点上，因充分考虑到现在医药改革的趋势特点，需要兼顾到县乡村基础医疗的配送需求，避免配送能力无法覆盖的情况。

(4) 易达性

要求医药物流配送中心的设施可以最大限度地为终端客户进行配送，也可以解释为使用该设施所服务的终端客户所需要支付的交通成本最小化或时间成本最小化。随着距离的增加，终端客户所需要支付的交通成本和时间成本也会随之增加，终端需求点就会考虑放弃使用该设施而去寻求其他更易提供相关服务的设施。

(5) 经济性

在医药物流配送中心的设施发展过程中，有关选址的费用，主要包括建设费用及物流费用（经营费用）两部分。设施选址定在市区、近郊区或远郊区，其未来物流活动辅助设施的建设规模及建设费用，以及运费等物流费用是不同的，选址时应以总费用最低作为设施选址的经济性原则。

(6) 战略性

医药物流配送中心的设施选址，应具有战略眼光。一是要考虑全局，二是要考虑长远。局部要服从全局,当前利益要服从长远利益,既要考虑当前的实际需要,又要考虑日后发展的可能。

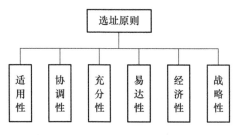

图 2-1-1　选址原则示意图

2.1.3　选址程序及步骤

医药物流配送中心的选址应当遵循上述选择原则,在这些原则下进行设施选址。在医药物流配送中心的选址原则的指导下,确定整个选址模型的构建步骤及每一步的要点如下。

(1) 选址规划目标的确定

通过对整个物流系统的分析,明确建立新的医药物流配送中心的必要性、目的和意义,以及该设施在未来的体系中可能发挥的作用,然后提出较为合理的决策策略,为最后的方案评价提出标准。显然,新的医药物流配送中心选址的目标就是尽可能以更低的成本覆盖未来潜在的所有医疗终端需求点。

(2) 整理选址的影响因素

进行决策选址时,需要了解医药物流针对 GSP 监管的一些需求与终端客户的分布特点,综合考量各种因素,使选址模型贴近实际情况,可大大地缩小选址备选点的范围,降低求解难度,为选址的目标决策提供便利条件。影响选址的因素有园区供电情况、外部交通情况、场地土类型等。

(3) 选取并量化影响因素,建立约束条件

在分析诸多影响医药物流配送中心选址工作的因素,并确定医药物流配送中心备选点与终端客户的范围后,我们根据医药物流的特点与实际情况,对这些因素进行权衡,选取有代表性并且容易量化的因素,也就是将医药物流的特点和影响因素量化以便运用到数学模型中,随后根据这些量化的数学公式建立约束条件,为下一步建立正式的模型做准备。

(4) 建立优化模型并求解

分析并比较各种数学模型优缺点,针对医药物流设施选址特征,挑选符合目标的数学模型加以改良,加入上个步骤中建立的约束条件。随后通过 Xpress-MP 运筹学解算软件对其进行求解。

(5) 结果评价

通过现实的算例求解模型,提供参考案例并对算例结果进行评价,看其是否具有现实意义及可行性。

2.1.4 影响因素分析

医药物流配送中心选址与普通物流设施选址不同,主要在于考虑的因素及相关限制条件的不同。因此,为了更加科学合理地对医药物流配送中心的设施进行布局,充分地考虑医药物流配送中心选址的相关因素是十分重要的。影响选址的主要因素来源于以下几个方面。

(1) 人口因素

医药物流配送中心选址与一般选址的区别之一是医药物流配送中心面向的客户往往在核心城区。由于不同地区的人口密度是不同的,正常来说,人口密度大的地区"需求"相对高些,因此人口密度应成为医药物流配送中心选址中需考虑的因素之一。

(2) 需求因素

对于医药物流配送中心选址而言,了解各个重点客户以往的订单销售情况是必不可少的,因为根据以往的情况不仅可以推测将来需求分布的特点,也能了解当地的需求特征,从而进一步反映在选址结果上。以连锁药店为例,沈阳 2020 年年底常住人口为 900 万人,城市面积为 1.28 万平方千米,大型连锁药店的平均单店年销售额能达到 300 万~350 万元;长沙 2020 年年底常住人口为 1 000 万人,城市面积为 1.18 万平方千米,大型连锁药店的平均单店年销售额为 250 万元左右。这一差异是由城市人口年龄结构不同导致的。由此可以看出,在人口数量、经济总量和城市面积都接近的城市,由于年龄结构差异导致的同种类型的连锁药店业态在实际经营效果中有较大差异。

(3) 交通便利性因素

医药物流配送中心所在地区的交通状况会极大地影响配送车辆的出行情况,因而对药品的配送时间以及配送质量有重要影响。基于医药物流配送中心的功能定位不同,以城配物流为目的和以全国干线运输为目的,所关注的交通因素也有一定差异。

(4) 时间因素

医药物流配送中心最重要的是对配送时间的控制。以三甲医院等为配送对象的纯销型商业公司,从接受客户订单到订单送达的时间窗口期非常短。以北京为例,各三甲医院的下单截单时间为上午 11:30,订单送达时间通常要求在下午 16:00 以前。结合北京的交通情况和库内作业的拣选必须时间等因素,留给实际配送环节的时间非常有限,因此时间因素成为选址过程中必须考虑的因素之一。

(5) 经济重要性因素

经济发达地域不仅人口众多,工商业基础雄厚,同时也是众多政府机关、科研机构所在地,对国民经济有很大作用。从现有的医药商业的市场情况看,基本上各个省份的医药销售额和经济发展水平有较强的关联性。因此在考虑选址问题的时候,每个地区的经济发展水平将对我们的选址产生重大影响,物流配送中心所覆盖区域的经济重要性应当予以考虑。

(6) 成本因素

成本因素一般包含建造成本、土地获取成本、运营成本。考虑到医药物流配送中心必须以盈利为目的,在常规的选址问题中,物流设施建立后的运营都需要大量的资金,成本因素是不得不考虑的因素。

(7) 容量因素

医药物流配送中心选址中也应考虑容量限制问题,即服务上限容量与服务下限容量。首先,无论客户需求多大都希望被医药物流配送中心满足,这不符合实际情况,而且储备的资源会占用大量的库存成本;其次,为了保证医药物流配送中心设施的投入产出比,应当对医药物流配送中心设施服务的最小服务能力做一定限制。当配送的业务量低于某一个阈值时,不一定要新建医药物流配送中心。

(8) 相关部门的态度

医药物流配送中心的建立同样要考虑相关部门的态度,相关政策的指引。有些地区对医药物流的建设持欢迎的态度,能够给予一定优惠政策,比如土地出让金的减免。有些地区将物流行业整体作为疏解的领域,不鼓励建设物流设施。

(9) 其他因素

医药物流配送中心的规划应贯彻节约用地、充分利用国土资源的原则。所选地址的周围还需留有足够的发展空间,防止现有设施不能满足需求时随时可以扩容。另外,是否可以便利地获得人力资源等因素也是需要加以考虑的。

2.1.5 影响因素的量化与处理

对影响因素进行分析以后,还需考虑如何量化这些影响因素,并将其应用到数学模型中。

(1) 人口与需求因素

医药物流配送中心的选址首要考虑的就是服务区域的人口数量,以人为本,是既定的条例,也符合选址的基本原则。一般考虑人口因素时,应当选择常住人口而非户籍人口来进行参数表达,在这里流动人口的存在及其每年的变化情况会给统计带来诸多不便。鉴于统计部门关于人口统计数据的实际情况,可以采用常住人口这一指标来量化人口及潜在需求因素。在实际建模过程中,可以只引入一个指标进行描述。

(2) 交通便利性因素

在统计交通的便利程度方面,物流设施所在地域的公路、高速路等交通基础设施对这一点的影响巨大。可以用下式对某地域的交通便利性予以反映。

交通便利性=(当地高速/高等级公路里程+当地普通公路里程)/当地土地面积

我们考虑的是交通里程总量与土地面积的比值,是因为交通里程总量大的不一定交通条件好,也就是说不一定交通便利。我们可以给每种等级的交通里程打分,使它们各自占有不同的权重,再进行合计。

(3) 时间因素

对不同类型的医药物流配送中心的设施而言,医药配送服务时间的设置也应该不同。例如,对于以北京市三甲医院为主要服务对象的医药物流配送中心而言,为了保证对三甲医院的服务能力,从订单接收到送货完成的服务时间应该控制在 4 小时左右。因此,时间因素的量化,要考虑到各个企业的业务特点以及一些实际经验。时间因素常常与表征物流设施与需求点的距离因素相互通用。

(4) 经济重要性因素

在考虑经济的时候,必然想到是考虑人均经济还是经济总量。由于在我们的模型里面,假设每个地级市的各种年龄结构等是平均分布的,而造成的人均用药需求也是平均分布的,由此,如果是考虑人均生产总值,地广人稀的地区可能人均生产总值很高,但产生的总用药需求量会比较少,而有的地区人均生产总值虽然低,但人口基数大、人口多,可能产生的总用药需求量很大。当然如果每个地级市的年龄结构分布不平均,那么在考虑生产总值的时候就会存在一定的局限性,在这里暂时忽略。因此在衡量经济重要性时,我们可以用当地最近一年的国民生产总值(GDP 数值)来表征。

(5) 成本因素

对于医药物流配送中心的选址而言,成本是必要的考虑因素。但当考虑成本时,不仅要考虑包含用地成本在内的建设成本,还要考虑物流中心以后的运营成本。为保证对药品配送服务的质量,物流中心日常运作必须有一定的保证,因而运营成本是比较大的。所以对成本因素的量化而言,应当包括建设成本以及运营成本两个方面。

成本=建设成本+运营成本

(6) 容量因素

当医药物流配送中心设施的数量在选址前就已确定好时,考虑容量因素无意义,容量因素是用来确定医药物流配送中心数量的限制条件之一。对于容量因素的量化,影响因素较为复杂,有规划目标、成本、征得土地面积、地区总人口等,根据具体选址情况的不同而有所区别,可以组织多位专家综合考量给出参考值。

本书主要考虑的是确定设施数量下的医药物流配送中心选址工作,因此容量因素也暂时不作考虑。

(7) 相关部门的态度

相关部门的态度是一项难以量化的因素,但是可作如下处理:将那些具有良好态度或优惠政策的地区挑选出来,作为备选设施点,也就是将相关部门的态度作为筛选备选设施点的一种手段。

综合以上分析,我们可以对医药物流配送中心选址的影响因素进行如下整理:首先根据自然因素及相关部门的态度筛选备选设施点;其次根据常住人口、交通便利性因素、经济重要性因素给不同的服务需求点设立权重;最后根据时间因素设定约束条件加入数学模型中。

2.1.6 单设施点模型的建立

1. 备选点的选择

根据基础设施条件的分析以及其他自然条件,在考虑医药物流配送中心设施的备选点时,应当排除有以下情况的备选点:

(1) 存在地质条件或者洪涝等潜在灾害风险的备选点;
(2) 交通不畅等外部条件不满足物流要求的备选点;
(3) 其他影响医药物流配送中心未来使用的备选点。

根据以上情况筛选备选点在获得优质备选点的同时也可以减小计算量。

2. 权重的设置

根据影响因素及量化中的分析,同时综合考虑涉及社会、经济、交通等方面的因素,我们将从常住人口、交通便利性、经济重要性三个方面考虑权重。

根据影响因素的分析,权重设置如下。

(1) 常住人口(g)

常住人口可采用统计部门统计年报的上一年的常住人口数据。

(2) 交通便利性(f)

可采用下面公式来衡量交通便利性。

$$交通便利性 = \frac{\frac{当地公路高速公路}{高等级里程} + 当地普通公路里程}{当地面积}$$

(3) 经济重要性(e)

这一指标的量化标准可以采用当地最近一年的 GDP 数据。

因为常住人口(g)、交通便利性(f)、经济重要性(e)三个因素的权重因子是彼此独立的,我们在分析数据的时候可以将它们统一起来分配各自的取值,最终使总权重为1,设定方法如下。

我们令常住人口中最大的值等于a,交通便利性中最大的值等于b,经济重要性中最大的值等于c,其余权重的值可由内部的数值比值关系求出。设定常住人口、交通便利性、经济重要性之间的比值为$a:b:c$,即下式:

$$\begin{cases} g:f:e=a:b:c \\ a+b+c=1 \end{cases}$$

其中,a、b、c的具体取值,将视选址时的需要与实际情况由熟悉情况的专家打分决定。

3. 模型的构建

前提假设条件如下:
- 医药物流配送中心设施的备选点以及医药配送服务的需求点都是已知且离散的;
- 医药物流配送中心设施的最终设施点的数目为1个。

(1) P-中值模型的改良

鉴于中值模型缺少对终端用户的配送时效性的反映,因此应适当考虑配送距离的限制。可以在模型中加入以下限制条件:

$$c_{ij}x_{ij} \leqslant G \quad \forall i,j \quad (G\text{为配送距离})$$

模型参数说明:
- $A=\{A_i | i=1,2,\cdots,n\}$为医药配送服务需求点的集合;
- $B=\{B_j | j=1,2,\cdots,m\}$为医药物流配送中心设施备选点的集合;
- s_i为医药配送服务需求点A_i的权重(由常住人口、交通便利性、经济重要性合成);
- c_{ij}为从医药配送服务需求点A_i到医药物流配送中心设施备选点B_j的距离;
- G为配送距离;
- $x_{ij}=\begin{cases} 1, & \text{若配送服务需求点}A_i\text{由物流配送中心设施备选点}B_j\text{提供服务,} \\ 0, & \text{否则;} \end{cases}$
- $y_j=\begin{cases} 1, & \text{若物流配送中心设施备选点}B_j\text{被选中,} \\ 0, & \text{否则。} \end{cases}$

则改良模型如下:

$$\min z = \sum_{i=1}^{n}\sum_{j=1}^{n} s_i c_{ij} x_{ij} \tag{2-1-6}$$

$$\text{s.t.} \sum_{j=1}^{m} y_j = 1 \tag{2-1-7}$$

$$\sum_{j=1}^{n} x_{ij} = 1, \quad 1 \leqslant i \leqslant n \tag{2-1-8}$$

$$y_j - x_{ij} \geqslant 0, \quad 1 \leqslant i \leqslant n, \quad 1 \leqslant j \leqslant m \tag{2-1-9}$$

$$c_{ij} x_{ij} \leqslant G, \quad \forall i, j \tag{2-1-10}$$

$$x_{ij} \in \{0, 1\}, \quad 1 \leqslant i \leqslant n, \quad 1 \leqslant j \leqslant m \tag{2-1-11}$$

目标函数式(2-1-6)使各个医药配送服务需求点到医药物流配送中心设施备选点之间的总加权距离最小,约束条件(2-1-7)保证选定的医药物流配送中心设施备选点数目是1个;约束条件(2-1-8)保证每一个客户只被一个医药物流配送中心设施备选点服务,约束条件(2-1-9)保证每一个客户一定被医药物流配送中心设施备选点服务;约束条件(2-1-10)约束为配送距离约束,保证每一个设施点与给它提供医药配送服务需求点的距离在配送距离之内;约束条件(2-1-11)为0-1约束。

(2) 广义最大覆盖模型的设定

覆盖度的确定:先确定配送距离 g_1 与最大配送距离 g_2,当医药配送服务需求点与医药物流配送中心设施点之间距离 d 在 g_1 内时,设定覆盖度为1;当医药配送服务需求点与医药物流配送中心设施点之间距离 d 超出 g_2 时,设定覆盖度为0;当医药配送服务需求点与医药物流配送中心设施点之间距离 d 在 g_1 与 g_2 之间时,覆盖度为 $(g_2 - d)/(g_2 - g_1)$。

模型参数说明:

- $A = \{A_i | i = 1, 2, \cdots, n\}$ 为医药配送服务需求点的集合;
- $B = \{B_j | j = 1, 2, \cdots, m\}$ 为医药物流配送中心设施备选点的集合;
- s_i 为医药配送服务需求点 A_i 的权重(由常住人口、交通便利性、经济重要性合成);
- g_1 为近点配送距离(在此距离之内覆盖度为1,等同于 P-中值模型中的 G);
- g_2 为远点配送距离(超出此距离覆盖度为0);
- c_{ij} 为从医药配送服务需求点 A_i 到医药物流配送中心设施备选点 B_j 的距离;
- $d_{ij} = \begin{cases} 0, & c_{ij} \geqslant g_2, \\ \dfrac{g_2 - d}{g_2 - g_1}, & g_1 \leqslant c_{ij} \leqslant g_2, \\ 1, & c_{ij} \leqslant g_1; \end{cases}$
- $x_{ij} = \begin{cases} 1, & \text{若医药配送服务需求点 } A_i \text{ 由物流配送中心设施备选点 } B_j \text{ 提供服务}, \\ 0, & \text{否则}; \end{cases}$
- $y_j = \begin{cases} 1, & \text{若物流配送中心设施备选点 } B_j \text{ 被选中}, \\ 0, & \text{否则}。 \end{cases}$

模型如下:

$$\max \sum_{i=1}^{m}\sum_{j=1}^{n} d_{ij}x_{ij} \qquad (2\text{-}1\text{-}12)$$

$$\text{s.t.} \sum_{j \in B} y_j = 1 \qquad (2\text{-}1\text{-}13)$$

$$x_{ij} \leqslant y_j, \quad \forall i \in A, j \in B \qquad (2\text{-}1\text{-}14)$$

$$\sum_{j \in B} x_{ij} \leqslant 1, \quad \forall i \in A \qquad (2\text{-}1\text{-}15)$$

$$x_{ij}, y_j \in \{0,1\} \qquad (2\text{-}1\text{-}16)$$

目标函数式(2-1-12)是使被覆盖的医药配送服务需求点的权重达到最大；约束条件(2-1-13)是医药物流配送中心设施数量约束(此处为单设施点，所以为1)；约束条件(2-1-14)明确应首先建立医药物流配送中心设施才能为医药配送服务需求点 i 提供服务；约束条件(2-1-15)说明医药配送服务需求点 i 只被某一覆盖水平的医药物流配送中心设施覆盖，总的最大覆盖度为1；约束条件(2-1-16)是0-1约束。

(3) 重心法的迭代

重心法选址的做法：在一个物流系统中，假设有 n 个需求点，它们各自的坐标是 (x_i, y_i)，其中有 $i=1,2,\cdots,n$，设施点 D 的坐标是 (x_0, y_0)，t_i 为第 i 个需求点的需求量，m_i 为设施点到需求点 i 的费率，d_i 为第 i 个需求点到设施点的直线距离，则目标函数为：

$$\min D = \sum_{i=1}^{n} t_i m_i d_i \qquad (2\text{-}1\text{-}17)$$

其中，

$$d_i = [(x_0 - x_i)^2 + (y_0 - y_i)^2]^{1/2}$$

可以通过以下两个式子，求出设施点 D 最小时的坐标 (x_0, y_0)。

$$\frac{\partial D}{\partial x_0} = \sum_{i=1}^{n} t_i m_i (x_0 - x_i)/d_i = 0 \qquad (2\text{-}1\text{-}18)$$

$$\frac{\partial D}{\partial y_0} = \sum_{i=1}^{n} t_i m_i (y_0 - y_i)/d_i = 0 \qquad (2\text{-}1\text{-}19)$$

从式(2-1-18)和式(2-1-19)可得到：

$$x_0 = \frac{\sum_{i=1}^{n} t_i m_i x_i / d_i}{\sum_{i=1}^{n} t_i m_i / d_i} \qquad (2\text{-}1\text{-}20)$$

$$y_0 = \frac{\sum_{i=1}^{n} t_i m_i y_i / d_i}{\sum_{i=1}^{n} t_i m_i / d_i} \qquad (2\text{-}1\text{-}21)$$

由于式(2-1-20)和式(2-1-21)右端还含有 x_0,y_0(包含在 d_i 中),这将导致直接求解非常困难,所以一般采用迭代法进行求解,求解的关键在于给出设施点的初始位置。选择位置的时候可以任意选取地点,也可以根据各需求点的位置和分布情况选取初始地点,但是一般将各需求点之间的重心点作为初始地点,以加快迭代速度。

这里采取重心法进行最终迭代的原因,是因为重心法不仅可以起到拟合 P-中值模型与广义最大覆盖模型求得解,综合二者优点的作用,还可以实现各个因素多量纲情况下的统一。由于涉及点的个数仅仅为 2 个,模型很小,在这里重心法具体求解过程就不做详细阐述。

(4)单设施点模型的求解流程

在确定权重和建立模型后,将逐一说明模型的求解步骤。

步骤一:改良中值模型的求解。在确定模型系数后,求解模型得设施点 h_1。

步骤二:广义最大覆盖模型的求解。按相应的步骤可以求得设施点 h_2。

步骤三:最终结果的求解。先对中值模型与广义最大覆盖模型由专家按重要性及考虑角度给出权重比值;再用重心法按比值对 h_1 和 h_2 求解,得出最终设施点 h_3,即为这几步流程的最终求得解。

2.2 多仓协同设施点选址问题的提出

2.2.1 问题的提出及模型的建立

一个医药物流配送中心,在受限于配送时效的情况下,将难以为客户都提供良好的服务,这时我们不得不考虑建立多个医药物流配送中心以满足医药配送服务需求。这里我们采用广义最大覆盖模型结合前面权重的约束建立模型。

关于备选点的选择方法、权重的设置、模型的构建及覆盖度的确定等和前述的单个医药物流配送中心设施点选址问题一致,就不再赘述。

模型参数说明:

- $A=\{A_i|i=1,2,\cdots,n\}$ 为医药配送服务需求点的集合;
- $B=\{B_j|j=1,2,\cdots,m\}$ 为医药物流配送中心设施备选点的集合;
- s_i 为医药配送服务需求点 A_i 的权重(由常住人口、交通便利性、经济重要性合成);
- g_1 为近点配送距离(在此距离之内覆盖度为 1,等同于 P-中值模型中的 G);
- g_2 为远点配送距离(超出此距离覆盖度为 0);

- P 为医药物流配送中心设施备选点的数量;
- c_{ij} 为从医药配送服务需求点 A_i 到医药物流配送中心设施备选点 B_j 的距离;
- $d_{ij} = \begin{cases} 0, & c_{ij} \geqslant g_2, \\ \dfrac{g_2 - d}{g_2 - g_1}, & g_1 \leqslant c_{ij} \leqslant g_2, \\ 1, & c_{ij} \leqslant g_1; \end{cases}$
- $x_{ij} = \begin{cases} 1, & \text{若医药配送服务需求点} A_i \text{由物流配送中心设施备选点} B_j \text{提供服务}, \\ 0, & \text{否则}; \end{cases}$
- $y_j = \begin{cases} 1, & \text{若医药物流配送中心设施备选点} B_j \text{被选中}, \\ 0, & \text{否则}。 \end{cases}$

模型如下:

$$\max \sum_{i=1}^{m} \sum_{j=1}^{n} d_{ij} x_{ij} \tag{2-2-1}$$

$$\text{s.t.} \sum_{j \in B} y_j = P \tag{2-2-2}$$

$$x_{ij} \leqslant y_j, \quad \forall i \in A, j \in B \tag{2-2-3}$$

$$\sum_{j \in B} x_{ij} \leqslant 1, \quad \forall i \in A \tag{2-2-4}$$

$$x_{ij}, y_j \in \{0, 1\} \tag{2-2-5}$$

目标函数式(2-2-1)是使被覆盖的医药配送服务需求点的权重达到最大;约束条件(2-2-2)是物流配送中心设施数约束(此处为多设施点,数量为 P);约束条件(2-2-3)明确应首先建立物流配送中心设施才能为医药配送服务需求点 i 提供服务;约束条件(2-2-4)说明医药配送服务需求点 i 只被某一覆盖水平的物流配送中心设施覆盖,总的最大覆盖度为1;约束条件(2-2-5)是0-1约束。

2.2.2 模型求解

从 P-中值模型、广义最大覆盖模型的数学特征看,属于整数规划问题,而且是 NP-hard 问题。对于模型的求解,基于以下考虑:

对于网络节点较少的模型,可以采用枚举法,做法虽不经济但可行。如果节点过多,有 n 个变量,m 个约束条件,那么需要检验的点多达 2^n 个,计算比较 $(m+1)2^n$ 个解的值,如此大的工作量是很难完成的。

由于属于 0-1 整数规划,所以可以借助于现有的运筹学软件辅助求解,在此采用 Xpress-MP 来计算,经实际建模计算,可以较好地解决这两个模型的求解问题。

下面介绍 P-中值模型的建模过程。

1. 数学建模

令 CITIES 表示在此地区内的医药配送服务需求点集合，NUMLOC 为要设置的医药物流配送中心设施备选点的最大数目。记 POP(c) 为城市 c 的由常住人口、交通便利性、经济重要性合成的总权重。

可以使用任意两点间最短路径算法，求出此距离矩阵 DIST。求解方法如下。

步骤一：对于所有节点对 (c,d)，将距离 DIST(cd) 的值初始化为正无穷（足够大的正数值）；

步骤二：对所有节点 c，设置 DIST(cc)=0；

步骤三：对于所有弧 $a=(c,d)$，设置 DIST(cd) 为此弧的长度；

步骤四：对于所有的节点 b,c,d，如果 DIST(cd)>DIST(cb)+DIST(bd)，则设置 DIST(cd)=DIST(cb)+DIST(bd)。

为写出此问题的数学表达形式，我们引入两组二值变量：变量 build(c)，当且仅当在城市 c 建立了医药物流配送中心设施备选点时取值才为 1；变量 depend(cd)，当且仅当城市 c 的医药配送服务需求点需要由医药物流配送中心设施备选点 d 来配送时取值才为 1。变量 depend(cd) 将用于计算每个医药配送服务需求点到最近的医药物流配送中心设施备选点的平均距离，并找出医药物流配送中心设施备选点之间的依赖关系。则有如下约束条件：

$$\forall c \in \text{CITIES}: \text{build}(c) \in \{0,1\}$$
$$\forall c,d \in \text{CITIES}: \text{depend}(cd) \in \{0,1\}$$

假设最多建立 NUMLOC 个医药物流配送中心设施点，并且规定每个医药配送服务需求点如果需要进行配送的时候，只由一个医药物流配送中心设施备选点来负责，则又有如下的约束条件：

$$\sum_{c \in \text{CITIES}} \text{build}(c) \leqslant \text{NUMLOC}$$
$$\forall c \in \text{CITIES}: \sum_{d \in \text{CITIES}} \text{depend}(cd) = \text{NUMLOC}$$

由上述的条件可知，会出现有的医药配送服务需求点被分配给不存在医药物流配送中心设施的情况。因此我们需要将 build(cd)=0 时，depend(cd)=0 这个条件表达出来：

$$\forall c,d \in \text{CITIES}: \text{depend}(cd) \leqslant \text{build}(d)$$

最后由于医药配送的时间限制，我们规定 LUM 为医药配送的最大距离限制，即：

$$\forall c,d \in \text{CITIES}: \text{DIST}(cd) * \text{depend}(cd) \leqslant \text{LUM}$$

目标函数，即根据每个医药配送服务需求点的总权重的距离总和，求这个总和的最小值，这样我们可以求出医药物流配送中心设施点。

$$\min: \sum_{c \in \text{CITIES}} \sum_{d \in \text{CITIES}} \text{POP}(c) * \text{DIST}(cd) * \text{depend}(cd)$$

2. 软件建模

这里采用的是 Xpress-MP 软件来求解，根据上一节的数学模型我们得到如下的软件模型：

```
declarations
    CITIES = 1..n      ! 城市医药配送服务需求点和医药物流配送中心设施
                         备选点的集合(n 代表节点数量)
    DIST:array(CITIES,CITIES) of integer    ! 距离矩阵
    POP:array(CITIES) of real               ! 总权限
    LEN:dynamicarray(CITIES,CITIES) of integer   ! 里程网
    NUMLOC:array(CITIES) of real            ! 建立医药配送服务需求点的数目
    LUM:array(CITIES) of real               ! 最大配送距离限制
    ! 如果在城市中设置医药配送服务需求点,则为 1,否则为 0
    build:array(CITIES) of mpvar            ! 如果医药配送服务需求点 c 中需要医
                                              药物流配送中心设施备选点 d 的提供
                                              医药配送服务,则为 1,否则为 0
    depend:array(CITIES,CITIES) of mpvar
    end-declarations
! -------------------------------------------------
! 调用子程序
    calculate_dist

! 目标函数:加权总距离
    TotDist1:= sum(c,d in CITIES) POP(c) * DIST(c,d) * depend(c,d)
! -------------------------------------------------
! 为指定医药物流配送中心设施备选点
    forall(c in CITIES) sum(d in CITIES) depend(c,d) = 1
! 限制医药物流配送中心设施数目
    sum(c in CITIES) build(c) <= NUMLOC
! 医药配送服务需求点与医药物流配送中心设施备选点之间依赖关系
    forall(c,d in CITIES) depend(c,d) <= build(d)
    forall(c in CITIES) build(c) is_binary
! 医药配送服务需求点的医药配送服务的最大距离的限制
    forall(c,d in CITIES) DIST(c,d) * depend(c,d) <= LUM(1)
```

```
! ------------------------------------------------
! 求解模型
  minimize(TotDist1)
! ------------------------------------------------
! 子程序的运算,实现上一节的求解距离的算法
  procedurecalculate_dist
! 将所有距离值初始化为足够大的值
BIGM: = sum(c,d in CITIES | exists(LEN(c,d))) LEN(c,d)
  forall(c,d in CITIES) DIST(c,d): = BIGM
! 设置对角线上的值为 0
  forall(c in CITIES) DIST(c,c): = 0
! 已有的道路连接长度
  forall(c,d in CITIES | exists(LEN(c,d))) do
   DIST(c,d): = LEN(c,d)
   DIST(d,c): = LEN(c,d)
  end-do
! 更新每个节点三元组对之间的距离
  forall(b,c,d in CITIES | c<d )
   if DIST(c,d) > DIST(c,b) + DIST(b,d) then
    DIST(c,d): = DIST(c,b) + DIST(b,d)
    DIST(d,c): = DIST(c,b) + DIST(b,d)
   end-if
  end-procedure
```

广义最大覆盖模型的建模过程和求解过程与 P-中值模型类似,不同之处在于并非采用道路里程网,而是采用覆盖度表,本书不再列出。

第3章 医药物流配送中心的调研及数据分析方法

3.1 医药物流配送中心需求调研

在进行医药物流配送中心规划时,首先和应搜集业主单位的规划基础资料,并进行需求调研。基础资料的搜集可以采用现场访谈和搜集厂商使用的资料表格的方法,也可采用事前规划好需求分析表格,要求业主单位填写完成的方法。针对表格中业主未能翔实填写的重要资料,则需规划人员通过访谈与实地勘察测量等方法自行完成。规划资料分为现行作业资料和未来规划需求资料两大类,如表3-1-1所示。

表 3-1-1 配送中心系统规划的基础资料示例

现行作业资料	未来规划需求资料
基本营运资料	拟建设场地的基本情况
商品资料	营运策略与中长程发展计划
订单资料	商品未来需求预测资料
物品特性资料	品项数量的变动趋势
销售资料	可能的预定厂址与面积
作业流程	作业实施限制与范围
业务流程与使用单据	附属功能的需求
厂房设施资料	预算范围与经营模式
人力与作业工时资料	时程限制
物料搬运资料	预期工作时数与人力
供货厂商资料	未来扩充的需要
配送据点与分布	

1. 现行作业环境资料

（1）基本营运资料

"基本营运资料"包括业务形态、营业范围、营业额、人员数、车辆数、上下游点数等。

调研当前经营的业务形态，属于专业第三方物流、分销业态，还是纯销业态。业务形态不同，在设计中考虑的出入库形式有很大差别。专业第三方物流基本上以整托盘作业为主，含部分整箱作业，在设计时应重点考虑如何增加托盘存储位；分销业态基本以国外品牌的总代理为主，要开展贴标签、药监送检、海关报关等增值业务，需要具有一定的入库暂存面积；纯销业务面向的主体是终端，业务基本以"整箱＋拆零"为主，整托盘作业的情况比较少。由于业务形态的差异，反映在订单处理能力、人工作业效率等方面都不同，在后续配送中心设计和数据分析中应予以重视。

根据营业范围的不同，业务形态主要可以分为以三甲医院为主，以基层医疗单位为主，或者是面向连锁药店。面向的营业对象不同，订单结构会有非常大的差异，在系统设计中的侧重点会不同。三甲医院基本上以整箱作业为主，含部分拆零业务。随着药品零加成等政策的推出，三甲医院的拆零业务有快速增长的趋势。连锁药店基本上都是拆零业务，仅有少量整箱业务，而且单个门店的拆零订单行会高达150～200订单行/店，相关品种的订单集中度也会比三甲医院更为集中。

在医药行业中以发货的含税额统计营业额，以便于结合出库量测算单箱货值。一般来说，单箱货值越高，采用自动化程度较高的设备的可行性越高，这个数据直接影响到设备的选型。如果企业经营的品种以进口药品等为主，则单箱货值会偏高。如果企业经营的品种以大输液等产品为主，则单箱货值将非常低。

现有的人员数需要按各个岗位进行分类统计，便于测算投资回报率等指标。在设计时，需要考虑入库作业人员、质检人员、拣选作业人员、包装复核人员、发货人员的人数和平均作业效率等指标。

车辆数统计会影响未来的站台数量、停车场的预留空间、装卸车作业场地和新能源充电桩数量设置等。车辆的车型信息会涉及站台高度的设计等问题。

上下游点数将影响未来配送线路的分配，影响集货区面积的设置。

（2）商品资料

"商品资料"包括商品形态、分类、品项数、供应来源、保管形态（自有/他人）等。按照GSP的相关要求，外用和内服的药品需要分开存放，监管类和非监管类药品等也需要分区存放。在商品信息中，商品分类、供应来源等都需要统计，在设计过程中应分区进行设计。

(3) 订单资料

"订单资料"包括订购商品种类、数量、单位、订货日期、交货日期、订货厂商等资料,最好能包含一个完整年度的订单资料,以及历年订单以月别或年别分类统计的资料。根据收货数据,可以明确到货药品的特性,明确季节波动的特点,为后续设计入库验收区域等相关环节提供有力的数据支撑。在实际订单统计过程中,需要注意到医药行业存在虚拟退货等特殊情况,此类订单在数据分析中应该予以剔除,防止无效信息误导了后续的分析过程。

(4) 物品特性资料

"物品特性资料"包括物态、气味、温湿度需求、腐蚀变质特性、装填性质等包装特性资料,物品重量、体积、尺寸等包装规格资料,商品储存特性、有效期限等资料。包装规格部分另需区分单品、内包装、外包装单位等可能的包装规格。另外,配合销售去向的相关要求,有时也需配合进行填充包装或者捆绑包装等,以致有非标准单位的包装形式。在医药行业中,各种类型的药品由于其自身的特性,对存储的温湿度有明确要求。在数据统计中,需要将产品按存储特性分类进行统计。常温储存要求在 30 ℃以下,阴凉储存要求在 20 ℃以下,疫苗类、IVD 诊断试剂等需要冷藏的药品及器械的储存需要在 2～8 ℃,部分药品还需要避光储存。在中药类产品中,易串味类产品需要独立库区存放。

(5) 销售资料

"销售资料"可依地区差别、商品差别、配送差别、客户差别及时间差别分别统计,并可依相关产品单位换算为同一计算单位的销货量资料(体积、重量等)。医药行业的用药需求量存在明显的季节性和区域性特点。通过统计分析订单的详细信息,可以得到本区域订单季节波动的情况。掌握各种客户的订单特点,了解客户的实际物动特性需求,才能更有针对性地设计仓储工艺流程和拣选工艺流程。

(6) 作业流程

"作业流程"包括一般物流作业(进货、储存、拣货、补货、流通加工、出货、配送等)、退货作业、盘点作业、仓储配合作业(移仓调拨、容器回收流通、废弃物回收处理)等作业流程。医药物流中心的作业流程,从进货、质检、组盘上架至发货集货的全过程,均需要严格遵循 GSP 的相关要求。除此以外,各个企业针对自己的业务特点和客户类型,还存在若干个性化的流程。随着处方药网上销售的行政许可逐渐放开,此类业务特点的需求各家都在探索过程中,没有公认高效的作业流程。这类流程偏向医药和电商的结合,作业效率的高低和订单结构、流程设计等有很大的关联性,相关流程的设计和调研需要更加谨慎。

(7) 业务流程与使用单据

"业务流程与使用单据"包括接单、订单处理、采购、拣货、出货、配派车等作业流程与相关的单据流程,以及进销存管理系统、应收与应付账款系统等作业。在物流的作业环节中,单据流是最容易反映业务运作完整性的。在调研环节可以以单据流作为抓手,以单据为线索进行调研,能够做到业务无遗漏。

(8) 厂房设施资料

"厂房设施资料"包括厂房仓库使用来源、厂房大小与布置形式、地理环境与交通状况、使用设备的主要规格、产能与数量等资料。仓库的建筑结构、柱网柱距、建筑高度等都会直接影响到工艺布局和设备选型,仓储的外部交通情况也将直接影响库房的使用。仓库所在区域的基础设施配套也直接影响了用电量是否满足医药物流中心的需求。值得特别注意的是,由于GSP的相关要求,医药物流中心多为阴凉库存储形式,还需要设置一定面积的冷库,冷库面积大小影响了用电量需求。

(9) 人力与作业工时资料

"人力与作业工时资料"包括人力组织架构、各作业区使用的人数、工作时数、作业时间与时序分布。各环节的人员作业效率对医药物流中心的人员配置有着明显的影响。随着自动化物流设备和智能化物流系统投入使用,某些环节的人员作业效率会大幅提升。在物流系统规划中,作业时序的测算将严格与物流中心的作业需求相对应,基于人均作业效率进行合理的人员配置。

(10) 物料搬运资料

"物料搬运资料"包括进、出货及在库的搬运单位,车辆进、出货频率与数量,进、出货车辆类型与时段等。

(11) 供货厂商资料

"供货厂商资料"包括供货厂商类型、供货厂商规模及特性、供货厂商数量及分布、送货时段、接货地需求等。供应商中,外埠的比例越高,针对大车(17.5 m及以上长度)的卸货站台的占比就需要相应的越高,该数据将会影响站台的配置。

(12) 配送据点与分布

"配送据点与分布"包括配送通路类型,配送据点的规模、特性及分布,卸货地状况,交通状况,收货时段,特殊配送需求等。根据目前各个城市规划发展的要求,医药物流中心越来越远离市区。为了保证配送服务质量,现代医药物流中心规划时需要考虑如何进行多仓协同以及配送路径规划。

2. 未来规划需求资料

(1) 营运策略与中长期发展计划

"营运策略与中长期发展计划"需要结合企业的背景、企业文化、未来发展策略、外部环境变化及政府政策等多种因素。这个部分对于企业决策者而言是最难的。医药行业实际上是一个政策强监管的行业。最近几年,国家在医药监管和运营政策方面持续出台了很多文件,这些文件对于医药经营企业的中长期发展有着显著的影响。企业决策层需要判断各个政策叠加后形成的综合效应将会产生什么样的市场反应。这个判断无法量化测算，也难以证明其准确性。这就需要在医药物流中心设计时，充分考虑系统的柔性，能尽可能地兼容多种物流需求的变化。

(2) 商品未来需求预测资料

依目前成长率及未来发展策略预估未来成长趋势。近几年，医药行业在两票制和带量采购的大政策背景下，各个企业的业务增长出现分化。药品流通行业平均年增长率为8%左右，器械流通行业的平均年增长率为20%左右。随着部分中小医药商业公司向专业第三方物流公司转型，原有的基于销售额的物流测算模型需要向基于物流业务量的物流测算模型进行转变。

(3) 品项数量的变动趋势

分析企业在商品种类、产品规划上可能的变化及目标。传统的区域性医药物流中心，在库品种1万个左右，考虑到批次，品批数在1.5万~1.8万个比较常见。随着国外的新药不断通过国内的相关认证，越来越多的创新药进入市场，在库药品品种有增加的趋势，但总体增幅有限。与之对应的医疗器械，由于医疗器械的品种多、厂家多、规格型号多等特点，一个大型医疗器械物流中心存在3~5个器械品种很常见，而且在库品种还呈现持续增长的趋势，针对此类物流中心，在规划设计中需要预留足够的空间。

(4) 可能的预定厂址与面积

分析是否可利用现有厂地或有无可行的参考预定地，或是需另行计划寻找合适区域及地点。供电量是否满足未来自动化设备和空调系统的使用需求，周围的交通状况是否适合物流配送中心的车辆出入库、作业人员的用工来源是否充沛等，都是决策预定厂区时需要关注的重点。

(5) 作业实施限制与范围

分析配送中心经营及服务范围，是否需包含企业所有营业项目范围，或仅覆盖部分商品或区域，以及需考虑未来有无新的业务形式等因素。目前国家在一类疫苗的经营和配送等环节，提出了新的要求。在两票制的影响下，医药配送中心的服务对象也将进行变化，服务业态也将发生变化。服务对象方面是面向企业内部物流服务还是面向各大企业的专业第三方物流进行转型，对物流中心的规划有明显的影响。服务业态方面，调拨业务将大幅减少，终端配送的业务将成为主流，这些都对物流中心的规划有明显的影响。

(6) 附属功能的需求

是否需包含生产、简易加工、包装、储位出租或考虑员工福利、休闲等附属功能，以及是否需配合商流与通路拓展。在配套功能中，是否需要考虑流通加工环节。例如，是否需要进口药品的贴标签服务、扫码追溯服务等都需要配合商业模式进行判断。

(7) 预算范围与经营模式

企业需预估可行的预算额度范围及可能的资金来源,必要时须考虑独资、合资、部分出租或与其他经营者合作的可能性,另外也可考虑建立共同配送的经营模式。

(8) 时程限制

"时程限制"企业需预估配送中心计划执行年度、预期开始营运年度,以及是否以分年、分阶段方式实施。医药的业务存在爬坡期,对于大规模投资,可以考虑分阶段实施,预留好接口,为后续的业务变化,逐步进行设备投资和信息化投入。

(9) 预期工作时数与人力

预期未来工作时数、作业班次及人力组成,包括正式、临时及劳务外包等不同性质的人力编制。随着设备自动化程度的提升,人员效率将有明显的提升。如何对新物流中心的人员投入做好测算变得非常重要。

(10) 未来扩充的需求

需了解企业扩充弹性的需求及未来营运策略可能的变化。

3.2 配送中心需求预测

3.2.1 配送中心需求预测概述

1. 配送中心需求预测方法概述

按配送中心需求预测方法的性质分可以分为定性预测法、时间序列分析预测法和因果关系分析预测法。下面详细介绍这三类预测方法。

(1) 定性预测法

所谓定性,就是确定预测目标未来发展的性质。可以根据专业知识和实际经验进行定性分析。这种预测主要采用判断、直觉、调查或比较分析,对未来的趋势做出定性的预估。当缺乏历史数据或历史数据与当前的预测相关度很低时,采用定性预测方法更合适。总的来讲,这类方法的精准性不高,对专业知识和实际经验的要求较高。

定性预测的方法较多,主要有专家调查预测法、市场调查预测法、主观概率法、领先指标法、预兆预测法、类推法等。

(2) 时间序列分析预测法

时间序列分析预测法主要是根据系统对象随时间变化的历史资料(如统计数

据、实验数据和变化趋势等),只考虑系统变量随时间的发展变化规律,对其未来趋势做出预测。如果拥有相当数量的历史数据,时间序列的趋势和季节性变化稳定、明确,那么将这些数据映射到未来将是有效的预测方法。该方法的基本前提是假设未来的时间模式将会重复过去的模式。这种方法比较适用于医药行业中业务发展相对成熟的企业。时间序列定量的特点使得数学和统计模型成为主要的预测工具。

常用的确定性时间序列分析预测方法主要包括:移动平均法、指数平滑法、差分指数平滑法、趋势外推以及博克斯-詹金斯(Box-Jenkins)方法等。

(3) 因果关系分析预测法

系统变量之间存在着某种前因后果关系,找出影响某种结果的一个或几个因素,建立起它们之间的数学模型,然后可以根据自变量的变化预测结果变量的变化。因果预测模型的基本前提就是预测变量的水平值取决于其他相关变量的水平值。只要能够准确地描述因果关系,因果模型在预测时间序列主要变化、进行中长期预测时就会非常准确。

因果关系分析预测模型的形式有:统计形式,如回归和计量经济模型;描述形式,如投入-产出模型、生命周期模型和计算机模拟模型。每种模型都是从历史数据中建立预测变量和被预测变量的关系,从而有效地进行预测。

上述第(2)(3)类方法属于定量预测法。

预测方法所包含的一些主要的预测技术可归纳为如图 3-2-1 所示的几类。

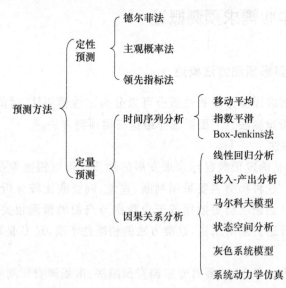

图 3-2-1 预测方法分类

2. 配送中心需求特征分析

配送中心是物流的节点,是货物的集结点和中转站,无论对社会物流还是企业物流都有影响,因此,有必要对配送中心的需求特征进行分析,并做定性和定量的分析和预测。根据当前的物流服务供给情况和相关产业发展趋势,运用一定的预测手段或预测模型,对未来特征年的物流需求量进行分析与预测,得出结论。

对于独立需求的预测,很适合利用统计预测方法。多数短期预测模型的基本条件都是需求独立且随机。对于派生的需求,由于这种需求模式有很强的倾向性,且不是随机的,通过判断系统随时间发展而呈现出的趋势和规律,就能较好地改进预测结果。

3. 医药物流配送中心需求预测方法选择

根据上述的一般配送中心需求特征分析,我们可以分析医药物流行业的配送中心需求的特点,从而选择合适的需求预测方法。

医药物流配送中心的需求是随时间而变化的,每日的销售数据有所变动,每月的销售情况有所不同,同时也会受到季节变化的影响,而年销售数据更是受到医药物流整体发展水平和医药需求量变动的影响。然而在医药物流中,随机波动占时间序列中变化部分的比例很小,具有季节性和长期性的时间特点,所以利用常规预测方法就可以得到较好的预测结果。

实践证明,时间序列分析模型虽然简单,但预测效果较好。时间序列是各种因素综合影响的结果,是利用预测目标的历史数据的统计规律来进行预测。

从另外一个角度看,医药物流配送中心的需求具有一定的规律性和派生性,需求并不是随机变化的,而是随着下游客户的需求而产生每日的物流需求变动,且受到国民经济、用药需求的发展形势和人口结构变化等因素的综合影响,能够通过对此类因素的分析得出医药物流配送中心需求量的趋势和规律,也就是所谓的因果关系。因此,我们可以同时选用因果关系分析预测法对医药物流配送中心需求量进行预测分析,建立数学模型。

考虑到医药物流的特点和预测方法的科学性和可操作性,本书选用时间序列分析法中的指数平滑法和因果关系分析预测法中的线性回归分析法来建立医药物流中心预测模型。从不同的角度和方法出发,得出符合实际的需求预测模型,并形成组合预测模型,得出统一而科学的需求预测值,为医药物流的需求预测问题提供借鉴。

3.2.2 指数平滑法及应用

指数平滑法是一种非常有效的短期预测法。该方法简单、易用,而且只要得到很少的数据量就可以连续使用。指数平滑法在同类预测法中被认为是最精确的,当预测数据发生根本性变化时还可以进行自我调整。指数平滑预测法是在移动平均法的基础上发展起来的一种预测方法,包括一次指数平滑预测法、二次指数平滑预测法和高次指数平滑法。下面我们主要介绍一次指数平滑法和二次指数平滑法。

1. 基本的指数平滑模型

基本的指数平滑模型也称一次指数平滑预测,是利用时间序列中本次的实际值与本期的预测值加权平均作为下一期的预测值。其基本公式为:

$$F_{t+1}=a \cdot x_t+(1-a)F_t \quad (3-2-1)$$

其中:t 为本期的时间;F_t 为对 t 时刻的预测值;F_{t+1} 为对 $t+1$ 时刻的一次指数平滑值(即在 t 时刻对下一期的预测值);a 为指数平滑系数,规定 $0<a<1$;x_t 为在 t 时刻的实际值。

由上述公式可看出,所有历史因素的影响都包含在前期的预测值内,这样,在任何时刻,只需保有一个数字就代表了需求的所有历史情况。

初始值 F_t 一般要通过一定的方法选取。如果时间序列数据较多且比较可靠,可以将已有数据中的某一部分的算术平均值或加权平均值作为初始值 F_t;若历史数据较少或数据的可靠性较差,则可采用定性预测法选取 F_t,如采用专家评估法确定。

指数平滑系数 a 的选择需要一定的主观判断。a 的值越大,对近期需求情况给的权数越大,模型对时间序列的变化越敏感,但 a 过大可能使得预测过于"敏感",结果只会跟踪时间序列的随机波动,而不是跟踪根本性变化;a 值越小,则对近期数据影响就越小,历史数据的权数就越大,消除了随机波动性,只反映长期的大致发展趋势。因此,在反映需求水平根本性变化时需求的时滞就很长。如果 a 的值太低,预测结果会非常"平稳"。如何选择 a 值,是用好指数平滑模型的一个技巧。若预测变化(如经济萧条、临时性促销活动、某些产品将退出产品线等)即将发生,或在很少的历史数据或根本没有数据的情况下启动预测程序,这时可选择较高的 a 值进行短期预测。

2. 趋势校正

上述基本模型适用于趋势和季节性变化不很明显的时间序列。如果数据表现出明显的长期趋势和季节性特征,基本模型的滞后性就会造成很大的预测误差,因此必须对模型加以分析修正。

当时间序列中只存在随机性上升的长期趋势时,对预测模型的校正可以按如下一组方程进行:

$$S_{t+1} = a \cdot x_t + (1-a)(S_t + T_t) \tag{3-2-2}$$

$$T_{t+1} = \beta(S_{t+1} - S_t) + (1-\beta)T \tag{3-2-3}$$

$$F_{t+1} = S_{t+1} + T_{t+1} \tag{3-2-4}$$

其中:F_{t+1} 为第 $t+1$ 期校正趋势后的预测值;S_t 为第 t 期的最初预测值;T_t 为第 t 期的趋势;β 为趋势平滑系数。

3. 趋势和季节性因素的校正

当时间序列的趋势和季节性波动都很明显时,就需要在预测模型中对这两种因素进行校正。对季节性特征的校正,有两个假设条件:一是促使需求模式出现季节性峰值和谷值的原因是已知的,且峰值和谷值在每年的同一时间出现;二是季节性变化幅度要比随机性波动的幅度明显大。

当季节性需求不平稳、与随机性波动的区别不明显时,就不必进行那个季节性校正,只需将基本指数平滑模型给以很高的平滑系数就可以降低时滞的影响,不必采用更复杂的模型。医药行业的季节性波动比较明显,每年 4、9 月份均为用药的高峰期,每年 1~2 月份为用药的低谷期。但是每个季节的波动情况反馈到逐年的销售额波动中不够明显,如果以年销售额作为预测对象,可以不用考虑。

4. 二次指数平滑法

二次指数平滑法,是指在一次指数平滑值基础上再作一次指数平滑,然后利用两次指数平滑值,建立预测模型确定预测值的方法。虽然二次指数平滑值是在一次平滑之基础上进行的计算,但是,二次指数平滑法解决了一次指数平滑法存在的两个问题:一是解决了一次指数平滑不能用于由明显趋势变动的市场现象的预测;二是解决了一次指数平滑只能向未来预测一期的局限性。二次指数平滑法预测过程如下。

(1) 计算时间序列的一次、二次指数平滑值

二次指数平滑法的计算公式为:

$$S_t^{(2)} = aS_t^{(1)} + (1-a)S_{t-1}^{(2)} \tag{3-2-5}$$

其中:$S_t^{(1)}$ 为第 t 期的一次指数平滑值;$S_t^{(2)}$ 为第 t 期的二次指数平滑值;a 为平滑系数。

(2) 建立二次指数平滑预测模型

二次指数平滑法的数学预测模型为:

$$Y_{t+T} = a_t + b_t \cdot T \tag{3-2-6}$$

其中:Y_{t+T} 为第 $t+T$ 期预测值;T 为由 t 期向后推移期数。

$$a_t = 2S_t^{(1)} - S_t^{(2)} \tag{3-2-7}$$

$$b_t = \frac{a}{1-a}(S_t^{(1)} - S_t^{(2)}) \tag{3-2-8}$$

(3) 利用预测模型进行预测

5. 指数平滑法在医药物流配送中心的应用

(1) 指数平滑法的选用

当数据单纯围绕某一水平作随机跳动时,应采用一次平滑预测模型;当数据具有持续的线性增长或下降趋势时,应采用二次平滑预测模型;当数据具有持续的曲线增长或下降趋势时,应采用三次平滑预测模型。根据医药物流发展趋势及研究意义的分析,我们可以知道,医药物流行业的物流需求数据应该趋近于呈现出持续的接近线性增长的趋势,故选用二次指数平滑预测模型来对配送中心的物流需求量进行预测,使得预测结果更加接近客观现实,从而做出实事求是的预测结论。

(2) 指数平滑系数 a 的选用

a 的选择对指数平滑模型的科学性起着非常重要的作用,一般来说,如果数据波动较大,a 值应取大一些,可以增加近期数据对预测结果的影响。如果数据波动平稳,a 值应取小一些。在需求预测方面,a 的范围一般在 0.01~0.3。需要参考医药物流发展趋势及研究意义情况,选用经验判断法和试算法来对 a 进行选择。根据具体时间序列情况,参照经验判断法,来大致确定额定的取值范围,然后取几个 a 值进行试算,比较不同 a 值下的预测标准误差,选取预测标准误差最小的 a。

近年来,我国医药行业持续保持较高的增长速度,且随着医药物流相关法律法规的颁布和落实,基层医疗等终端业务量不断提升,医药物流配送中心的业务需求量呈现出的上升趋势非常明显,由此,我们将医药物流配送中心需求预测中的平滑系数 a 选为 0.6~0.8 之间较能体现出实际的需求增长模式。

(3) 应用二次指数平滑法预测医药物流配送中心业务量求解步骤

步骤一:基础数据准备。

由于对配送中心业务量的预测目的是对该配送中心未来几年的物流容量进行预测,从而对现阶段的规划设计提供数据支撑,所以在做配送中心业务量的需求预测分析时,我们着手于对物流量进行分析,另外,在医药物流行业,货品主要为药品,包装单位以整箱为主,所以,选取的数据为近年来配送中心的药品销售物流箱数。

步骤二:确定平滑系数范围,利用历史数据计算二次指数平滑值,求解二次指数平滑预测模型。

步骤三:验证并选用合适的平滑系数,确定预测模型,并对未来几年的需求做出预测。

由上文知,我们将选用平滑系数 a 的范围为 0.6~0.8,可将已有数据中的最近一年数据作为验证数据,分别将 a 设置为 0.6,0.7,0.8,建立预测模型,并预测最近一年的数据,将结果与实际数据比较,得出结果差距最小的 a 为最终的平滑系数,并由此确定预测模型,可使用此模型对未来进行需求预测。

3.2.3 线性回归预测法及应用

1. 回归预测法

回归预测是根据历史数据的变化规律,寻找自变量与因变量之间的回归方程式,从而确定模型参数,并据此做出预测。根据自变量的多少可将回归问题分为一元和多元回归,按照回归方程的类型可分为线性和非线性回归。回归分析法一般适用于中期预测。

建立回归模型,必须进行系统中各主要因素的相关分析,通过相关分析能了解系统中各要素之间相互依存紧密程度的定量描述,通过系统的回归分析揭示预测目标在发展过程中与其主要影响因素之间的定量关系,一旦回归模型建立,只要知道预测目标的影响因素(自变量)的值就能通过模型直接得到预测目标(因变量)的值。因此,回归模型既可以作为预测模型,又可以对系统的结构进行描述和分析,使决策者能从模型中了解到影响预测目标值的主要原因,从而能为科学的决策提供较全面的依据。

下面简单地分析其中几种回归预测模型的特点。

(1) 一元回归模型: $y=f(x)$

模型较简单,当系统较简单或相关因素比较明确时,也能产生很好的预测效果。

(2) 多元回归模型: $y=f(x_1,x_2,\cdots,x_k)$

由于多个变量的引入,考虑了多种因素的影响,可使模型的精度提高,但其计算量将增大。

(3) 分布滞后模型: $y=f(x_i,x_{i-1},\cdots,x_{i-k})$

能描述经济变量的滞后效应。如阿尔蒙法: $y_i=\beta_0+\sum_{j=0}^{i}a_j X_{i-j}$。

(4) 自回归模型: $y_i=f(x_i,x_{i-1},\cdots,x_{i-s})$

虽然考虑了预测目标值的滞后效应,但给模型的参数估计带来了难度。

(5) 经验模型: 如 $y=AK^\alpha L^\beta$

模型确定简单,但要注意预测对象的发展规律是否符合该模型所描述的经济现象。

(6) 联立方程模型: $y_i=f(x_1,\cdots,x_k,y_1,\cdots,y_g),i=1,2,\cdots,g$

能清楚地描述经济系统的结,对预测目标及其影响因素之间的单向、多向的因果关系描述得更为准确,但计算量大。

每一种模型都有其自身的特点及适用条件。例如，一元回归比多元回归简单，参数估计容易，但精度不一定高。当预测目标的发展规律与某类型经验曲线所描述的规律类似时，可采用经验曲线作为该预测问题的预测模型，使建模过程简单化，但经验曲线的选择要准确，否则会产生较大的误差。当预测目标的前期值对后期有影响，即考虑存在滞后效应的经济现象时，应选择含滞后变量的模型，但模型的参数估计就要复杂一些等。

2. 回归预测法在医药物流配送中心的应用

（1）回归预测法的选用

医药物流行业的发展受到社会、经济、科技、政治等多方面的影响，尤其是国家经济发展和医药产业的发展。因此，对医药物流行业的需求预测会涉及很多的制约因素和影响因素，如果选用简单的一元回归模型，将不能科学而准确地表现出需求发展趋势，且并不存在唯一的一个相关因素对物流量直接产生影响。因此，本书选用多元线性回归预测模型来对医药物流配送中心需求量进行预测。考虑多种因素的影响，可使模型的精度大大提高。

（2）应用多元线性回归法预测医药物流配送中心业务量求解步骤

步骤一：基础数据准备。

同指数平滑法的基础数据准备部分。

步骤二：确定相关因素。

在多元回归预测法中，非常重要的一个环节是确定对观测值和预测值有密切影响的相关因素。通过观测值与相关因素之间函数关系的确定，可帮助我们对未来预测值的确定。

在医药物流配送中心需求预测问题中，我们具体地选用地区GDP、地区人口数和全国医药工业总产值三个因素为观测值和预测值的相关因素，由此建立回归方程。

步骤三：根据相关因素和预测对象的观测值求解多元线性回归方程。

在预测模型求解后，预测最近一年的数据，将结果与实际数据进行比较，若误差较小，说明选取的相关因素具有科学性和实际意义，即模型可成立；若误差较大，则需要重新调整选取的相关因素。

步骤四：应用最终的预测模型对未来几年的医药物流配送中心需求量进行预测。

3.2.4 组合预测模型

对某一问题的具体预测通常可采用不同的预测方法。因为每种方法的适用条件不尽相同，所以会产生不同的预测结果，其预测精度往往也不同。但是，这些单项预测法在数据处理及不同准则方面均有其独到之处，能从不同的角度来推导和演绎，其预测结果都有一定的价值。组合预测方法是先利用两种或两种以上不同的单项预测法对同一预测对象进行预测，然后对各个单独的预测结果做适当的加权平均，最后取其加权平均值作为最终的预测结果的一种预测方法。

为了研究医药物流配送中心需求预测问题，根据行业特点等，选择时间序列分析法中的指数平滑法和因果关系分析预测法中的线性回归分析法来建立配送中心预测模型。这两种方法是从不同的角度进行预测，但都符合科学实际的意义，因此，在得出两种预测模型后，本书也选择组合预测模型，将两种方法结合起来，得出最终的预测模型。

在组合预测模型中，需要对两种方法的结果选定不同的加权系数进行组合。本书采用误差确定加权系数，再进行加权求得最后的预测值。具体操作是，选择最近一年的数据，应用两种方法分别进行预测，将得出的结果与此年度的实际数据比较，即得出两种方法的预测值与实际值之间的误差，求得各自的加权系数。由此确定组合预测模型，得到最终的预测值。

3.3 PCB 分析方法

分析医药物流系统的各个作业环节（进货、储存、拣货、出货等），可看出这些作业均是以各种包装单位（P-托盘、C-箱子、B-单品）作为物流作业的基础，如图 3-3-1 所示。从图中可以看出，每一个作业环节都需要人员、设备的参与，即每移动一种包装单位或转换一种包装单位都需使用到设备、人力资源，而且不同的包装单位可能对应不同的设备、人力需求。掌握物流过程中的单位转换相当重要，因此也要将这些包装单位（P、C、B）要素加入到数据分析的环节。

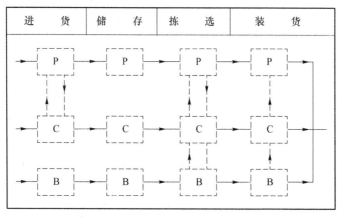

图 3-3-1　物流作业环节商品包装单位的变化

所谓 PCB 分析，即以物流中心的各种接受订货的单位来进行分析，对各种包装单位的数据资料表进行分析，以得知物流包装单位特性。理论上说，凡是在包装单位转化的环节，一定是存在对应的工艺划分。比如，在入库模式中，来货为整箱，根据图 3-3-1 物流作业环节商品包装单位的变化，可以看到来货的整箱根据包装单元转化，存在以整箱形式进入储存环节，也存在码托盘后，以整托盘形式进入储存环节。当存在两种包装单位的时候，需要根据入库的业务量进行判断。入库量达到系统认定的某个阈值，则按码垛入库形式，否则采取整箱直接入库形式。

一般企业的订单资料中同时含有各类出货形态，订单中包括整箱与零散两种类型同时出货的形态，以及订单中仅有整箱出货或仅有零星出货。在进行仓储区与拣货区的规划时，必须将订单资料依出货单位类型加以分割，以正确计算各区域实际的作业需求。常见的物流系统储运单位组合形式如表 3-3-1 所示。

表 3-3-1　物性与包装单位分析表

入库单位	储存单位	拣货单位
P	P	P
P	P,C	P,C
P	P,C,B	P,C,B
P,C	P,C	C
P,C	P,C,B	C,B
C,B	C,B	B

注：P—托盘；C—箱；B—单品。

3.4　EIQ 数据分析方法

3.4.1　订单资料的分解

医药物流配送中心的进出货量存在出货日期不确定、订单处理前置时间短、订单出入库货量变化大等特性出货品项繁多、订单资料数据量大的出库特性往往使规划分析者无从下手。数据分析人员在无法深入分析的情形下，通常会采用总业务量或平均业务量来概括估计相关需求条件，这样的做法与实际的需求会产生很大的差异。若能掌握数据分析的原则，通过有效的资料统计，以及进一步的数据分析，将会使分析的过程简化，并可把握实际有用的信息。

EIQ 分析就是利用"E""I""Q"这三个物流关键要素，来研究配送中心的需求特性,为配送中心提供规划依据。日本铃木震先生积极倡导以订单品项数量分析方法(EIQ)来进行配送中心的系统规划,即是从客户订单的品项、数量与订购次数等出发,进行出货特性的分析。而在配送中心的规划中,EIQ 确实是一个简明有效的分析工具。

收集到的企业订单出货资料,通常其订单数据量庞大且资料格式不易直接应用,最好能从企业的仓储管理系统(WMS)或者其他业务系统中直接取得电子化数据,便于数据格式转换,便于利用各种数据分析工具处理大量的分析资料。

在进行订单品项数量分析时,首先必须考虑时间的范围与单位。在以某一工作天为单位的出货分析数据为例,主要的订单出货资料可分解成表 3-4-1 的格式,并由此展开 EQ、EN、IQ、IK 四个类别的分析步骤。主要分析项目及意义说明如下。

a. 订单量(EQ)分析:单张订单出货数量的分析。EQ 分析对收货区/集货区的面积布置有较大影响。

b. 订货品项数(EN)分析:单张订单出货品项数分析。EN 分析直接影响拣选策略设计。

c. 品项数量(IQ)分析:每单一品项出货总数量的分析。IQ 分析对于品种的库存量决策有较大影响。

d. 品项受订次数(IK)分析:每单一品项出货次数的分析。IK 分析对品项的分布策略有较大影响。

表 3-4-1　EIQ 资料统计格式(单日)

出货订单	出货品项						订单出货数量	订单出货品项
	I_1	I_2	I_3	I_4	I_5	⋯		
E_1	Q_{11}	Q_{12}	Q_{13}	Q_{14}	Q_{15}	⋯	Q_1	N_1
E_2	Q_{21}	Q_{22}	Q_{23}	Q_{24}	Q_{25}	⋯	Q_2	N_2
E_3	Q_{31}	Q_{32}	Q_{33}	Q_{34}	Q_{35}	⋯	Q_3	N_3
⋮	⋮	⋮	⋮	⋮	⋮		⋮	⋮
单品出货量	Q_1	Q_2	Q_3	Q_4	Q_5	⋯	Q	N
单品出货次数	K_1	K_2	K_3	K_4	K_5	⋯	—	K

注:

Q_1(订单 E_1 的出货量)= $Q_{11}+Q_{12}+Q_{13}+Q_{14}+Q_{15}+\cdots$

Q_1(品项 I_1 的出货量)= $Q_{11}+Q_{21}+Q_{31}+Q_{41}+Q_{51}+\cdots$

N_1(订单 E_1 的出货项数)= 计数统计 $Q_{11},Q_{12},Q_{13},\cdots$ 中大于零的出库品项数

K_1(品项 I_1 的出货次数)= 计数统计 $Q_{11},Q_{21},Q_{31},\cdots$ 中出货量大于零的出库品项数

N(所有订单的出货总项数)= 计数统计 $K_1,K_2,K_3,\cdots$ 中出货次数大于零的出库品项数

K(所有产品的总出货次数)= $K_1+K_2+K_3+\cdots$

在资料的实际分析过程中，要注意数量单位的一致性，必须将所有订单品项的出货数量转换成相同的计算单位，否则分析将失去意义，如体积、重量、箱、个或金额等单位。金额的单位与价值功能分析有关，常用在按货值进行分区管理的场合。体积与重量等单位则与物流作业有直接密切的相关，也将影响整个系统的规划。在资料分析过程中，需再将商品物性资料加入，才可进行单位转换。尤其是需要注意将结合 PCB 分析，将整托盘、整箱和拆零的订单分开进行统计分析。

上述 EIQ 格式是针对某一天的出货资料进行分析。另外若分析资料范围为一时间周期内（如一周、一月或一年等），另需加入时间的参数，即为 EIQT 的分析，如表 3-4-2 所示。

表 3-4-2　EIQT 资料分析格式（加入时间范围）

日期	客户订单	出货品项						订单出货数量	订单出货品项
		I_1	I_2	I_3	I_4	I_5	…		
T_1	E_1	Q_{111}	Q_{121}	Q_{131}	Q_{141}	Q_{151}	…	Q_{11}	N_{11}
	E_2	Q_{211}	Q_{221}	Q_{231}	Q_{241}	Q_{251}	…	Q_{21}	N_{21}
	⋮	⋮	⋮	⋮	⋮	⋮		⋮	⋮
	单品出货量	Q_{11}	Q_{21}	Q_{31}	Q_{41}	Q_{51}	…	Q_1	N_1
	单品出货品项	K_{11}	K_{21}	K_{31}	K_{41}	K_{51}	…	—	K_1
T_2	E_1	Q_{112}	Q_{122}	Q_{132}	Q_{142}	Q_{152}	…	Q_{12}	N_{12}
	E_2	Q_{212}	Q_{222}	Q_{232}	Q_{242}	Q_{252}	…	Q_{22}	N_{22}
	⋮	⋮	⋮	⋮	⋮	⋮		⋮	⋮
	单品出货量	Q_{12}	Q_{22}	Q_{32}	Q_{42}	Q_{52}	…	Q_2	N_2
	单品出货品项	K_{12}	K_{22}	K_{32}	K_{42}	K_{52}	…	—	K_2
⋮		⋮	⋮	⋮	⋮	⋮		⋮	⋮
合计	单品总出货量	Q_1	Q_2	Q_3	Q_4	Q_5	…	Q	N
	单品出货品项	K_1	K_2	K_3	K_4	K_5	…	—	K

注：

Q_1（品项 I_1 的出货量）$= Q_{11} + Q_{12} + Q_{13} + Q_{14} + Q_{15} + \cdots$

Q（所有品项的总出货量）$= Q_1 + Q_2 + Q_3 + Q_4 + Q_5 + \cdots$

K_1（品项 I_1 的出货次数）$= K_{11} + K_{12} + K_{13} + K_{14} + K_{15} + \cdots$

K（所有产品的总出货次数）$= K_1 + K_2 + K_3 + K_4 + K_5 + \cdots$

要了解医药物流配送中心实际运作的物流特性，单从一天的资料分析将无法进行有效判断并得出结论，但是若需分析一年以上的资料，往往因资料量庞大，分析过程费时费力。因此可先就单日别的出货量先进行初步的分析，找出可能的作业周期及其波动幅度，若各周期内出货量大致相似，则可缩小资料范围，以一较小周期内的资料进行分析，若各周期内趋势相近，但是作业量仍有很大的差异，则应对资料作适当分组,再从各群组中找出代表性的资料进行分析。一般常见的分布趋势如一周内出货量集中在周一、周五;一个月内集中于月初或月尾;一年中于某一季出货量最大等。实际分析过程如能找出可能的作业周期,则使分析步骤较易进行,如将分析资料缩至某一月份、一年中每月月初第一周或一年中每周的周末等范围。

同时也可依商品特性或客户特性将资料分成数个群组,针对不同的群组分别进行 EIQ 分析;或是以某群组为代表,进行分析后再将结果乘上倍数,以求得全体资料。或是采取抽样方式,分析后再将结果乘上倍数,以得全体资料。不管采用何种分类和抽样方式进行资料取样,都必须注意所取样的资料是否能反映、代表全体的状态。

3.4.2 EIQ 数据分析及效果

EIQ 分析以量化的分析为主,常用的统计手法包括:平均值、最大最小值、总数、柏拉图分析、次数分布及 ABC 分析等。

(1) 柏拉图分析

在一般配送中心的作业中,如将订单或单品品项出货量经排序后绘图(EQ、IQ 分布图),并将其累积量以曲线表示出来,即为柏拉图,此为数量分析时最基本的绘图分析工具。其他只要可表示成项与量关系的资料,均可以柏拉图方式描述。

(2) 次数分布

绘出 EQ、IQ 等柏拉图分布图后,若想进一步了解产品类别出货量的分布情形,可将出货量范围作适当的分组,并计算各产品出货量出现于各分组范围内的次数,则需要绘制次数分布图。次数分布图的分布趋势与资料分组的范围有密切关系,在适当的分组之下,将可得到进一步有用的信息,并找出数量分布的趋势及主要分布范围。但是在资料分组的过程中,仍有赖于规划分析者的专业素养与对资料认知的敏感性,以快速找出分组的范围。

(3) ABC 分析

在制作 EQ、IQ、EN、IK 等统计分布图时,除可由次数分布图找出分布趋势,进一步可由 ABC 分析法将一特定百分比内的主要订单或产品找出,以作进一步的分析及重点管理。通常先以出货量排序,以占前 20% 及 50% 的订单件数(或品项数),计算所占出货量的百分比,并作为重点分类的依据。如果出货量集中在少数订单(或产品),则可针对此产品组(少数的品项数但占有重要出货比例)作进一步的分析及规划,以达事半功倍之效。出货量很少而产品种类很多的产品组群,在规划过程中可先不考虑或以分类分区规划方式处理,以简化系统的复杂度,并提高规划设备的可行性及利用率。

通过EIQ分析，可以得到许多有用的信息，对配送中心的规划和改善具有重要意义。由EIQ的分析可得出过去（历史）的需求状况，这些数据可以当作是假定的需求，将这些数据与阶层式的系统设备条件加以对应，即可得到概略性的系统规格（系统轮廓）。这些方案可能有好几个可供选择，若将入库条件、库存条件、预算金额、建筑法规等条件列入考虑因素，即可进一步将系统的轮廓细致化，最后定案的系统规格也可依据实际的情况加以展开。整个规划概念如图3-4-1所示。

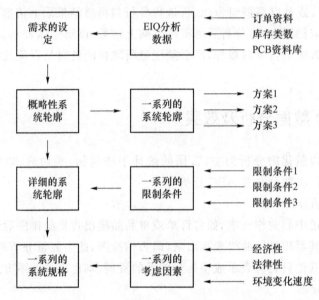

图3-4-1　EIQ分析在物流系统规划中的作用

3.4.3　订单订购量(EQ)分析

EQ分析主要可以了解单张订单订购量的分布情形，也可以用于决定订单处理的原则、拣货系统的规划，并将影响出货方式及出货区的规划。在实际分析过程中，通常以一段时间的EQ分析为主。

EQ图形分布，可作为决定储区规划及拣货模式的参考，订单量分布趋势越明显，则分区规划的原则越易运用，否则应以弹性化较高的设备为主。当EQ量很小的订单数所占比例很高时（>50%），可将该类订单另行分类，以提高拣货效率；若以订单别拣取则需设立零星拣货区，如果采用批量拣取则需视单日订单数及物性是否具有相似性，综合考虑物品分类的可行性，以决定是否于拣取时分类或于物品拣出后于分货区进行分类。

常见的EQ分布图的类型、对应图形的分析结论及其应用场景如表3-4-3所示。

第3章 | 医药物流配送中心的调研及数据分析方法

表 3-4-3　EQ 分布图的类型分析

EQ 分布图类型	分 析	应 用
(图：Q 轴陡降曲线，分 A、B、C 三段，横轴 E)	为一般的医药物流配送中心常见模式，由于量分布趋两极化，可利用 ABC 作进一步分类。	规划时可将订单分类，少数而量大的订单可作重点管理，相关拣货设备的使用也可分级。具体的作业模式选择，还需要结合订单品项特点进行分析。
(图：Q 轴先陡降后平缓再末端下降)	大部分订单相近，仅少部分有特大量及特小量。此类主要在制药企业的物流中心较为常见。	可以主要量分布范围进行规划，少数差异较大者可以特例处理，但需注意规范特例处理模式。
(图：Q 轴线性递减至 E 轴)	订单量分布呈逐次递减趋势，不特别集中于某些订单或范围。	系统较难规划，宜规划泛用型的设备，以增加运用的弹性，货位也以容易调者为宜。
(图：Q 轴平缓后末端下降)	订单量分布相近，仅少数订单量较少。在以国外品种的中国总代理的物流中心比较常见。其中少数订单量较小的订单，多为临床试验等出入库订单。	可区分成两种类型，部分少量订单可以批处理或以零星拣货方式规划。如果为临床试验药品，还需要根据药监局相关规定进行专业管理。
(图：Q 轴阶梯状递减)	订单量集中于特定数量而无连续性递减，可能为整数(箱)出货，或为大型对象的少量出货。在第三方医药物流的区域总仓情况下比较容易出现。以整托盘出货为主。	可以较大单元负载单位规划，而不考虑零星出货。

3.4.4　订单品项数分析

订单品项数(EN)分析主要了解订单中订购品项数的分布，对于订单处理的原则及拣货系统的规划有很大的影响，并将影响出货方式及出货区的规划。通常，需要配合总出货品项数、订单出货品项累计数及总品项数三项指标进行综合参考。

以 Q_{ei}＝数量(订单 e，品项 i)符号表示单一订单订购某品项的数量，则分析各指标的意义如下：

① 单一订单出货品项数：计算单一订单中出货量大于 0 的品项数，就个别订单来看，可视为各个订单拣取作业的拣货次数。

$N_1 = \text{COUNT}(Q_{11}, Q_{12}, Q_{13}, Q_{14}, Q_{15}, \cdots) > 0$。

② 总出货品项数：计算所有订单中出货量大于 0 或出货次数大于 0 的品项数。

$N = \text{COUNT}(Q_1, Q_2, Q_3, Q_4, Q_5, \cdots) > 0$ 或 $\text{COUNT}(K_1, K_2, K_3, K_4, K_5, \cdots) > 0$，且 $N \geqslant N_e$（在物流中心作业中，总出货品项数必定大于单一订单的出货品项数）。此值表示实际有出货的品项总数，其最大值即为配送中心内的所有品项数。若采用订单批次拣取策略，则最少的拣取次数即为总出货品项数。

③ 订单出货品项累计次数：将所有订单出货品项数加总所得数值，即以 EN 绘制柏拉图累积值的极值，$GN = N_1 + N_2 + N_3 + N_4 + N_5 + \cdots$，$GN \geqslant N$（各个订单间的品项重复率越高，则 N 越小）。此值可能会大于总出货品项数甚至所有产品的品项数。若采用按订单拣取作业策略，则拣取次数即为订单出货品项累计次数。

将 EN 图与总出货品项数、订单出货品项累计次数，及配送中心内总品项数的相对量加以比较，如表 3-4-4 所示。图中各判断指针的大小，需视配送中心产品特性、品项数、出货品项数的相对大小及订单品项的重复率来决定，并配合其他的因素综合考虑。

表 3-4-4　EN 分布图的类型分析

EN 分布图类型	分析	应用
N 品项数、N 总品项数、GN 出货品项累计数、N 总出货品项数，EN=1	单一订单出货项数较小，EN=1 的比例很高，总品项数不大，而且与总出货项数差距不大。此类情况在制药企业的物流中心比较常见。	订单出货品项重复率不高，可采用订单拣取方式作业，或采用批量拣取配合边拣边分类的作业策略。
N 品项数、N 总品项数、GN 出货品项累计数、N 总出货品项数，EN≥10	单一订单的出货项数较大，EN≥10，总出货项数及累积出货项数均仅占总品项数的小部分，通常为经营品项数很多的配送中心。比如医疗器械的专业三方物流中心。	可以按订单拣取方式作业，但由于拣货区路线可能很长，可以考虑采用订单分割方式进行分区拣货再集中，或以接力方式拣取。

续表

EN 分布图类型	分 析	应 用
(图：N品项数曲线，N总品项数、GN出货品项累计数、N总出货品项数、EN=1标示于E轴)	单一订单的出货项数较小，EN=1 的比例较高，由于总品项数很多，总出货项数及累积出货项数均仅占总品项数的小部分。比如医药电商物流中心等。	可以按订单拣取方式作业，并将拣货区分区规划，由于各订单品项少，可将订单以区域分别排序并以分区拣货。尤其是 EN=1 的订单，往往属于单品爆款，可以单独进行处理。
(图：N品项数曲线，GN出货品项累计数位于顶部，N总品项数、N总出货品项数在中部)	单一订单的出货项较大，而产品总品项数不多，累积出货项数较总出货项数大出数倍并较总品项数多。多见于连锁药店类型的物流中心。	订单出货项重复率高，可以批量拣取方式作业，另需参考物性及物流量大小决定于拣取时分类或拣出后再分类。也可以考虑采用提总后二次播种的做法。
(图：N品项数曲线，GN出货品项累计数、N总品项数、N总出货品项数)	单一订单的出货项数较大，而总品项数也多，累积出货项数较总出货项数大出数倍，并较总品项数多。传统的医药物流中心往往表现出此类特性。	可考虑以批量拣取方式作业，但是若单张订单品项数多且重复率不高，需考虑分类的困难度，否则以订单分割方式拣货为宜。

3.4.5 品项受订次数分析

品项受订次数（IK）分析主要分析产品在出货次数上的分布情况，对于了解产品的出货频率特性有很大的帮助。品项受订次数分析的主要功能是配合 IQ 分析决定仓储与拣货系统的选择。另外，在储存、拣货方式决定后，划分储区及配置储位时，均可以利用 IK 分析的结果作为规划参考的依据。IK 分析基本上仍以 ABC 分析为主，并从而决定储位配置的原则，各 IK 分布类型分析如表 3-4-5 所示。

表 3-4-5　IK 分布图的类型分析

IK 分布图类型	分析	应用
K(出货次数) A B C I	为一般配送中心常见模式,由于出货次数的分布趋两极化,可利用 ABC 作进一步分类。	规划时可依产品分类划分储区及储位配置,A 类可接近入出口或便于作业的位置及楼层,以缩短行走距离,若品项多时可考虑作为订单分割的依据来分别拣货。
K(出货次数) I	大部分产品的出货次数相近,仅少部分有特大量及特小量。这种模式在医药第三方物流中心的业务模式中可能出现。	大部分品项出货次数相同,因此储位配置需依物性决定,少部分特异量仍可依 ABC 分类精神决定配置位置,或以特别储区规划。此类情况,往往需要结合 IQ 分析进一步进行判断。

3.4.6　IQ-IK 交叉分析

将 IQ 和 IK 分析,以 ABC 进行分类后,可为拣货策略的决定,提供参考的依据。将 IQ-IK 交叉分析,以 ABC 分析分类后,所得交叉分析的分类整理如表 3-4-6 所示。依其品项分布的特性,可将配送中心规划为按订单拣取或按订单批量拣取的作业形态,或者以分区混合处理方式运作。实际上拣货策略的决定,仍需以品项数与出货量的相对量来作为判断的依据。

表 3-4-6　IQ-IK 交叉类型分析

| IK | IQ | | |
	高	中	低
高	此类品项为 A 类产品,可采用批量拣货方式,再配合分类作业处理。	可采用批量拣货方式,视出货量及品项数是否便于拣取时的分类来决定。	可采用批量拣货方式,并以拣取时分类方式处理方法。
中	按订单进行拣取为宜。	按订单进行拣取为宜。	按订单进行拣取为宜。
低	此类品项往往整进整出的情况居多,甚至会以托盘形式出入库。以订单别拣取为宜,并存储时候尽量集中于接近出入口位置处。	按订单进行拣取为宜。在实际作业过程中,以整箱形式居多。设计合理的整箱拣选系统尤为重要。	此类品项往往属于 C 类产品,SKU 很多,出入库量和出入库频次均较低。需要设置很大的存储面积。以按订单拣取为宜,可考虑分割为零星拣货区或者采用合并订单的拣选方式。

通过 IQ-IK 交叉分析,对于库存品类的存储方式、拣选方式等都有较为清晰的指导方向。针对 IQ-IK 交叉分析中,出入库量和出入库频次均较高的品种,可以考虑整托盘/整箱存储模式、整托盘/整箱出库形式、提总后二次分拣模式等。针对 IQ-IK 交叉分析中,出入库量和出入库频次均较低的品种,如何采用低频次高密度的存储解决方案可能是需要研究的重点问题。目前,各企业均在尝试采用料箱机器人模式或者多层穿梭车模式进行相关应用,以解决此类问题。具体效果仍有待进一步论证。

第4章
医药物流配送中心的布局设计

4.1 医药物流配送中心流程分析

在生产制造业业态的区域布置规划过程中,基本上必须先进行制造流程的完整规划,从而决定生产设备的型号与数量,然后着手厂房布置规划的具体程序。而在医药物流配送中心的作业活动中,由于没有生产制造的相关作业,因此有关进出货、仓储上架、订单拣取、配送作业等活动则成为配送中心规划中的主要活动,在布局规划前,需要先确定主要的物流活动及其相关作业顺序。部分医药物流配送中心需要处理流通加工、贴标、二次包装等作业,而当退货发生时也需处理退货品的分类、保管及退回等作业。

医药物流配送中心常规的作业流程如图 4-1-1 所示。

4.1.1 流程分析

医药物流配送中心作业流程的分析程序可采用作业流程分析表来进行,将入库码垛、质检、搬运、上架、储存保管、拣选作业、补货作业、包装复核、分拣集货、装车发运等不同性质的工作加以分类,将各作业阶段的储运单位及作业数量加以整理统计,并标出该作业所在的区域,即可得知各项物流作业的物流量大小及分布,其分析表格可参考表 4-1-1。

|第4章| 医药物流配送中心的布局设计

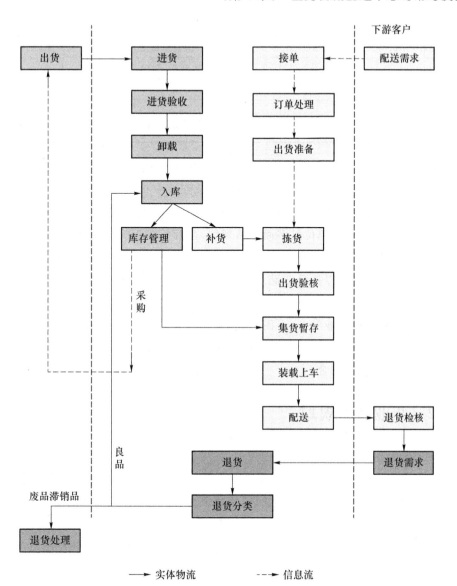

图 4-1-1 医药物流配送中心的常规作业流程图

表 4-1-1 医药物流配送中心作业流程分析表

序 号	作业程序	作业性质	储运单位	作业数量	作业内容说明	作业所在区域
1						
2						
3						
4						

续表

序　号	作业程序	作业性质	储运单位	作业数量	作业内容说明	作业所在区域
5						
⋮						
n−1						
n						

在完成各项作业流程的基本分析后，即可进行作业流程的合理化分析，找出作业中不合理及不必要的作业环节。如果能简化配送中心中可能出现的储运单位转换工作，则可以提升实际作业与运转的效率，减少重复堆码搬运、拆垛、拆箱、暂存等辅助动作。如果储运单位过多而不易规划，可将各作业单位予以归并及整合，避免内部作业过程中储运单位过多地转换。通过单元负载化（unit load），也可达到储运单位简化的目的，以托盘或储运箱为容器，将体积、外形差异较大的物品归并为相同标准的储运单位，则可以简化配送中心内需处理的物品形式。在规划过程中，除了进货与出货作业受上、下游厂商需求及送货特性限制外，内部储运单位通常可由规划设计者决定，而与外部企业的储运单元的流通与标准化，则需依赖整个供应链上下游的共同配合。

4.1.2　作业区域规划

基本作业区域是指经作业流程规划后，可针对配送中心的营运特性规划出所需作业区域。各区域包括物流作业区及外围辅助活动区。物流作业区如装卸货区、入库码垛验收区、订单拣取作业区、出库复核集货区、出货装车区等，通常具有流程性的前后关系；而外围辅助活动区如办公室、计算机室、维修间等，则与各区域有作业上相关性的关系，可逐一建立其活动间的相关分析。配送中心各类作业区主要包括：

- 一般性物流作业区域；
- 退货物流作业区域；
- 换货补货作业区域；
- 流通加工作业区域；
- 物流配合作业区域；
- 仓储管理作业区域；
- 厂房使用配合作业区域；
- 办公事务区域；

- 计算机作业区域；
- 劳务性质活动区域；
- 厂区相关活动区域；
- 作业区域规划程序。

作业区域规划的程序如图4-1-2所示，在流程分析的基础上，首先确定各类作业区域的功能和作业能力需求，然后对各区域进一步细分，确定各子区域的功能和作业能力。

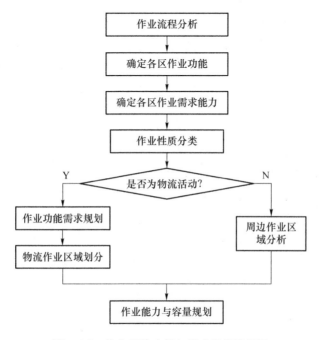

图 4-1-2　作业区域功能与需求规划流程图

4.1.3　作业区域分析

物流作业区域的规划可利用表4-1-2的配送中心作业区域分析表，逐一分析各作业项目与性质，进行详细流程的分析。其他外围支持活动所需作业区域，则可参考表4-1-3的配送中心外围作业区域分析表，建立其活动关联性的分析。

表 4-1-2　配送中心作业区域分析表

作业类别	作业项目	作业性质说明	作业区域规划
一般物流作业	① 车辆进货	物品由运输车辆送入配送中心并停靠于卸货区域	□进货口　□进出货口　□其他
	② 进货卸载	物品由运输车辆卸下	□入库区　□其他
	③ 进货点收	进货物品清点数量或品质检验	□入库区　□其他
	④ 理货	进货物品进行拆集装箱、拆整箱或整件码盘等，以便入库	□理货区　□其他
	⑤ 入库	物品搬运送入仓储设备区域储存	□入库区　□其他
	⑥ 调拨补充	配合拣取作业物品移至拣货区域或调整储存位置	□作业区　□其他
	⑦ 订单拣取	依据订单内容与数量拣取出货物品	□作业区　□其他
	⑧ 分类	在批次拣取作业下依客户别将物品分类输送	□作业区　□其他
	⑨ 集货	在订单分割拣取后集中配送物品	□集货发货区　□其他
	⑩ 流通加工	完成贴标签、组合包装等作业	□流通加工作业区　□其他
	⑪ 品质检验	根据药品质检要求，进行入库商品的品质、外观检验，并核对药检报告	□其他
	⑫ 出货点收	出货物品清点数量或品质检验	□集货发货区　□其他
	⑬ 出货装载	完成出货装车作业	□集货发货区　□其他
	⑭ 货物运送	完成发运任务和单据交接	□票据室　□其他
退货物流作业	① 退货信息接收	实现退货信息在仓储管理系统的录入	□退货区　□其他
	② 退货卸载	物品由运输车辆卸下	□入库区　□其他
	③ 退货点收	退货物品清点数量或品质检验	□入库区　□其他
	④ 退货责任确认	品质部门等进行退货责任确认	□办公区　□其他
	⑤ 退货良品处理	品质检验合格的产品，转入合格品入库流程	□存储区　□其他
	⑥ 退货瑕疵品处理	品质检验存在瑕疵，根据情况确认拆箱转合格品区还是按废品处理	□退货区　□其他
	⑦ 退货废品处理	品质检验不合格的产品，转入不合格品区	□退货区　□其他
换货补货作业	① 退货后换货作业	客户退货后仍需换货或补货的处理作业	□办公区　□其他
	② 误差责任确认	物品配送至客户产生误差短少情形的处理	□办公区　□其他
	③ 零星补货拣取	对于订单少量需求或零星补货的拣取作业	□散装拣货区　□拣货区　□其他
	④ 零星补货包装	对于订单少量需求或零星补货所需另行包装的处理作业	□流通加工作业区　□散装拣货区　□其他
	⑤ 零星补货运送	对于订单少量需求或零星补货所需另行配送的运送作业	□出货暂存区　□装货平台　□其他

第4章 医药物流配送中心的布局设计

续 表

作业类别	作业项目	作业性质说明	作业区域规划	
流通加工作业	① 拆箱作业	配合单品拣货需求的拆箱割箱作业	☐流通加工作业区 ☐其他	☐散装拣货区
	② 包装	配合客户需求将物品另行包装	☐流通加工作业区 ☐其他	☐集货区
	③ 多种物品集包	配合客户需求将数件数种物品集成小包装或附赠品包装	☐流通加工作业区 ☐其他	☐集货区
	④ 外部外箱包装	配合运输配送需求将物品装箱或以其他方式外部包装	☐流通加工作业区 ☐其他	☐集货区
	⑤ 出货物品秤重	配合运输配送需求或运费计算时所需的出货物品秤重作业	☐流通加工作业区 ☐秤重作业区	☐出货暂存区 ☐其他
	⑥ 打印条形码文字	配合客户需求在出货物品外箱或外包装物印制有关条形码文字	☐流通加工作业区 ☐其他	☐分类区
	⑦ 印贴标签	配合客户需求印制条形码或文字标签并贴附于物品外部	☐流通加工作业区 ☐其他	☐分类区
物流配合作业	① 车辆货物出入管制	进货或出货车辆出入配送中心的管制作业	☐厂区大门	☐其他
	② 装卸车辆停泊	进出货车辆在没有装卸载站台可临时停车与回车	☐运输车辆停车场 ☐其他	☐一般停车场
	③ 容器回收	配合储运箱或托盘等容器流通使用的作业	☐卸货平台 ☐容器回收区	☐理货区 ☐其他
	④ 空容器暂存	空置容器的暂存及存取使用的作业	☐容器暂存区 ☐其他	☐容器储存区
	⑤ 废料回收处理	拣取配送与流通加工过程产生的废料及空纸箱的处理	☐废料暂存区	☐废料处理区
仓储管理作业	① 定期盘点	定期对整个配送中心物品盘点	☐库存区 ☐散装拣货区	☐拣货区
	② 不定期抽盘	不定期依照物品种类轮流抽盘	☐库存区	☐其他
	③ 到期物品处理	针对已超过使用期限物品所做的处理作业	☐库存区 ☐其他	☐废品暂存区
	④ 即将到期物品处理	针对即将到期物品所做的分类标示或处理作业	☐库存区	☐其他
	⑤ 移仓与储位调整	配合需求变动与品项变化调整仓储区域与储位分配	☐库存区 ☐其他	☐调拨仓储区

表 4-1-3　配送中心外围作业区域分析表

作业类别	作业项目	作业性质说明	作业区域规划
厂房使用配合作业	① 电气设备使用	电气设备机房的安装与使用	□变电室　□配电室　□电话交换室　□其他
	② 动力及空调设备使用	动力与空调设备机房的安装与使用	□空调机房　□动力间　□空压机房　□其他
	③ 安全消防设施使用	安全消防设施的安装与使用	□安全警报管制室　□其他
	④ 设备维修工具器材存放	设备维修保养作业区域与一般作业所需工具及器材的存放	□设备维修间　□工具间　□器材室　□其他
	⑤ 一般物料储存	一般包装及填充物等物料、文具用品的储存	□物料存放间　□其他
	⑥ 人员出入	人员进出配送中心的区域	□大厅　□走廊
	⑦ 人员车辆通行	人员与搬运车辆在仓库区内通行的通道	□主要通道　□辅助通道　□其他
	⑧ 楼层间通行	人员或物料在楼层间通行或搬运的活动	□电梯间　□楼梯间
	⑨ 机械搬运设备停放	机械搬运设备非使用时所需的停放空间	□搬运设备停放区　□其他
办公事务	① 办公活动	配送中心各项事务性的办公活动	□主管办公室　□一般办公室　□总机室
	② 会议讨论与人员训练	一般开会讨论的活动及内部人员进行教育训练的活动	□会议讨论室　□训练教室　□其他
	③ 资料储存管理	一般公文文件与数据文件的管理	□资料室　□收发室
	④ 计算机系统使用	计算机系统运作与处理的活动及相关计算机档案报表存盘与管理	□计算机作业室　□档案室
劳务活动	① 盥洗	员工盥洗如厕使用	□盥洗室　□其他
	② 员工休息及康乐活动	员工休息时间及提供员工一般康乐健身休闲使用	□休息室　□吸烟室　□康乐室
	③ 急救医疗	适应紧急工作伤害与基本救护	□医务室　□其他
	④ 接待厂商来宾	接待厂商来宾与客户	□接待室　□其他
	⑤ 厂商司机休息	厂商司机等待作业的临时休息区	□司机休息室　□其他
	⑥ 员工膳食	提供员工用餐的区域	□餐厅　□厨房　□其他
厂区相关活动	① 警卫值勤	警卫值勤与负责门禁管制的作业	□警卫室　□其他
	② 员工车辆停放	提供员工一般车辆停放的区域	□一般停车场　□其他
	③ 厂区交通	厂区人员车辆进出与通行	□厂区通道　□厂区出入大门　□其他
	④ 厂区扩充	厂区内预留扩充的预定地	□厂区扩充区域　□其他
	⑤ 环境美化	美化厂区环境的区域	□环境美化绿化区　□其他

4.1.4 作业区域功能规划

确认所需的作业区域后,建立完整的作业区域汇总表,并依据各项基础需求分析资料,考虑各区域的规划要点,来确定各区域的功能及作业能力,完成作业区域的基本需求规划。区域规划考核表如表 4-1-4 及表 4-1-5 所示。

表 4-1-4　配送中心物流作业区域需求规划考核表

序号	作业区域	规划要点		作业区域功能设定	作业需求运转能力
1	装卸货平台	□进出货口共享与否 □装卸货车辆进出频率 □有无装卸货物配合设施 □装卸货车辆回车空间 □供货厂商数量 □进货时段	□进出货口相邻与否 □装卸货车辆型式 □物品装载特性 □每车装卸货所需时间 □配送客户数量 □配送时段		
2	进货暂存区	□每日进货数量 □容器流通程度 □进货等待入库时间	□托盘使用规格 □进货点收的作业内容		
3	理货区	□理货作业时间 □品检作业时间 □有无拆码盘配合设施	□进货品检作业内容 □容器流通程度		
4	库存区	□最大库存量需求 □产品品项 □储位指派原则 □自动化程度需求 □储存环境需求 □物品周转效率	□物品特性基本资料 □储区划分原则 □存货管制方法 □产品使用期限 □盘点作业方式 □未来需求变动趋势		
5	拣货区	□物品特性基本资料 □每日拣出量 □订单分割条件 □客户订单数量资料 □有无流通加工作业需求 □未来需求变动趋势	□配送品项 □订单处理原则 □订单汇总条件 □订单拣取方式 □自动化程度需求		
6	补货区	□拣货区容量 □每日拣出量 □拣取补充基准	□补货作业方式 □盘点作业方式 □拣取补充基本量		

续表

序号	作业区域	规划要点		作业区域功能设定	作业需求运转能力
7	散装拣货区	☐物品特性基本资料 ☐每日拣出量	☐单品拣货需求量		
8	分类区	☐出货频率 ☐每日拣出量 ☐配送点型式	☐客户配送资料 ☐平均配送客户数量 ☐配送时段		
9	集货区	☐出货频率 ☐每日拣出量 ☐配送点型式	☐集货等待时间 ☐平均配送客户数量 ☐配送时段		
10	流通加工区	☐流通加工作业项目 ☐流通加工作业数量	☐流通加工作业时间		
11	出货暂存区	☐出货等待时间 ☐品检作业时间 ☐配送对象 ☐配送点型式	☐出货品检作业内容 ☐每日出货量 ☐平均配送客户数量 ☐配送时段		
12	秤重作业区	☐秤重作业项目 ☐秤重作业时间	☐秤重作业单位		
13	退货卸货区	☐退货送回方式 ☐退货频率	☐退货车辆型式 ☐退货数量		
14	退货处理区	☐退货种类 ☐退货处理原则 ☐退货处理周期	☐退货数量 ☐退货处理时间		
15	退货良品暂存	☐退货良品比例	☐退货良品处理方式		
16	瑕疵品暂存区	☐退货瑕疵品比例	☐退货瑕疵品处理方式		
17	废品暂存区	☐退货废品比例 ☐退货废品处理周期	☐退货废品处理方式		
18	容器回收区	☐流通中容器使用量 ☐容器回收处理时间	☐容器规格与种类 ☐容器流通程度		
19	容器暂存区	☐空容器存量 ☐容器规格与种类	☐每日进出货容器用量		
20	容器储存区	☐容器总使用量 ☐空容器存量	☐流通中容器使用量 ☐容器规格与种类		

续表

序号	作业区域	规划要点	作业区域功能设定	作业需求运转能力
21	废纸箱暂存区	□每日废纸箱产生量 □废纸箱种类		
22	废料处理区	□废料处理方法 □废料处理量		
23	调拨仓储区	□调拨作业需求内容　□调拨品项与数量 □储区划分原则　　　□调拨作业周期 □盘点作业内容		

表 4-1-5　配送中心外围设施区域需求规划考核表

序号	作业区域	规划要点	作业区域功能设定	作业需求运转能力
1	厂区大门	□出入车辆型式　　　□车辆进出频率 □门禁管制造度　　　□厂区联外道路的方位 □对外出入　　　　　□是否同处 □厂区入门口与出门口是否区分		
2	警卫室	□警卫值勤项目　　　□门禁管制作业 □员工差勤记录　　　□保全需求		
3	厂区通道	□出入车辆型式　　　□车辆进出频率		
4	一般停车场	□员工机车位使用人数　□员工汽车位使用人数 □实际可用面积与长宽比例　□停车角度与型式		
5	运输车辆停车场	□运输车辆临时停车需求数　□进出车辆频率 □实际可用面积与长宽比例　□进出货车辆型式		
6	环境美化区域	□厂区营业规模　　　□企业标帜与形象 □厂区照明考虑　　　□厂区建筑屏蔽率 □厂区用地地目与营业性质		
7	厂房扩充区域	□厂商营业规模　□未来成长趋势 □实际厂地可用面积　□厂区配置的形式		
8	厂房大门	□搬运设备型式　□搬运进出频率 □物品保管与管制需求　□进出货月台布置形式 □空调与通风的考虑		
9	大厅	□通行人数　□外宾来访需求		
10	走廊	□通行人数　□人员行走速度		

续表

序 号	作业区域	规划要点	作业区域功能设定	作业需求运转能力
11	电梯间	□楼层数　□楼层通行人数 □行人与物料是否共享		
12	楼梯间	□楼层数　□楼层通行人数		
13	主要通道	□每日进出货流量　□搬运车辆型式 □搬运物料种类　□进出货口的位置		
14	辅助通道	□搬运车辆型式　□搬运物料种类 □作业特性　　　□通行人数 □人员行走速度		
15	主管办公室	□主管级人数　□组织架构		
16	一般办公室	□办公人员数　□办公桌椅排列形式 □组织架构与管理模式		
17	总机室	□配合大厅入口位置		
18	会议室	□会议室使用人数 □演示文稿设备的需求程度		
19	训练教室	□训练教室使用人数 □训练教室设备需求程度		
20	计算机室	□计算机系统规模与功能 □网络与通信界面需求功能　□计算机设备数量		
21	档案室	□计算机档案储存量　□报表保管量 □计算机档案保存周期		
22	资料室	□数据量　□数据存取频率		
23	收发室	□文件收发数量　□收发作业时间		
24	设备维修间	□维修设备的种类与数量 □维修保养的作业内容		
25	工具室	□使用的工具型式与数量 □工具储存方法		
26	器材室	□使用的器材型式与数量 □器材储存方法		
27	物料存放间	□物料种类与存量 □办公事务用品种类与存量		

续表

序号	作业区域	规划要点	作业区域功能设定	作业需求运转能力
28	搬运设备停放区	□搬运设备型式　□搬运设备数量 □作息时间的安排		
29	机房与动力间	□压缩空气消耗量 □压缩空气需求位置分布 □压力管线口径需求 □动力使用型式　□动力需求量		
30	配电室	□电压相位需求规格　□厂区供电总能力 □电力消耗量　□电力需求分布		
31	空调机房	□温湿度需求范围　□设备发热量 □作业人数		
32	电话交换室	□电话网络需求数量　□电话需求分布		
33	安全警报管制室	□安全管制范围　□自动警报系统项目 □保全需求		
34	盥洗室	□各区男女员工人数 □各区作息时间安排		
35	休息室	□作息时段规划　□员工福利水平 □休闲康乐设施项目　□休息室使用人数		
36	医务室	□紧急救护的项目		
37	接待室	□接待厂商或客户的需求 □与主管办公室的配合		
38	司机休息室	□厂商司机使用休息室人数 □是否需管制厂商司机进入仓库区		
39	厨房	□员工福利水平　□作息时间安排 □用餐人数		
40	餐厅	□员工福利水平　□作息时间安排 □用餐人数		

4.1.5 作业能力规划

医药物流配送中心进行区域规划时,应以物流作业区域为主,再延伸至外围区域。物流作业区的规划,可按流程入出顺序逐区规划,即如表 4-1-4 所列的物流作业区进行即可。而当相关的信息不够完备,无法逐区进行分析规划时,建议可针对仓储区及拣货区进行较详细的需求分析,再按仓储区及拣货区规划的运转能力向前后作业区域进行扩展规划。接下来分别介绍仓储区及拣货区的作业能力确定方法。

(1) 仓储区的储运能力规划

仓储区的储运能力的估算方法有两种:周转率估计法和商品送货频率估计法。

周转率估计法是指利用周转率来进行储存区储存量的估计。该方法为一简便而快速的初估方法,可适用于初步规划或储量概算的参考。其计算公式为:

$$库容量 = \frac{年仓储运转量}{年周转次数} \times 安全系数$$

其计算步骤如下:

a. 年仓储运转量计算:将配送中心的各项进出产品依单元负载单位换算成相同单位的储存总量(如托盘或标准箱等单位),此单位为现况或预期规划使用的仓储作业基本单位,统计汇总各个品项全年的总出入库量后,可得到配送中心的年仓储运转量。实际计算时如果产品物性差异很大(如干货与冷冻品)或基本储运单位不同(如箱出货与单品出货),可以分别加总计算。

b. 估计年周转次数:确定未来配送中心仓储存量周转率目标,目前食品零售业年周转次数为20~25次,制造业为12~15次,医药流通行业为6~20次。一般来说,我国东部地区的医药流通企业的年周转次数略高,西部地区的年周转次数偏低;大型企业的年周转次数偏高,中小型企业的年周转次数偏低;药品物流中心的年周转次数高于器械物流中心的年周转次数。企业在设立配送中心时,可针对经营品项的特性、产品价值、附加利润、缺货成本等因素,决定仓储区的周转次数。

c. 估算库容量:以年仓储运转量除以年周转次数计算库容量。

d. 估计安全系数:估计仓储运转的变动弹性,以估算的库容量乘以安全系数,求出规划库容量,以满足高峰时期的高运转量,如增加安全系数10%~25%。如果配送中心商品进出货有周期性或季节性的明显趋势时,则需探讨整个仓储营运策略是否需涵盖最大需求,或者可经由采购或接单流程的改善,来达到需求平准化的程度,以避免安全系数过高增加仓储空间过剩的投资浪费。

实际在规划仓储空间时,可按商品类别分类计算年运转量,并按产品特性分别估计年周转次数及总库容量,然后加总得到规划库容量,如表4-1-6所示。

表 4-1-6 仓储区以周转率、库容量计算表

商品名称	年运转量	周转次数	估计库容量	安全系数	规划库容量

商品送货频率估计法是指在缺乏足够的分析信息时,可利用周转率来进行储

存区储量的估计,如果能搜集各个产品的年储运量及工作天数,针对上游厂商商品送货频率进行分析,或进一步制定送货间隔天数的上限,则可以此估算仓储量的需求。计算公式为:

$$库容量 = \frac{年仓储运转量}{年出货天数} \times 送货频率 \times 安全系数$$

其计算步骤如下。

a. 年运转量计算:将各类产品依单元负载单位换算成相同单位,累加后得到年运转总量。

b. 估计工作天数(出货天数):依产品类别分别估计年出货天数。

c. 计算平均出货单日的储运量:将各种产品的年运转总量除以年出货天数。

d. 估计送货频率:依各个产品分别估计厂商送货频率。

e. 估算库容量:以平均单日储运量乘以送货频率。库容量=平均单日储运量×送货频率。

f. 估计安全系数:估计仓储运转的变动弹性,以估算的库容量乘以安全系数,求出规划库容量,以满足高峰时期的高运转需求。

(2) 拣货区的运转量规划

配送中心拣货区的运转量估算方法与仓储区估算方法类似,但要注意,仓储区的容量是维持一定期间(厂商送货间隔期间)内的出货量需求的,因此对进出货的特性及出货量均需加以考虑;而拣货区则以单日出货货品所需的拣货作业空间为主,故以品项数及作业面为主要考虑因素,一般拣货区的规划不需包含当日所有的出货量,在拣货区货品不足时则可以由仓储区进行补货。其规模计算的原则及方法说明如下。

a. 年出货量计算:将配送中心的各项进出产品换算成相同拣货单位的拣货量,并估计各产品别的年出货量,如果产品物性差异很大(如药品和疫苗)或基本储运单位不同(如箱出货与单品出货),可以分别加总计算。

b. 估计各类产品的出货天数:依各类产品估计年出货天数。

c. 计算各产品平均出货天数的出货量:将各产品年出货除以年出货天数。

d. ABC 分析:依各产品的类别进行年出货量及平均出货天数的出货量 ABC 分析,并定出出货量高、中、低的等级及范围,在规划设计阶段,可针对高、中、低类的产品组作进一步的物性分析,以适当地分类及分组。基本上如果计划求得初步的拣货区拣货单位估算,可依照出货高、中、低类别,制定不同的拣货区存量水平,再乘以各类别的产品品项数,即可求得拣货区储运量的初步估值。

e. ABC 交叉分析:如需进一步考虑产品出货的实际情形,需将年出货量配合单日出货量加以分析。针对年出货量及平均出货天数出货量的高、中、低分类,进行组合交叉分析,则可得到 9 组出货类型组,依其出货特性作适当的归并,再作不同存量水平的规划,其程序与签署的 IQ-IK 分析的交叉分析类似,所得出货量特性分类表如表 4-1-7 所示,由该 5 种产品分类建议采用的拣货区储位规划、存量水平及补货频率如表 4-1-8 所示。

表 4-1-7 出货量特性分类表

年出货量	平均出货天出货量		
	高	中	低
高	A	B	B
中	A	E	E
低	C	C	D

表 4-1-8 拣货区按出货类型分类的规划原则

出货类型	平均出货天出货量		
	拣货区储位规划	存量水平	补货频率
A	固定储位	高	高
B	固定储位	高	高
C	弹性储位	低	低
D	弹性储位	低	低
E	固定储位	中	中

f. ABC 组合交叉分析:出货特性的分析过程,如有足够的基础数据并配合大数据分析,可建议将各类产品出货天数加入平均单日出货量及年出货量三项因素综合考虑,进行交叉分析与综合判断,以更有效掌握产品出货特性(如表 4-1-9 所示)。针对各类产品出货天数进行高、中、低群的分类,再与上述年出货量及平均出货日出货量的 5 种产品群进行组合交叉分析,依其出货特性的不同作适当的归并后,再作不同存量水平的规划。

表 4-1-9 综合出货天数的产品出货量分类

出货类型	出货天数		
	高(>200 天)	中(30~200 天)	低(<30 天)
A.年出货量及平均出货日出货量均很大	1	1	5
B.年出货量大但平均出货日出货量较小	2	8	—
C.年出货量小但平均出货日出货量大	—	—	6
D.年出货量小且平均出货日出货量也小	3	8	6
E.年出货量中等但平均出货日出货量较小	4	8	7

设定配送中心年工作天数为 250 天,则可定义出货天数的范围有 200 天以上、

30～200 天及 30 天以下三个等级,将各类产品依出货天数区分为高、中、低三类,实际上工作天数分类范围需视企业出货天数分布范围而定。

(3) 能力平衡分析

在完成相关作业程序、需求功能及其需求能力的规划后,可依照作业流程的顺序,整理各环节的作业量大小,将配送中心内由进货到出货各阶段的物品动态特性、数量及单位表示出来。因作业时序安排、批次作业的处理周期等因素,可能产生作业高峰及瓶颈,因此需调整原先规划的需求量,以适应实际可能发生的高峰需求,而由于主要物流作业均具有程序性的关系,因此也需考虑前后作业的平衡性,以避免因需求能力规划不当而产生作业的瓶颈。因此原先整理的物流量资料应进一步进行物流量平衡分析,确定各作业的调整值,来修正实际的合理需求量,在此确定的调整值的参数为频率高峰系数,作业流程物流量平衡分析表如表 4-1-10 所示。

表 4-1-10　配送中心作业流程物流量平衡分析表

作业程序	主要规划指针参数	平均作业频率	规划值	频率高峰系数	调整值
进货	进货货车台数				
	进货厂家数				
	进货品项数				
储存	托盘数				
	箱数				
	品项数				
拣货	托盘数				
	箱数				
	品项数				
	拣货单数				
	出货品项数				
	出货家数				
集货	出货家数				
	托盘数				
	箱数				
	出货货车台数				
	出货家数				

4.2 SLP 布局方法

4.2.1 系统布置设计法

配送中心的设施布局规划非常关键,设施布局的优劣直接影响整个系统的运营效率、运营成本。近年来,逐步形成了一些先进的设计方法,其中最具代表性的是缪瑟(R. Muther)提出的"系统布置设计(SLP)"法。

SLP 程序流程如图 4-2-1 所示。

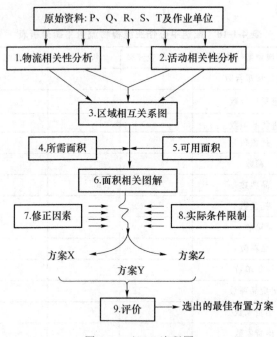

图 4-2-1 SLP 流程图

(1) 在系统布置设计开始时首先需要准备原始资料,此环节必须明确给出数据分析需要的基本要素,主要包括订单 E、货品 P 及数量 Q、订单拣货流程 R、辅助服务部门 S 及时间安排 T 等原始资料,同时也需要对作业单位的划分情况进行分析,通过分解与合并,得到最佳的作业单位划分状况。所有这些均作为系统布置设计的原始资料。

(2) 物流分析与作业单位相互关系分析主要是针对以物流作业流程为主的物流中心,物料移动是此类物流中心物流活动的主要部分时,物流分析是设施工艺布置设计中最重要的方面;对某些辅助服务部门来说,各作业单位之间的相互关系(非物流联系)对布置设计就显得更重要。物流分析的结果可以用物流强度等级及物流相关表来表示。非物流的作业单位间的相互关系可以用量化的关系密级及相互关系表来表示。在需要综合考虑作业单位间物流与非物流的相互关系时,可以采用简单加权的方法将物流相关表及作业单元间相互关系表综合成综合相互关系表。

(3)绘制作业单位位置相关图,根据物流相关表与作业单位相互关系表,考虑每对作业单位间相互关系等级的高或低,决定两作业单位相对位置的远或近,得出各作业单位之的相对位置关系。这时并未考虑各作业单位具体的占地面积,从而得到的仅是作业单位相对位置,称为位置相关图。

(4)计算各作业单位所需占地面积,作业单位占地面积与设备、人员、通道及辅助设施等有关,计算出的面积应与可用面积相适应。

(5)绘制作业单位面积相关图,把各作业单位占地面积附加到作业单位位置相关图,就形成了作业单位面积相关图。

(6)修正作业单位面积相关图只是一个原始布置图,还需要根据其他因素进行调整修正。此时需要考虑的修正因素包括物料搬运方式、操作方式、储存周期等,同时还需考虑实际限制条件(如成本、安全和职工倾向等方面)是否允许。

4.2.2 医药物流配送中心布局规划

通过对医药物流配送中心的功能区划分、物流动线设计以及功能区之间物流量进行分析之后,以系统布置设计(SLP)法为基础,结合医药物流的行业特点,基于流量流向图的配送中心区域布置步骤,就可以逐步完成各区域的布置,设计出以下几种医药物流配送中心功能区的示例布置方案,如图 4-2-2 两端进出型、图 4-2-3 同端进出型一、图 4-2-3 同端进出型二所示。

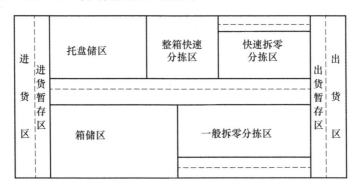

图 4-2-2　两端进出型

(a) 同端进出型一

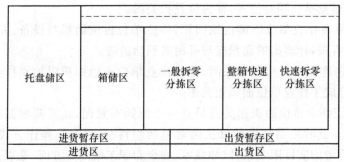

(b) 同端进出型二

图 4-2-3 同端进出型

医药物流配送中心在做功能区布局规划时,可根据实际的场地情况和配送中心外围道路情况选择合适的布局方案。

4.2.3 医药物流配送中心功能区评价模型及布局方案选择

医药物流配送中心在进行设施布局规划时,按照流量流向图对配送中心区域进行布置,往往可以得到若干个可行方案,哪一种方案更为合理,更为经济?这时就需要对方案进行择优选择。对方案进行择优时,就有必要引入一种可以评价方案优劣的方法。

医药物流配送中心在进行设施布局规划时需进行流向、流量两个方面的分析,各条路线上物料的移动量就是反映作业单位之间的相互密切程度的基本衡量标准。需要一种更易于量化的概念和方法,本书提出一种新的研究方法,基于基本储运模式的当量物流强度,目的在于通过计算单位储运模式的物流量和搬运距离,得出布局中各个功能区之间的物流量和搬运距离,既可以计算出整个配送中心内部的总物流量和总搬运距离,也可以清楚地看出功能区之间的关联程度和路线拥挤程度,因此可以更好地帮助选择合理的功能区布局。经过对医药物流配送中心的流量流向图的分析,可以看出配送中心储运单元有以下几种:P-托盘,C-整箱,B-单品。而在配送中心中,单品不作为直接出货对象,一般会将单品做包装处理后再进行配送。因此我们在计算当量物流强度时,只需将托盘 P 和整箱 C 的转换关系带入计算。

$$当量物流强度 = N \times 储运单元数量 \times 搬运距离$$

其中,当储运单元为整箱时,N 为 1;当储运单元为托盘时,N 为一个托盘平均存放的整箱个数。

4.2.4　医药物流配送中心功能区布局方案

1. 功能区划分

医药物流配送中心内的功能区中,仓储区包括立体库区(主储区)、托盘平置区(大输液储区)、托盘货架存储区(整箱储存分拣区);拣选区包括整箱快速分拣区、快速拆零分拣区(电子标签拣选区)、一般拆零分拣区;理货区包括复核包装区、自动分拣区。以某个配送中心为例,建筑总体长 132 米左右,宽 96 米左右,其建筑面积 1.3 万平方米左右。非功能区面积规划为 1 000 平方米。主要功能区建筑面积分配如表 4-2-1 所示。

表 4-2-1　主要功能区面积分配

功能区	面积/平方米
立体库区	3 000
托盘平置区、托盘货架存储区	3 000
拣选区、复核包装区、自动分拣区	3 600
进货区、出货区	2 400
总计	12 000

2. 功能区流量流向图

根据该医药公司提供的销售数据(药品物流箱数),根据存储区和分拣区的分配,计算出药品在功能区之间的物流量,如图 4-2-4 所示。

3. 功能区布局方案

根据医药物流配送中心的总体面积、地块特点和地理位置,按照 SLP 布局方法,设计两种同端进出的功能区布局方案,具体的布局及功能区流向如图 4-2-5、图 4-2-6 所示。

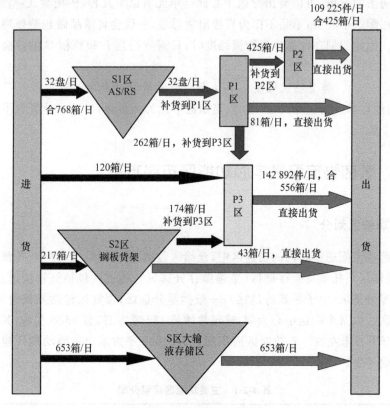

图 4-2-4　主要流向与物流量

(1) 方案一

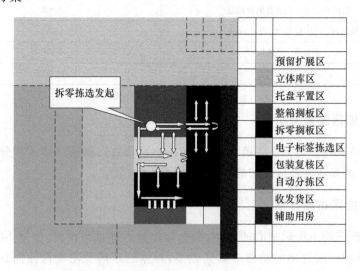

图 4-2-5　某医药物流配送中心项目布局设计初稿(方案一)

（2）方案二

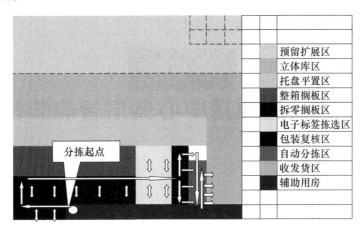

图 4-2-6　某医药物流配送中心项目布局设计初稿（方案二）

根据功能分区设计的两种方案均可基本满足该医药物流配送中心的业务需求和物流需求，故需要选用适当的方案评价方法来选择合理的布局方式。在两种方案中，均可考虑将立体库区和托盘平置区进行位置互换，即可得到四种可行方案。

第 5 章
医药物流配送中心典型智能装备

5.1　多层穿梭车系统

"多穿"一词源于对"Multi-level Shuttle"的直译,意思即"多层穿梭车",后被业界简称为"MultiShuttle"或"多穿"。早在 2003 年,德国物流研究院(IML)就研制出了全球首台轻型高速多层穿梭车,随即各大欧洲知名厂商也相继推出了自己的多层穿梭车技术,配合多穿技术的高效率"货到人"拣选应用方式也同时得以推广。该项技术引入国内后,加上国内物流技术的发展,也在近几年催生出了一些国产穿梭车厂商。

相较之前的自动化存储系统(AS/RS),多穿技术尤其是轻载料箱(Miniload)自动化立库大幅度地提高了货物单元的存取效率,单个多穿巷道的入出库效率最高可达每小时 1 000 箱以上,是传统 Miniload 系统的 3~5 倍,是托盘立库系统的 15~20 倍。多穿系统主要解决的是高速大流量系统的瓶颈问题,能够快速地将所需物料准确地按照订单要求顺序提供至拣选或出库站台,同时可以暂时缓存发货订单物料,在集中时段做到快速出库,进而大大节省发货缓存空间,有效地提升出库发货效率。对于存储为主的应用场景,多穿系统是相对更为昂贵的解决方案,还有其他更加经济并且高效的存储技术可与多穿系统配合使用达到存拣兼顾的功能需求。多穿在不同行业和领域的应用十分广泛。多层穿梭车也可以适用于料箱、料盘、纸箱货物的暂存解决方案、订单组装工作的暂存解决方案,货到人应用的中间暂存方案、拣选模块的自动补货解决方案等,尤其是可广泛应用于自动处理品种多或品种经常变更的行业,如零售、工业产品行业等。近些年,随着物流自动化市场的快速发展,侧重高效率拣选的多层穿梭车系统现已在医药、电商、服装、图书、工业等众多领域实现应用。

多层穿梭车系统的构成如图 5-1-1 所示,具体如下。

（1）多层穿梭车货架系统：主要用于存放原料箱，用来提供多层穿梭车行走轨道并符合穿梭车的相关检测需求。

（2）多层穿梭车软件系统：主要用于调度各执行设备进而实现整套系统的任务动作，以及提供订单任务的优化和各执行设备的运行优化，最终达到整个系统的高效运行。

（3）多层穿梭车输送系统：主要用于对接各设备的料箱出入口，按系统的要求进行原料箱和订单项的排序和积放功能。

（4）多层穿梭车电控系统：主要用于调度设备各执行元器件，实现本机各个动作任务并提供一系列的安全保障功能。

（5）多层穿梭车：这个设备是用于将货架入出口的原料箱存入或者取出货架区域，它的主要作用就是运载料箱在两个工位间进行转移。

（6）多层穿梭车提升机：提升机是用于将货架各层出口的原料箱送到指定的输送线口，并将需要回库的原料箱再送到各层货架的入库口。

（7）多层穿梭车货到人拣选工作站：主要是用于拣选员执行从被拣选订单往拣选订单进行拣选作业的智能指示工作台。按系统指定的顺序将原料箱和订单箱排序进入拣选员的作业区域内，然后通过灯光提示拣选员进行拣选作业任务。

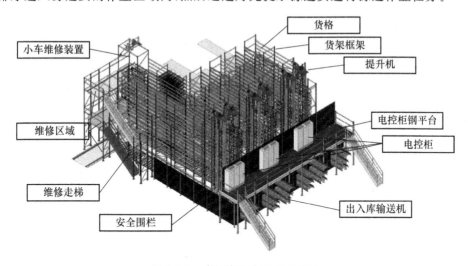

图 5-1-1 多层穿梭车系统的构成

多层穿梭车系统（简称多穿系统），是由数个单体机器设备（多层穿梭车、提升机、输送线及拣选站台等）组合而成。多穿系统结构设计非常紧凑，相比传统的仓储解决方案，占地面积减少了 30%～50%，立体结构的多层穿梭车系统可采用单/双深位布局。多穿系统运用高密度的仓储方式，大大地提高了所需的存储货位，在相同空间布局系统中，多层穿梭车系统出入库处理能力比传统仓储系统提升了 5～10 倍，多层穿梭车采用低电压供电方式，在相同货物处理量的情况下，相比传统堆垛机节省电能10%。

多穿系统定位的主旨是高效的货到人拣选系统,而非集中存储。"货到人"系统凭借其在提高拣选效率、降低劳动强度、减少用工数量等方面的显著优势,逐渐成为行业关注的焦点。其中,穿梭车"货到人"系统以能耗低、效率高、作业灵活等突出优势成为拆零拣选的最佳方式。首先,多穿系统中的1个巷道可配置十几台到几十台小车,单巷道出入库处理能力远远高于Miniload轻载堆垛机系统。其次,多穿小车对运行轨道的精度要求非常高。系统高度越高,货架和轨道的精度累计误差将会越大,从而影响小车的运行,因此多穿系统不宜做得太高。虽然多穿系统的高度可以达到20 m,但从已实施的案例来看,多穿系统的高度基本都在3~15 m,而Miniload系统通常可以做到24 m。因此,在配送中心作业需求仅为箱式存储但出入库处理量需求不高的情况下,投资更经济的Miniload方案会更适合,而多穿系统更适合高效率的拣选需求。在医药物流配送中心设备选型时,不但需要考虑不同设备的单机性能,还必须考虑设备间的能力平衡。穿梭车和堆垛提升机是关键设备,在高度较低(3~5 m)的系统中,穿梭车的数量和速度是系统的瓶颈;而在高度较高(>12m)的系统中,料箱提升机则成为瓶颈,配置过多的穿梭小车反而不能充分调动小车的能力而造成浪费。经过综合论证分析及结合实际案例的应用情况,多穿系统整体性能最优的高度在10~12 m。

多穿系统更适用于对B/C类产品的拣选作业。A类产品SKU少(占5%~15%),出库量大(占40%~60%),同时补货量大。若A类产品采用多穿系统处理拣选任务,储存料箱(或纸箱)拣选完毕将产生大量的回库作业和补货作业,系统效率浪费比较严重。目前处理A类品,流利架拣选并配合电子标签和料箱输送系统辅助仍然是最有效的方式之一。其固定拣选位和多深位缓存的设计理念,可减少补货频次,储存箱也无须回库;而针对B/C类品SKU多、拣选面大的问题,多穿系统是一种比较适合的解决方案,将"人找货"转变为"货到人"的拣选方式,可以大大地提高系统效率,减少人员配置。针对A类品的流利架拣选,多穿小车也有创新的应用,它可以代替人工补货作为自动补货设备将货物补货到流利架上,这种方式在零售、医药流通行业已有多个应用案例。而针对长尾的D类品,因出库频次非常低,采用成本更低的Miniload系统比较合适。

然而国内厂商在多个多穿系统项目中存在应用上的误区,将多穿系统作为"万能"系统兼顾存储、拣选等多种功能于一体。此类案例在方案设计中淡化或忽视了物料周转率的特性,将所有物料全部存储在多穿系统中,导致物料不能及时得到释放和输出,出库时间被拉长,进而引发了订单履行不及时、发货车辆等待和发货效率不升反降等系列问题。究其原因,还是系统设计人员未能充分理解多穿系统的设备特点和应用场景,没有结合与发挥不同设备与系统的优势,过分推崇和依赖多穿这个单一存储形式。要解决上述问题,系统设计人员还需进一步准确地了解物料特性,从而进一步进行合理的设备选型和方案设计,多种存储形式并存。这样一来,各系统各司其职,相互协调作业,可以更充分发挥多穿系统的高速缓存特点,使得 Miniload 的存储特性得到最大化利用,同时人工存储拣选区域的灵活性也能得以保留。

5.2 潜伏式机器人系统

当前,消费升级下的市场压力、海量 SKU 的库存管理、难以控制的人力成本,已经成为电商、零售等行业的共同困扰,Kiva 机器人的横空出世,为打破行业瓶颈提供了一种灵活的选择。Kiva 系统提供了一种新型的自动化订单履行方案,通过使用数以百计的移动机器人、可移动的货架、工作站和复杂的控制软件,完成配送中心中的拣选、包装和输送作业。

传统的拆零拣选环节,工作量最大的环节有 5 个:①拣选;②位移(包括拣选期间的位移、拣选完成后包装台的位移);③二次分拣;④复核包装;⑤按流向分拣。其中,②和⑤可以通过传输线和高速扫码的方式自动化实现。但①、③、④由于需要手工细致地去识别和取放货物,因此一般都是人工完成,而且人工工作量很大。

如今,仓储物流已经成为机器人应用最大的市场之一。在诸多物流机器人解决方案中,最成功的莫过于被以超过 7 亿美金收购的 Kiva。Kiva 机器人应用之后,Kiva 系统以货到人的设计思路和高度灵活的自动化过程实现了对传统配送中心中大量的人工拣选和分拣作业的改革。采用分布式智能的概念,通过使用数以百计的自身研发的行走机器人,将存放货物的货架运送至位于存储区周边相应的工作站台,工人依照软件和激光的指示拣货,将存货货架上的相应货物拣出,放入输送货架相应的订单容器中,实现对所有库存货品在任意时间的简单、高效访问,最终形成了一个完整的"货到人"仓储自动化系统,既节省了大量人力,又提高了作业效率、作业准确率和作业灵活性。"货到人"的核心思路是把拣选人员取消,直接把货架搬到复核包装人员的边上由复核打包人员完成拣选、二次分拣、打包复核三项工作,把作业人员减少到最低限度,同时也取消了原来输送线完成的位移动作。成千上万的 Kiva 机器人,以远高于人工的作业效率、更低的成本和错误率,24 小时不间断地处理客户海量的包裹。

Kiva 系统在我国被演化改进为潜伏式机器人系统。潜伏式机器人系统是一种典型的 AGV 系统。传统的 AGV 小车的导引是指根据 AGV 导向传感器得到的位置信息,按 AGV 的路径提供的目标值计算出 AGV 的实际控制命令值,即给出 AGV 的设定速度和转向角,这是 AGV 控制技术的关键。简而言之,AGV 小车的导引控制就是 AGV 轨迹跟踪。AGV 导引有多种方法,比如利用导向传感器的中心点作为参考点,追踪引导磁条上的虚拟点就是其中的一种。AGV 小车的控制目标就是通过检测参考点与虚拟点的相对位置,修正驱动轮的转速以改变 AGV 的行进方向,尽力让参考点位于虚拟点的上方。这样,AGV 就能始终跟踪引导线运行。潜伏式机器人系统则通过扫描二维码获得位置信息,从而实现定位和路径导航等工作。

潜伏式机器人系统的作业方式如下:接收到物料搬运指令后,控制器系统根据所存储的运行地图和潜伏式机器人当前位置及行驶方向进行计算、规划分析,选择最佳的行驶路线,自动控制潜伏式机器人的行驶和转向,当潜伏式机器人到达装载货物位置并准确停位后,移载机构动作,完成装货过程。然后潜伏式机器人起动,驶向目标卸货点,准确停位后,移载机构动作,完成卸货过程,并向控制系统报告其位置和状态。随后潜伏式机器人起动,驶向待命区域。等接到新的指令后再做下一次搬运任务。

潜伏式机器人的基本结构由机械系统、动力系统和控制系统三大系统组成,如图 5-2-1 所示。

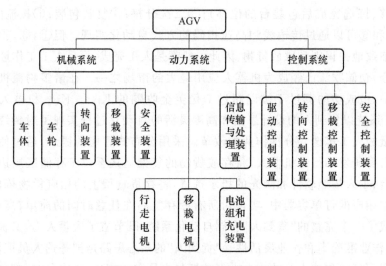

图 5-2-1 潜伏式机器人系统构成

(1) 车体

潜伏式机器人的车体主要由车架、驱动装置和转向机构等组成,是其他总成部件的安装基础。

车架通常为钢结构件,要求具有一定的强度和刚度。

驱动装置由驱动轮、减速器、制动器、驱动电机及速度控制器(调速器)等部分组成,是一个伺服驱动的速度控制系统,驱动系统可由计算机或人工控制,可驱动 AGV 正常运行并具有速度控制、方向和制动控制的能力。

常见的潜伏式机器人转向机构有铰轴转向式、差速转向式和全轮转向式等形式。通过转向机构,潜伏式机器人可以实现向前、向后或纵向、横向、斜向及回转的全方位运动。

(2) 动力装置

潜伏式机器人的动力装置一般为蓄电池及其充放电控制装置,电池为 24 V 或 48 V 的工业电池,有铅酸蓄电池、镉镍蓄电池、镍锌蓄电池、镍氢蓄电池、锂离子蓄电池等可供选用,需要考虑的因素除功率、容量(Ah 数)、功率重量比、体积等外,最关键的因素是需要考虑充电时间的长短和维护的容易性。快速充电为大电流充电,一般采用专业的充电装备,潜伏式机器人本身必须有充电限制装置和安全保护装置。

充电装置在潜伏式机器人上的布置方式有多种,一般有地面电靴式、壁挂式等,并需要结合潜伏式机器人的运行状况,综合考虑其在运行状态下,可能产生的短路等因素,从而考虑配置潜伏式机器人的安全保护装置。在潜伏式机器人运行路线的充电位置上安装有自动充电机,在潜伏式机器人底部装有与之配套的充电连接器,在潜伏式机器人运行到充电位置后,潜伏式机器人充电连接器与地面充电接器的充电滑触板连接,最大充电电流可达到 200 安以上。

(3) 控制系统(控制器)

潜伏式机器人控制系统通常包括车上控制器和地面(车外)控制器两部分,目前均采用微型计算机,由通信系统联系。通常,由地面(车外)控制器发出控制指令,经通信系统输入车上控制器控制潜伏式机器人运行。

车上控制器完成潜伏式机器人的手动控制、安全装置启动、蓄电池状态、转向极限、制动器解脱、行走灯光、驱动和转向电机控制与充电接触器的监控及行车安全监控等。

地面控制器完成潜伏式机器人调度、控制指令发出和潜伏式机器人运行状态信息接收。控制系统是潜伏式机器人的核心,潜伏式机器人的运行、监测及各种智能化控制的实现,均需通过控制系统实现。

(4) 安全装置

潜伏式机器人的安全措施至关重要,必须确保潜伏式机器人在运行过程中的自身安全,以及现场人员与各类设备的安全。

在一般情况下,潜伏式机器人都采取多级硬件和软件的安全监控措施。例如,在潜伏式机器人前端设有非接触式防碰传感器和接触式防碰传感器,潜伏式机器人安装有醒目的信号灯和声音报警装置,以提醒周围的操作人员。对需要前后双向运行或有侧向移动需要的潜伏式机器人,则防碰传感器需要在潜伏式机器人的四面安装。一旦发生故障,潜伏式机器人自动进行声光报警,同时采用无线通信方式通知潜伏式机器人监控系统。

(5)导引装置

通过识别地面二维码或者其他方式,接受导引系统的方向信息,通过"导引+地标传感器"来实现潜伏式机器人的前进、后退、进站、出站等动作。机器人小车上装有两个摄像头:一个正面朝上,位于螺旋升降机构的中心;另一个正面朝下,位于小车的底部。向上的摄像头用来读取可移动式货架底部的条形码,识别货架的信息;向下的摄像头用来读取路面上的条形码,识别地理位置信息。通过整合其他导航传感器获得的信息并分析,来确定小车的导航方向。

(6)通信装置

实现潜伏式机器人与地面控制站及地面监控设备之间的信息交换。

(7)信息传输与处理装置

对潜伏式机器人进行监控,监控潜伏式机器人所处的地面状态,并与地面控制站实时进行信息传递。

(8)举升装置

潜伏式机器人上装有螺旋升降机构。当潜伏式机器人到达货架底部,通过螺旋装置可以将货架举起,离开地面大约2英寸,也就是5厘米左右。为了保证货架不随着升降机构的旋转而旋转,通过潜伏式机器人下面的轮子使潜伏式机器人进行反方向旋转来保证货架的平滑无旋转举升。潜伏式机器人系统的潜伏式机器人是与移动式货架相互配合使用的。当潜伏式机器人需要运输货架时,潜伏式机器人到达货架的底部,通过潜伏式机器人的升降设备将货架顶起,离开地面,进而携带货架行驶。这样既节省了空间,也提供了更多的路径供潜伏式机器人运行。

典型的潜伏式机器人系统架构如图 5-2-2 所示。

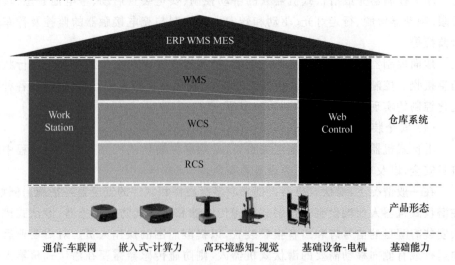

图 5-2-2 潜伏式机器人系统架构(示例)

5.3 箱式仓储机器人

随着国内一大批潜伏式机器人公司的出现,仓储机器人行业又出现了一种新的解决思路——"货箱到人"。即:不移动货架,直接挑选货箱进行拣选。这种机器人,业界称它为"箱式仓储机器人"。在仓储机器人领域,随着行业整体自动化水平的不断上升,客户对机器人又有了新的要求。在智能搬运、拣选、分拣等仓储物流的关键环节,满足多重需求的"货箱到人"的箱式仓储机器人脱颖而出。由于箱式仓储机器人是拣选搬运货箱而不是货架,所以可以把货架之间的巷道设置得更窄,存储密度更高,更节省空间,进而节省仓储租金;其"货箱到人"的特点,更适用于大部分已建仓储的情况,改造难度更低,柔性和兼容性更好。

箱式仓储机器人涉及的技术可以分为两大类:其一是机器人本体技术;其二是软件管理平台技术。机器人本体技术用以实现控制、导航、定位等功能,软件管理平台用于完成机器人任务分配、机器人调度、与客户业务对接等需求。软件管理平台是箱式仓储机器人系统的智慧大脑,其中包括 WMS(智能仓储管理系统)、ESS(设备调度管理系统)、RCS(机器人控制系统)。WMS 系统的功能是采集、处理数据并以此优化业务,通过与外部管理系统对接,处理相关业务需求,进行数据分析及可视化管理,可实现业务数据管理、库内作业管理、定制化库位管理、库内设备健康监控及智能报表管理。ESS 系统的功能是对多设备操作系统做统一调度管理,智能分配订单和任务,保证多台机器人及各类物流设备的实时调度。RCS 系统是面向机器人的控制系统,通过对机器人进行路径规划、交通管理和充电休息管理,确保任务准确高效地执行。

箱式仓储机器人的主要特点如下。

(1) **货架到货箱的颗粒度升级**

箱式仓储机器人作业的对象是比货架更小的单元料箱,所以更符合 SKU 更多元化、物流作业更精细化的发展趋势,近几年在电商物流和门店配送、生产制造、云仓等很多场景都得到了应用。从仓储机器人到箱式仓储机器人,产品颗粒度更细,操作单元更小,对于客户来说,方案柔性化程度更高,其能产生的价值更高。

从作业流程上来看,潜伏式机器人只需要在货架下方运行,进行顶升作业即可,但是箱式仓储机器人则需要运行到指定位置之后,通过上层装置进行货箱取放,其中包括货架位置识别、货箱位置识别、货箱称重等一系列操作。机器人采用自校准及视觉伺服等新技术可以做到角度的识别误差小于 $0.5°$。对货箱间距的要求就会更低,从而进一步提升存储密度。

针对很多客户在出入库乃至整个流通环节都是使用纸箱而并非料箱的情况,

箱式仓储机器人在做纸箱拣选时候,将采用3D视觉反馈技术,以及高精度的误差反馈,可以极大地控制由于纸箱变形对箱间距的影响,保证箱式仓储机器人稳定运行的同时提高了存储密度。更加精细化的颗粒度升级,不但提高了存储密度,还在柔性化程度方面给整个仓储作业流程带来了新的变革。

(2) 更高的拣货效率

潜伏式机器人需要人直接在货架上拣选,人需要蹲下拣选最底层的货物或者爬梯子拣选高层的货物,拣选难度较高,且每次需要等待潜伏式机器人,无法进行连续作业,单个操作台的拣选效率一般为 200~300 件/小时。箱式仓储机器人可以与输送线进行对接,其拣货作业高度为 600~750 毫米,符合人体工程学作业标准,拣选速度较快,输送料箱快速交换,减少人员等到时间,可连续作业,所以拣选效率可达 400~600 件/小时,是潜伏式机器人的 2 倍。

(3) 更高的存储密度

潜伏式机器人的货架最大高度约 2.6 米,存储库位需预留拣选口,且存在货箱掉落风险。高度一旦到达 6~9 层,作业人员则需爬梯存放货,实际使用中存储利用率低,总存储利用率不高于 50%。箱式仓储机器人的货架堆存高度一般可达到 5 米,且所有存储空间都是最优拣选面,料箱的利用率可高达 100%。所以在同等面积的仓库中,箱式仓储机器人的存储密度可以达到潜伏式机器人的 2~3 倍。

(4) 更高的补货效率

潜伏式机器人只能补货到货架,人需要将货品一件一件放入到货格中,单次搬运补货命中率仅为 1~2 行/趟,实际运行的仓库补货效率为 500~800 pcs/小时/人。箱式仓储机器人支持整箱入库和补货,可人工直接上架或由输送线对接,上架效率达 200 箱/小时/人,4 000 pcs/人/小时。箱式仓储机器人补货作业效率是潜伏式机器人的 5~8 倍。

目前来看,箱式仓储机器人主要有三大技术发展方向:

(1) 在路径导航方面,箱式仓储机器人从传统的二维码导航,发展到视觉SLAM 导航再到激光 SLAM 导航,技术日趋成熟,能够有效获取外界货物、环境信息,自动避障,适应更复杂多变的仓库作业环境。

(2) 借助视觉 AI 技术,机器人可以准确识别目标料箱位置与高度,在无码的情况下实现料箱精准取放,此外也能够灵活对接多种仓储物流设备,包含辊筒、货架、潜伏式机器人、人工工作站等作业平台,功用更加广泛。

(3) 最初的箱式仓储机器人只有一个料箱位,拣选效率较低,但此后各家企业都已研制出配置多个料箱缓存位的机器人,一次可收集多个目标料箱,以更少的机器人实现更高频的拣选搬运,大大提升了工作效率和存储密度。未来在举升高度、单次搬运数量、货位深度等方向都存在较大提升和改进空间。

5.4 视觉拆垛及混合码垛系统

随着医药行业的高速发展,整箱拣选的业务也随之增长。如果依旧使用传统人工整箱拆垛方式,就会跟不上时代的发展速度,还会有许多问题出现。人工分拣存在差错率高、人工成本高、分拣效率低等缺点。由于分拣作业劳动强度大、动作单一、工作压力大,人工分拣的效率受到分拣人员熟练程度和作业状态的影响。分拣作业不仅耗费了大量的时间,而且企业还需要为此投入大量的人力、物力和财力,医药物流配送中心整箱分拣的工人劳动强度大、动作单一重复、工作环境恶劣,而且单调、重复、高强度的工作也会导致工人分拣工作的出错率大大增加,随着人口老龄化的加剧,此类岗位的用工将成为值得关注的事情。基于视觉系统的机器人拆垛和混合码垛系统的出现,能较好地解决此类问题。视觉拆垛系统通过三维机器视觉设备实现扫描定位,计算出抓取目标并引导机器人以准确的姿态抓取物料,根据包装尺寸可以计算出正确的放置位。

视觉拆垛系统主要包括3D视觉系统和拆垛工作站。

3D视觉系统需要具备出众的识别能力,可精准识别复杂各异、任意堆放的工件。视觉系统需要根据不同场景的视野和精度要求来匹配对应相机,识别各种类型的箱体、毛胚件、精加工件、涂漆件、铸造件等多种物品。通过视觉算法,可处理各种材质、颜色、形状的物体,降低反光、紧密排布、堆叠遮挡等因素对识别的影响,实现高精度识别。智能识别算法需要具备处理箱体表面带有扎带、胶带、塑料膜、彩色图案等情况。线扫3D相机采用线激光成像,通过快速扫描,精准识别海量SKU,引导机械臂完成准确抓放动作,广泛适用于自动化的出入库拆码垛环节、工业制造领域上下料及装配等应用场景。相机体积小,安装简易灵活,可安装在桁架上,也可安装在机械臂上。现有的图像识别算法和相机结合,可以达到亚毫米级别的精度,突破3D视觉难点,对于结构复杂的异形工件、金属制品等物体具有很好的识别效果,最终可以高效输出高帧率、高精度的点云数据。面阵3D相机采用面结构光成像,可采集丰富的点云数据,大视野,大景深,速度快,适用于对精度要求较高的应用场景,包括仓储物流行业拆码垛、拆零拣选、工业上下料等。3D相机具备大景深,支持200~3 800毫米工作距离下的识别检测任务。

拆垛工作站需要在机械臂上安装相机,在拆料箱时可精准识别箱型缝隙,实现无缝隙拆码,可有效识别纯色、复杂纹理、有扎带、紧密摆放等特殊箱型和垛型。根据订单信息,将托盘上的纸箱逐一拆至输送线上。视觉系统识别纸箱空间位置,并传输抓取点位给工业机器人。在已知箱型尺寸的基础上,识别准确率为100%。取放位如果呈90°角,拆垛效率可达600~900箱/小时。

在电商物流中心或者医药物流中心进行拆垛作业时，经常会遇到有些垛形已经不完整，且不同垛的包装尺寸也不一样。垛形不完整，上层有可能只有一两箱包裹且不是规则摆放的情况。包装箱也有不同尺寸。通过 3D 传感器采集三维图像信息，利用 3D 智能软件可以兼容各种尺寸的包装，也可以兼容不完全规则的垛形。通过优化算法引导工业机械人进行拆垛作业。

码垛机器人是历经人工码垛、码垛机码垛两个阶段后出现的自动化码垛作业智能化设备。码垛机器人的出现，不仅可改善工作环境，而且可以减轻劳动强度，保证人身安全，减少辅助设备使用，提高劳动生产率。码垛机器人可加快码垛效率，提升物流速度，获得整齐统一的物垛，减少物料破损与浪费。因此，码垛机器人将逐步取代传统劳动力以实现生产制造"新自动化、新无人化"，码垛行业也将因码垛机器人的出现而步入"新起点"。

混合码垛工作站是将不同尺寸、重量的纸箱码成一个垛型，常常有"重不压轻、垛型稳定"的要求，是医药物流中心或者连锁超市等向下游发货的典型应用场景。难点在于前端来箱顺序不可控，箱型非常多。混合码垛工作站可在线计算码垛托盘摆放的垛型，实现稳定堆放。通过在线计算码垛垛型，在线测量物体三维尺寸，上游只需将来料分为大箱类和小箱类，即可实现高装载、稳定的垛型。当 SKU 最长和最短的第一长边、最长和最短的第二长边各自皆相差一半以内时，最高可做到 1.5 米的混码垛型。采用在线算法模型，无须控制来箱顺序，即可实时计算垛型，实现高难度的在线混码。也可根据输入的箱型尺寸，自动生成垛型，混合码垛效率可达 450 箱/小时。

5.5 轨道穿梭车系统

目前市面上常见的输送系统按照输送方向不同主要有两类产品：负责水平方向的链式输送机、辊式输送机、平面移载机、穿梭车等；负责垂直方向的顶升移栽机、提升机等。上述设备相互配合使用，共同完成物料输送工作。传统输送模式虽然管理简单，易于实施，但缺乏灵活性，一旦建设完毕就难以更改。若某段输送机发生故障，可能引发严重的货物拥堵。当立体库规模较大、站台较多时，输送线路繁杂，建设难度增大且成本较高。

为了改善上述问题并符合柔性化设计原则，一种能替代传统输送机的新型输送系统应运而生，并在近些年实现了快速发展，该系统就是轨道穿梭车系统（rail guided vehicle system，RGVS）。相比传统输送设备，该系统作业灵活性大大提高，具有较强的鲁棒性。RGVS 可以通过改变小车数量来满足多变的订单规模，若一辆小车发生故障，可以通过将该小车搬出作业系统保证其他车辆的正常运行。

当立体库规模较大时,通过铺设更长的轨道和增加更多的小车数量就可以满足实际需求,大大地降低建设成本。综上所述,轨道穿梭车系统是实现中远距离运输、中等流量、低成本的解决方案之一。该系统秉承柔性搬运原则,广受业界青睐,目前广泛应用于日用百货、医药、烟草等多行业的生产流通仓储中,具有很大的发展前景。

轨道穿梭车按照轨道类型不同可分为直轨穿梭车和环轨穿梭车。直轨穿梭车对于车辆数有严格控制,随着车辆的增加,控制和调度难度将呈指数级增长,在实际应用场景中比较常见的是一条轨道一台或两台车。而环轨穿梭车则是在闭环轨道上运行的,车辆数一般要多于前者,且行驶方向被限制为单向。

(1) 直轨穿梭车研究现状

一轨双车模式的技术难点在于车辆间的避碰控制以及采取什么样的方法可以在减少相互间的干涉,在确保安全的情况下最大化搬运效率。在小车控制方面,李斌和吴双[1]提出了穿梭车在运行时要做到"加速启动-快速行走-减速停车"的平稳过程,为此在硬件上采用了F7系列变频器控制水平电机且采用了先进条码定位技术,将穿梭车的停准精度控制在±3毫米的范围内。在算法上采用优先级规则,根据不同的作业内容设定穿梭车工作优先级,保证了在安全避让的同时较为高效地完成工作任务。

在双车避让策略方面,陈华[2]为了降低小车之间的运动干涉,将直线轨道划分为没有交集的两个区域且在任务不能跨区域运送的前提下尽量维持两个区域的运送作业量一致,并将两个区域内的运送任务分别分配给两辆穿梭车。然后通过建立混合整数线性规划数学模型来最小化物料的出库时间。最后采用混合遗传算法来求解该问题。值得一提的是,为了减少穿梭车搬运的距离,采用贪婪策略规定了出库货物在满足既定区域的情况下匹配最近的I/O站台为搬运终点。实验显示该模型和算法求解结果能够有效提高穿梭车搬运效率。王晓宁[3]以河北某烟草物流中心为例,提出了优先级避让、直接避让、轮流避让、最短距离避让四种避让策略,分析了各自的步骤与特点,并结合实际场景与AutoMod物流仿真软件进行仿真建模。通过比较各种避让策略的在不同作业压力下的系统效率,最终得出在不同作业压力下的避让策略排名。张桂琴、张仰森[4]为减少2-RGV因避让问题而影响系统搬运效率,提出了基于时间窗的避让规则,引入了保留时间窗与自由时间窗对小车单位时间段的行驶路径进行控制,通过验证时间可行性和空间可行性来发现潜在的碰撞并及时避免。采用该方式能有效地防止潜在碰撞,但同时也容易出现RGV因避让而停车等待的现象。同样是针对双车避碰问题,Liu Y,Li S,Li J等人[5]提出了路径分区模式和路径整合模式这两种运送策略,并通过仿真实验验证了两种策略能在有效避免双车碰撞的前提下提高搬运效率,同时对比了两种策略的优劣。

在智能算法调度方面,陈华[6]为避免堆垛机拣货顺序不合理而影响RGV运送效率,将堆垛机调度和RGV调度相结合,建立数学模型,采用禁忌搜索算法迭代寻优,目标为最小化系统出库时间。最终通过实际场景建模并验证了算法的可行性,在有效地避免碰撞的情况下得出了质量较好的解。

国内外学者在直轨穿梭车的研究中,更多地关注2-RGV的避碰问题,只有在避免了相向冲突和同向追尾情况下,才有可能去考虑提高系统效率的问题。在智能调度算法方面,直轨穿梭车模型是一个典型的NP-hard问题,多采用具有全局模糊搜索功能的启发式算法迭代求解,在多次迭代后找出目标解空间的最优或次优解。上述文献在求解实际问题时较少地考虑了模型本身的参数对结果的影响。例如,I/O口的位置与数量以及相应的缓存空间对穿梭车运送时间的影响;针对任务没有进行合理划分优先级,不同优先级的任务采用不同的运送规则。而对于物流企业来说,这些不确定因素往往是他们日常作业中较为关注的。

(2) 环轨穿梭车研究现状

环轨穿梭车系统的特点是闭环、多车、灵活。其技术难度在于前后车的距离控制,针对不同场景不同作业规模的车辆数选择以及通过合理的车辆调度算法平衡多车空驶距离和停车时间来达到系统最优。

在多车控制方面,姜华[7]以烟草物流中心环轨穿梭车为例,从系统通信、网络架构、行走位置控制等方面介绍了多车的控制技术。姜华重点阐述了条码检测器的精确测距以及车辆差速行走策略:根据前后车的距离调整行车速度。距离区间可划分为禁行区域、低速区域、中速区域与高速区域。根据不同的距离区间划分不同的速度策略,可以防止多车在行驶过程中刹车不及时而造成的追尾,同时提高了系统运行效率。

在车辆数选择方面,方泳、袁召云[8]为了准确评估车辆数对环形穿梭车系统运行效率的影响,通过AutoMod物流仿真软件模拟实际作业场景,同时采用三分法和等比极限法测试系统最大处理能力,得出不同车辆数下的系统运行效率,定量分析出随着小车数量的增加,系统处理能力呈现"先增大,后波动,再减小"的趋势。杨少华[9]将环轨小车"车接货物"行为等效为"货物排队等车"的单服务台、等待制排队论模型(/M/1/∞/∞/FCFS),并结合实际场景下的系统参数计算最优小车数量,最后通过验证系统服务强度得出当前小车数量满足系统要求。向旺[10]将环轨小车模型等效为顾客到达时间满足泊松分布的多服务台、等待制排队论模型(M/M/n),通过模型求解符合系统要求的最优小车数量。

在多车调度算法方面,林佳良[11]聚焦于环轨小车的行走距离、安全距离、加减速等运动学参数,建立对应的数学和物理模型。为了提高系统运行效率,林佳良提出了随机调度规则、顺序调度规则及改进顺序调度规则,并通过仿真实验设计,数值模拟、结果分析来验证算法的优劣,取得了良好的效果。向旺[12]通过分析环轨穿梭车作业特点,重点考虑多车启停、复合作业(单车一圈完成超过一次完整搬运任务)比例对系统运行效率的影响,并构建相应数学模型,采用了单亲遗传算法进行全局寻优求解。通过算法前后结果对比,向旺得出了复合作业比例越高则系统效率越高的结论。同样是聚焦于环轨穿梭车启停与复合作业比例方面的还有顾红[13]等人,他们以某烟草物流中心为例,采用遗传算法求解,为了优化算法运行速度,提高计算精度,引用了自学习原理,通过不断学习专家库妥协解来不断完善、强化算法精度。江唯[14]通过充分研究环轨穿梭车模型,认为影响系统效率的关键在于小车的搬运距离与停车次数,若能够在减少小车搬运距离的同时降低因为多车干涉而发生的停车等待次数,便能够大大提高系统效率。为此江唯构建相应数学模型,并采用遗传算法迭代求解。为了加速算法的收敛,江唯提出了三个小车运行规则来限制遗传算法初始种群的随机性,并取得了良好的效果。刘君嵩[15]为了降低环形穿梭车系统搬运时间,采用了粒子群优化算法。通过对任务组的任务分配,刘君嵩得出了每辆小车的具体任务序列和立体库端的任务出库序列,并通过实验对比验证了方案的可行性。意大利学者M.Dotoli和M.P.Fanti[16,17]在研究环形输送系统效率时充分考虑了自动化立体仓库本身作业效率的影响。为了缓解死锁与冲突现象的发生,构建标准化模型并采用了六种调度策略来对RGV和堆垛机的利用率进行权衡和对比,最终选出最优策略。S. G. Lee,R. de Souzs和E.K. Ong[18]充分考虑了 AS/RS 系统中堆垛机、输送线(单向线和双向线)、环轨小车的运作模式,采用先到先服务(FCFS)和分区策略,在降低死锁率的条件下探索环轨小车的最优数量以及根据输送线的不同作用确定其合适的数量,最终通过验证并取得了良好的效果。

国内外学者针对环轨穿梭车系统的研究多集中在通过任务的合理调配来达到提高系统搬运效率的目的。其中,影响环轨小车搬运的主要因素有复合作业率的比例和搬运距离与停车等待时间的平衡关系。为此,大多采用改进的启发式算法求解问题,取得了良好效果。但目前国内外的相关研究缺少针对下列问题的研究:

(1)系统参数对搬运效率的影响,如输送线缓存位的大小、输送线的位置与数量等。

(2)缺少对任务优先级方面的研究,较少关注不同任务优先级下的任务具体分配情况,不太符合实际作业场景。

(3)针对缓存位的货物都默认为"货等车"的理想情况,即较少地考虑货物到达时间对系统搬运效率的影响。而这些因素恰恰能够衡量系统的鲁棒性,是我们需要细细考虑的地方。

第 6 章
"货到人"系统典型问题

6.1 医药物流"货到人"系统需求特性分析

6.1.1 "货到人"拣选系统的分类

目前,市场上主流的"货到人"拣选系统主要分为六种:Miniload 系统、穿梭车系统、类 Kiva 机器人系统(搬运机器人系统)、Autostore 系统、旋转货架系统和箱式仓储机器人系统[19]。

(1) Miniload 系统

Miniload 系统,顾名思义是轻负载堆垛机系统。在传统的 AS/RS 系统中,堆垛机存取的对象是托盘,而在 Miniload 系统中,料箱堆垛机存取的对象是料箱。正是因为这种原因,在传统 AS/RS 系统中,堆垛机的行走速度只能达到 120~160 米/分钟,而在 Miniload 系统中,堆垛机的行走速度可以达到 320 米/分钟,可以实现较高的出入库效率,其复合出入库效率可以达到 100 箱/小时/巷道。该系统在 20 世纪八九十年代被推出,目前该技术已经相对成熟。

(2) 穿梭车系统

穿梭车"货到人"系统中的穿梭车根据工作方式可以分为三种:多层穿梭车、四向穿梭车和子母穿梭车。穿梭车系统具有出入库效率高,作业灵活等优势。多层穿梭车系统的拣货效率是传统作业方式效率的 5~8 倍,可以达到 600~800 次/小时以上,是拆零拣选作业的首选解决方案之一[19],目前已广泛应用于电商等拆零拣选需求量大的行业,但是穿梭车系统存在前期投资较大等问题。

(3) 类 Kiva 机器人系统(搬运机器人系统)

2012 年,亚马逊高价收购了 Kiva Systems 公司的机器人项目,该机器人系由于其高效、易扩展、灵活性强、安装简便等优点,在业界掀起了热潮。自此之后,研究 Kiva 系统的文章层出不穷,许多公司抓住机遇研制出了类 Kiva 机器人系统。在类 Kiva 机器人系统中,机器人搬运货架,以某种导航方式(二维码导航、惯性导航等)将货架搬运至拣选站进行人工拣选,并因其拣选高效、安装简便等优点,在电商与医药等拆零拣选需求大的行业备受青睐。

(4) Autostore 系统

Autostore 是一种通过堆叠料箱来进行料箱存储的系统。由于不同料箱的出库频率不同,在系统运行一段时间后,出库频率高的料箱自然会被放在最上层,从而达到智能存储的目的。该系统显著的优点是空间利用率高,其有效利用了货架上部的空间,使高密度存储成为可能。由于 Autostore 系统对于料箱有特殊的要求,而且系统安装精度要求高,项目实施周期长,在我国医药行业 Autostore 系统暂时没有很好的应用案例。

(5) 旋转货架系统

旋转货架系统也是一种成熟的"货到人"拣选系统,货架可以双向旋转也可以单向旋转。旋转货架存储密度高,拣选效率也比较高,平均每个拣选台需要配置 4 个旋转货架构成一组拣选系统,平均每小时可以拣选 500~600 订单行。前期投资成本较高,目前仅仅在苏宁等项目上有一定的应用。

(6) 箱式仓储机器人系统

箱式仓储机器人的"货到人"拣选系统是近两年出现的一种新型的箱式拣选系统,包括如下几种模式。

模式一:人机直拣工作站方式。人机直拣工作站内,操作员直接在机器的背篓上做拣选,只需要配一台工作站和扫描枪就可以完成拣选。

模式二:输送线工作站方式。通过机器人跟输送线对接,机器人把背篓上的料箱放到输送线上,输送线再把料箱送至人的面前,人直接在料箱里拣选,极大地提高了操作员的拣选舒适度且保障了作业的安全性。

模式三:缓存货架工作站方式。机器人把料箱放在缓存货架上,人在货架上做拣选,机器人即放即走,提高了运行效率。

模式四:自动装箱机工作站方式。为了让人机协同发挥到最佳,厂家发明了自动装卸机,再次颠覆了"货到人"的交互方式,结合箱式仓储机器人高效多货箱搬运特性,实现多货箱即装即卸,大幅提升了出入库效率。自动装卸机专门针对箱式仓储机器人设计,进一步革新"货到人"的交互方式,丰富了工作站种类,提升了仓库作业效率。自动装卸机可直接与箱式仓储机器人对接,一次性完成多货箱的快速装卸(将输送线上的多个料箱同时装载到机器人上,或从机器人上同时卸下多个料箱)仅需 3~5 秒即可实现 6~8 个货箱的装卸;较输送线工作站,机器人装卸货速度提升16倍。自动装卸机支持对接人工或机械臂,打造快速高效的货箱搬运、存储及分拣流程,适应于多种业务场景。此方式可大幅提升整体效率,显著降低自动化改造成本,真正实现降本增效。机器人不需要把料箱一箱一箱地放到输送线上,极大地发挥了机器人的效率,机器人不需要再等待,人在输送线上做进行拣选,该方案同时提高了人工和机器人的工作效率,可以做到每小时600箱的拣选效率。

6.1.2 典型"货到人"拣选系统的工作流程——搬运机器人模式

本节只对搬运机器人系统的"货到人"拣选系统的工作流程进行介绍。搬运机器人系统的"货到人"拣选系统由可搬运料箱货架、搬运机器人、拣选台组成。其中可搬运料箱货架分若干层,同时存放多个品种的料箱。工作流程可以分解为出库、拣选和回库。拣选任务下达后,搬运机器人将拣选台所需的待拣货架从其货位取出,运送至对应的拣选台,如果拣选台当前有执行的任务,则搬运机器人需要在待拣区排队等待;待拣货架送至相应的拣选台,拣选人员按照拣选台指示将相应数量的货物从待拣货架中取出放至订单箱内。该待拣货架在拣选台完成拣选后,系统需要判断是否还有其他拣选台需要该货架,如果有,则经由搬运机器人搬送到相应拣选台进行作业,如果没有,则经由搬运机器人送回到指定货位存储。拣选人员完成整张订单的拣选作业后,订单箱由输送辊道送至复核打包区,确认无误后订单完成。

基于搬运机器人系统的"货到人"拣选系统大致包括五个区域。

(1) 充电站:机器人充电或者没有分拣任务时的停靠区域。

(2) 存储区:存放货架的区域。

(3) 工作站:拣货、补货作业区域。

(4) 机房:控制机器人运行的服务器和处理器的存放区域。

(5) 双层输送线:连接机器人拆零拣选区域和物流中心其他区域的动线,一般上层为补货线,下层为出货线。

典型的搬运机器人"货到人"拣选系统控制系统结构如图6-1-1所示,"货到人"拣选系统控制系统从结构上可以分为3个层次。上层是业务层,用于和其他系统(如仓储管理系统、订单管理系统)的对接,同时包括与业务密切相关的一些模块:订单分批、订单指派、储位策略、充电管理、系统检测等。中层是上下层之间的一个桥梁,相当于一个交通管理模块,主要用于接收上层的任务,然后下发给机器人实体,并协调多机器人进行无碰撞作业。下层是执行层,指的是机器人本体,通过无线通信接口与中央控制器交互信息。机器人本体集成了运动控制、定位模块、执行机构(包括举升货架等)、电池管理、紧急避障等模块。

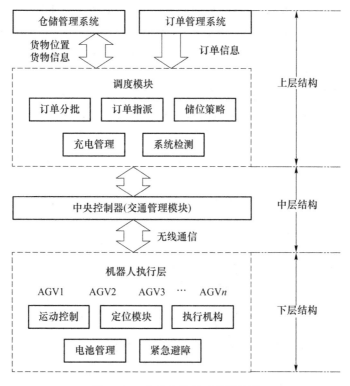

图 6-1-1 货到人控制系统结构图

搬运机器人"货到人"拣选系统具备如下特点：

（1）拣选效率高。特别是基于搬运机器人系统的"货到人"拣选系统，其拣选效率最高可以达到传统作业的3~5倍。

（2）拣选差错率低。由于拣选人员只需要按照拣选台上指示灯和数字的提示进行操作，大大地降低了拣选差错率。

（3）工人劳动强度低。工人只需要在拣选台上完成拣选操作，不需要长时间远距离地行走，劳动强度显著降低了。

（4）灵活性强。拣选过程有人工参与，可以灵活机动地解决一些全自动化拣选无法解决的问题，拣选过程智能程度比较高。

（5）建设成本低。相比于自动化拣选系统，"货到人"拣选系统的设备投资明显较低。如果使用搬运机器人系统"货到人"系统，交付时间也会大大缩短，基本上一周时间就可以完成安装。

6.1.3 典型"货到人"拣选系统的工作流程——多层穿梭车模式

本节只对基于多层穿梭车的"货到人"拣选系统的工作流程进行介绍。如

图 6-1-2 所示,基于多层穿梭车的"货到人"拣选系统由多穿立体货架、多层穿梭车、料箱存取提升机、输送辊道、拣选台组成,其工作流程可以分解为出库、拣选和回库。基于多层穿梭车的"货到人"拣选系统的作业流程如图 6-1-3 所示。在拣选任务下达后,多层穿梭车将拣选台所需的原料箱从其货位取出,并将其放置在出库端口,之后料箱存取提升机和输送辊道等设备相互配合将其运输至相应的拣选台,拣选人员按照拣选台指示将相应数量的货物从原料箱中取出放至订单箱内。原料箱在拣选台拣选完成之后,需要判断是否还有其他拣选台需要该料箱,如果有,则经由输送辊道运输到相应拣选台进行作业,如果没有,则经由输送辊道运输到入库口,经由料箱存取提升机和多层穿梭车配合运输到指定货位存储。拣选人员完成整张订单的拣选作业后,订单箱由输送辊道送至复核打包区,确认无误后订单完成。

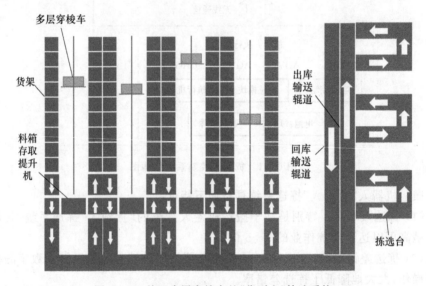

图 6-1-2 基于多层穿梭车的"货到人"拣选系统

多层穿梭车的"货到人"拣选系统具备如下特点:

(1) 拣选效率高。基于多层穿梭车的"货到人"拣选系统,拣选效率最高可以达到传统作业的 8～10 倍,达到 300 订单行/小时以上的拣选能力。

(2) 拣选差错率低。由于拣选人员只需要按照"货到人"拣选台上指示灯和数字的提示进行操作,大大地降低了拣选差错率。部分"货到人"拣选台还具有称重复核功能,能进一步降低拣选差错率。

(3) 工人劳动强度低。工人只需要在"货到人"拣选台上完成简单的拣选操作,不需要长时间远距离地行走,劳动强度显著降低了。

(4) 灵活性强。拣选过程有人工参与,可以灵活机动地解决一些全自动化拣选无法解决的问题,拣选过程智能程度比较高。

（5）建设成本高，建设周期长。相比于自动化拣选系统，"货到人"拣选系统的设备投资成本高。由于对设备安装精度有明确的要求，设备安装周期长。整个"货到人"拣选系统的作业效率和调度算法的优劣有直接关系，导致系统的调试周期相对也偏长。

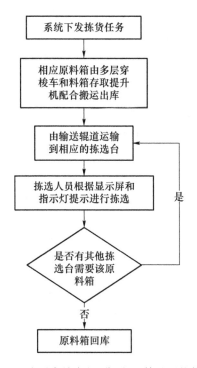

图 6-1-3　基于多层穿梭车的"货到人"拣选系统拣选流程图

6.1.4　医药物流中"货到人"系统典型问题

如何在有限的拣选作业时间内，完成大量拆零订单的拣选作业成为医药流通行业面临的重大难题。目前的订单拣选系统主要分为三类："人到货"拣选系统、"货到人"拣选系统和全自动化拣选系统。

"人到货"拣选系统是指拣选人员行走至货物所在货格进行拣选作业，是早期一种应用比较广泛的拣选系统。由于工作方式的限制，"人到货"拣选系统的拣选效率较低，工人劳动强度较大，无法满足现在医药流通行业的需求。大量的优化问题都集中在如何进行拣货路径优化等方面。

全自动化拣选系统是指应用自动化分拣设备进行分拣的系统，如在烟草行业应用比较广泛的 A 字架系统。这类拣选系统的优势主要表现在拣选效率高，并且拣选过程没有人工干预，所以分拣差错率低。但是由于设备本身和成本的制约，全自动化拣选系统比较适合货物尺寸较小、形状规则并且SKU种类不多的场景,在烟草等场景有较强的适用性。而医药流通行业的SKU往往高达1万余种,从投资回报率的角度,自动化拣选系统显然不适用于医药物流中心。

"货到人"拣选系统是指拣选员不用走动,装载货物的料箱通过自动化设备从料箱存取仓库拣选出来并送至拣货人员面前,拣货人员根据电子标签或灯光提示进行拣选的拣选系统[20]。"货到人"拣选系统由于拣选效率高和适用性强,在拣货系统中尤为突出。在一般情况下,"货到人"拣选系统的拣选效率是普通电子标签拣选的3~5倍,是RF拣选的10倍以上[21],尤其适用于拆零拣选。在众多的"货到人"拣选系统中,多层穿梭车系统由于其高效的出入库频率,快速的订单处理能力(其处理能力是传统作业的10倍以上[22]),尤其适用于医药行业的拆零拣选。因此现在许多新建的物流中心将"货到人"拣选系统作为解决医药拆零困境的重要手段之一。

但是,"货到人"拣选系统也存在缺点。现行的基于多层穿梭车的"货到人"拣选系统存在一些瓶颈环节。一个典型的问题在于,多层穿梭车库的出入库料箱提升机的效率无法与多层穿梭车每层小车的出入库搬运效率进行匹配,导致多层穿梭车的总体出入库能力有限;另一个典型的问题在于,由于订单分批策略和订单分配策略的不合理,容易导致各个拣选台之间的订单耦合问题,一旦任务料箱被某个拣选台占用,将影响其他拣选台无法进行拣选作业,导致整个系统不能达到最优的拣选效率。相比于其他行业,医药流通行业的订单耦合问题尤为突出,这是由其行业特性所决定的。药品作为一种特殊商品,在流通过程中有专门的规范来对其进行约束,即《药品经营质量管理规范》(GSP)。根据GSP的相关规定,药品出入库需要基于批号先进先出,所以某种药品某批次的尾箱储存在一个料箱中的情况在医药物流中心是很常见的,相比于其他行业同一种商品的不同批次可以同时出库进行拣选作业,医药流通行业的这种特点会使订单在拣选台之间的耦合问题更加严重。

不考虑仓库布局和设备作业能力方面的影响,通过对国内外文献进行研究可以看到,目前国内外关于提升拣选效率的研究主要集中在订单波次划分和订单分配上。

(1) 订单波次划分问题

订单波次划分问题是指将所有订单如何划分为不同的波次,按照划分的波次进行高效率拣选的问题。通过将订货品项相同的订单尽可能分配在同一波次进行拣选,可以提高同一SKU所在料箱的拣选利用率,从而在同样设备作业能力的情况下,提高拣选效率。

订单波次划分问题的国内外研究现状如下。

郭进[23]在自动拣选系统中,为提高订单拣选效率对订单进行分批,以同一批次内订单重复品项数最大和发车总拖期最短为目标,建立多目标调度问题,并采用遗传算法进行求解。经过实例验证得出,该方法可以减少批次内货物分拣次数,提高拣选效率。

张珺[24]研究电子商务背景下的并行分区"人到货"拣选系统,考虑将相似性聚类和分区工作量均衡等因素引入订单合并模型中,以最小化整体工作量和均衡各分区工作量为目标构建订单合并模型,并采用双目标遗传算法求解,结论表明这种方式不仅有利于提高电商订单的拣选效率,还有利于提高员工的工作积极性和公平感。

赵兰[25]在人工拣货系统中,以最小化拣选行走时间与分拣时间之和为优化目标,建立了分批模型,并采用遗传算法求解,以订单分批结果作为遗传个体,经过交叉、变异等遗传操作,最终得到优化过后的分批结果。该文还对提出的分批模型和算法进行了仿真实验验证,并对订单数量和批次容量进行了敏感性分析,证明了算法的鲁棒性。

卢烨彬等人[26]在人工拣选系统中,将引力模型引入到订单波次划分问题的研究中,用不同储位之间的引力衡量订单的相似度,以此为依据进行波次划分,对建立的数学模型采用遗传算法进行求解,并将结果与传统的基于聚类的订单波次划分所得的结果进行对比,发现其拣选效率高于传统方法,证明了其在提高拣选效率方面的有效性。

张彩霞[27]研究了电商背景下"货到人"系统的拣选优化问题,该系统类似于KIVA系统,用AGV小车来搬运相应的货架运送到相应的拣选台。在上述模式下,首先以AGV搬运货架的次数最少为目标对订单进行分批,建立模型并采用节约算法进行求解。在任务尽可能均衡的前提下,以搬运路径最短为目标对分批后的订单进行处理,并采用遗传算法求解。最后,采用仿真实验对其算法的有效性进行了论证,对拣选台前的排队系统的瓶颈环节提出了改善措施,提高了系统的拣选效率。

Hossein AA[28]等人提出一种新颖的方法来解决人工拣选系统中的订单分批问题。该论文聚焦于订单的延迟时间,以最小化延迟时间为目标,求解方法具体分为四个阶段,先采用加权关联规则挖掘方法计算订单截止时间之间的关联,之后对批次划分问题建立0-1整数规划模型,以得出批次内部关联性最大的批次划分结果,再采用遗传算法来确定最近的拣选路径,最后对批次进行排序,以最小化延迟时间。经实验验证,与其他算法相比,该论文提出的新颖的混合算法具有良好的效果,可有效减少订单延迟。

Nicolas等人[29]聚焦于具有垂直提升组件的自动拣选系统中的订单分批问题,以最小化订单完成时间为目标,建立订单分批数学模型。在论文中,对比较简单的情况采用CPLEX进行求解,对于比较复杂的情况,CPLEX无法求出最优解,笔者采用元启发式算法求得满意解,并用来自不同行业的实际公司的数据进行了测试,以证实其模型和算法的有效性与鲁棒性,结果表明该篇论文所提出的算法优于公司原先使用的算法,所以目前该算法在公司有比较好的应用。

Ardjmand 等人[30]对基于播种墙的订单分批问题进行了研究。该论文以拣选员行走路径最短为目标,建立订单分批问题的数学模型,提出了两种不同的算法,即基于列表的模拟退火算法(LBSA)、遗传算法和基于列表的模拟退火算法的混合算法(GA-LBSA),对模型进行求解。为了证明算法的有效性,进行了数值实验将以上提出的算法与标准求解器求解得出的结果进行对比,显示了所提出的算法在一定范围内的有效性。

为了方便对文献的研究情况进行总结,对相关文献进行了整理,如表 6-1-1 所示。

表 6-1-1 订单波次划分相关文献研究情况概述表

作 者	系 统	应用行业	优化目标	算 法
郭进	自动拣选系统	无特定应用行业	同一批次内订单重复品项数最大和发车总拖期最短	遗传算法
张珺	并行分区"人到货"拣选系统	电子商务	最小化整体工作量和均衡各分区工作量	双目标遗传算法
赵兰	人工拣货系统	无特定应用行业	拣选行走时间与分拣时间之和最小	遗传算法
卢烨彬等人	人工拣选系统	无特定应用行业	不同储位之间的引力衡量订单的相似度,订单相似度最大	遗传算法
张彩霞	"货到人"拣选系统	电子商务	在任务尽可能均衡的前提下,搬运路径最短	节约算法、遗传算法
Hossein AA 等人	人工拣选系统	无特定应用行业	最小化延迟时间	加权关联规则挖掘方法、遗传算法
Ardjmand 等人	基于播种墙的人工拣选系统	无特定应用行业	拣选员行走路径最短	基于列表的模拟退火算法(LBSA),遗传算法和基于列表的模拟退火算法的混合算法(GA-LBSA)
Nicolas 等人	具有垂直提升组件的自动拣选系统	无特定应用行业	最小化订单完成时间	CPLEX、元启发式算法

综上所述,目前国内外对订单波次划分问题的相关研究主要有以下几个特点:
- 集中在人工拣选系统和自动化拣选系统,鲜有涉及"货到人"拣选系统;
- 基本无特定应用行业;
- 优化目标不同;
- 多数应用遗传算法进行求解。

目前,订单波次划分问题几乎不涉及"货到人"拣选系统,但在实际应用中,"货到人"拣选系统的订单波次划分问题恰恰是提高拣选效率的重要手段之一。同时,不同行业的订单特点不同,普适型的算法对于特定行业可能并不适用。

(2) 订单分配问题

订单分配问题是指按照一定的任务分配规则,将某一波次的订单拣选任务分配到某个拣选台,不同的订单分配结果将对应不同的拣选完成时间。通过合理地分配订单,可以增加拣选台的订单拣选任务内部的耦合性,同时降低各个拣选台之间的任务耦合问题,减少由于任务分配的不合理导致作业人员不必要的等待时间,从而提高拣选效率。

订单分配问题的国内外研究现状如下。

刘明等人[31]将订单排序问题建模为多属性决策问题,并根据拓展的理想解法(TOPSIS)选择出最合适的订单排序方案,并采用仿真实验进一步验证了该方法的有效性和合理性,以及相比于文中提到的其他算法的优越性。

吴颖颖等人[32]认为货箱出入库频率是限制系统拣选效率的关键因素,所以其以货箱出入库次数最少为目标,定义订单之间的耦合因子,并以此建立数学模型,用改进的 K-Means 聚类算法进行求解,结果表明,相比于将订单按顺序分配到拣选台,以这种方式进行订单分配可以显著减少货箱的出入库次数,从而提高拣选效率。

王旭坪等人[33]在电子商务背景下,以总服务时间最小和分区任务量均衡为目标,对人工并行分区拣选系统进行了研究,建立了双目标订单合并优化模型,并采用双目标遗传算法进行求解。在仿真实验中,在三种不同的订单环境下进行了实验,结果表明并行分区订单合并优化确实可以提高拣选系统的效率,尤其适用于小批量订单的分区拣选。

吴思沛[34]研究了制造业 B2C 模式下的基于多层穿梭车的自动分拣系统设计与订单分配优化,以出入库次数最少为目标,建立数学模型,并利用聚类算法求解该模型。该论文还提出了四种订单聚类分配的策略,分别是固定 K 值和固定分配方法、动态 K 值和固定分配方法、固定 K 值和动态分配方法、动态 K 值和动态分配方法,并通过仿真实验分析了系统参数和聚类分配策略的对应关系。

Claeys 等人[35]对"货到人"拣选系统的订单流动时间进行研究,利用公式求解出了订单流动时间的界限,结果对于料箱到达率的选择具有重大意义,同时,该论文还提出了一种新的料箱到达流程和服务规则,对排队领域的研究做出了一些贡献。

Füßler 等人[36]对逆序拣选系统进行了研究,提出了将 SKU 序列与订单序列进行同步来提高拣选效率的思想,以拣选员行程次数最少为目标建立数学模型,并采用两阶段启发式算法进行求解,并将两阶段启发式算法求得的结果与用标准求解器求得的结果和用现实世界的基于规则的方法求得的结果进行比较,结果显示两阶段启发式算法相较于其他两种算法可以快速准确地找出最佳解决方案。除此之外,该论文还对不同参数对行程次数的影响进行了敏感性分析,最终论述了对于不同的行业特点,不同拣选系统的适用性。

Boysen 等人[37]对"货到人"拣选系统的订单分配问题进行了研究,其对 KIVA 系统中货架到达拣选台的序列和拣选台订单的到达序列进行研究,以减少货架更换的次数为目标,建立了混合整数规划模型,并采用启发式分解方法进行求解,最终得到了优化的货架序列和订单序列,结果表明,优化后的结果可以使系统中 KIVA 机器人的数量减少一半以上。

为了方便对文献的研究情况进行总结,对相关文献进行了整理,如表 6-1-2 所示。

表 6-1-2 订单分配相关文献概述表

作者	系统	应用行业	优化目标	算法
刘明等人	生产系统	制造业	多种指标的综合权重最小	拓展的理想解法(TOPSIS)
吴颖颖等人	"货到人"拣选系统	无特定应用行业	货箱出入库次数最少	K-Means 聚类算法
王旭坪等人	人工并行分区拣选系统	电子商务	总服务时间最小和分区任务量均衡	双目标遗传算法
吴思沛	基于多层穿梭车的自动分拣系统	制造业 B2C 模式	出入库次数最少为目标	聚类算法
Claeys 等人	"货到人"拣选系统	无特定应用行业	订单流动时间	标准求解器
Füßler 等人	逆序拣选系统	无特定应用行业	拣选员行程次数最少	两阶段启发式算法
Boysen 等人	"货到人"拣选系统	无特定应用行业	减少货架更换的次数	启发式分解方法

综上所述，目前国内外对于订单分配问题的相关研究主要有以下特点：
- 研究涵盖人工拣选系统、"货到人"拣选系统和全自动化拣选系统。
- 基本无特定应用行业。
- 优化目标大多数为货箱出库次数最少。
- 多数研究采用聚类算法求解，其他启发式算法也有应用。

目前，订单分配问题基本无特定应用行业，但是普适型的算法对于特定的场景可能并不适用。

结合订单波次划分和订单分配的国内外研究现状可以得出以下结论：
- 首先，订单波次划分问题和订单分配问题在医药行业的相关研究几乎是空白。
- 其次，现有的算法基本无特定应用场景，皆为普适型的算法，虽然相关算法有一定的效果，但是没有把行业特点予以考虑，相关算法在具体行业应用时候，不一定能够达到预期。不同行业有其不同的特点。例如，在医药物流中心，因其特殊的批次批号管理规定，订单耦合问题会比其他行业更突出。在电商等领域适用的算法，在医药物流中心可能就不一定能达到预期。
- 最后，将订单波次划分问题和订单分配问题进行合并考虑，从系统化的角度实现订单处理过程的效率提升的相关研究几乎是空白。

6.2 医药物流中"货到人"系统订单分批聚类模型建模与优化问题

6.2.1 聚类算法模型的划分

聚类是指按照一定的标准，将样本划分为若干个子集，各子集（称为簇）不相交且至少包含一个对象，同时每个对象属于且仅属于一个簇的处理方法。基于不同的学习策略，可以将聚类算法分为原型聚类、层次聚类、密度聚类、网格聚类、谱聚类等聚类方法，如图 6-2-1 所示。

基于密度的聚类算法假设聚类结构能够通过样本分布的紧密程度确定，以数据集在空间分布上的稠密程度为依据进行聚类，即只要一个区域中的样本密度大于某个阈值，就把它划入与之相近的簇中。密度聚类从样本密度的角度考察样本之间的可连接性，并由可连接样本不断扩展，直到获得最终的聚类结果。这类算法可以克服 K-means、BIRCH 等只适用于凸样本集的情况。

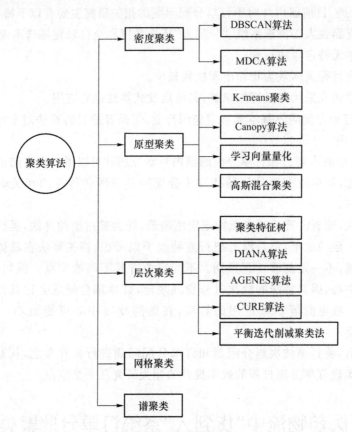

图 6-2-1 聚类算法分类

原型聚类也称基于原型的聚类,原型是指样本空间中具有代表性的点,此类算法假设聚类结构能通过一组原型刻画,在现实聚类中极为常用。一般流程为:先对原型进行初始化,然后对原型进行迭代更新求解。采用不同的原型表示、不同的求解方式,将产生不同的算法。针对原型聚类算法,Canopy 算法中 T1 和 T2 的确定对算法的聚类效果起着决定性作用,适用于机器学习中基于多组数据的训练和交叉验证得出为后续分类数据产生指导性作用的案例中;学习向量量化算法适用于有监督的分类学习模型;高斯混合聚类算法输出每个样本数据属于各类的概率,是一种软聚类算法;相较上述算法,K-means 算法计算简单,迭代收敛速度快,尤其适用于欧式空间中按向量和欧式距离定义的样本聚类。

层次聚类算法通过计算不同类别数据点间的相似度来创建一棵有层次的嵌套聚类树。在聚类树中,不同类别的原始数据点是树的最低层,树的顶层是一个聚类的根节点。创建聚类树有自下而上合并和自上而下分裂两种方法。层次聚类算法不具有再分配能力,即如果某个样本点在初次划分时候已被分到一个簇中,则在后续迭代过程中,该样本点将一直归属初次划分的簇中,这种聚类算法对聚类结果的准确性有较大影响。

网格聚类是一种使用多分辨率的网络数据结构进行聚类的方法。它将对象空间量化为有限数目的单元,这些单元形成了网络结构,所有的聚类操作都在该结构上进行。这种方法的主要优点是处理速度快,其处理的时间独立于数据对象数,而仅依赖于量化空间中每一维的单元数。算法基本思想:将每个属性的可能值分割成许多相邻的区间,创建网格单元的集合。每个对象落入一个网格单元,网格单元对应的属性区间包含该对象的值。

谱聚类(spectral clustering, SC)是一种基于图论的聚类方法——将带权无向图划分为两个或两个以上的最优子图,使子图内部尽量相似,而子图间距离尽量较远,以达到常见的聚类的目的。其中的最优是指最优目标函数不同,可以是割边最小分割,也可以是分割规模差不多且割边最小的分割,谱聚类能够识别任意形状的样本空间且收敛于全局最优解,其基本思想是利用样本数据的相似矩阵(拉普拉斯矩阵)进行特征分解后得到的特征向量进行聚类。

Beam Search(集束搜索)是一种启发式搜索算法,可用于图的解空间比较大的情况,为了减少搜索所占用的空间和时间,在每一步深度扩展时,去掉部分质量较差的节点,保留质量较高的节点,从而减少空间消耗、提高运行时效。

6.2.2　订单分批问题描述

医药拆零订单的拣选经历了从"人到货"拣选作业模式到"货到人"拣选作业模式的演变过程。在传统的"人到货"拣选作业模式中,作业人员的移动行走耗时是影响拣选效率的核心问题。在研究"人到货"拣选作业模式订单分批的相关研究中,以往大量的科学研究均将作业人员的行走总耗时作为目标函数采用不同算法进行提升优化,通过降低拣选作业人员的移动行走距离来提升拣选效率。随着拆零拣选订单量日益上升,传统的"人到货"拣选作业模式可以优化的空间越来越小。针对"货到人"拣选作业模式作为新的设计思路被行业用户所关注,与"人到货"拣选作业模式的核心优化问题相似,后者将作业人员拣选行走的优化问题转变为自动化存取设备的调度任务优化问题。

以"货到人"拣选作业模式中目前主流的多层穿梭车为例。从多层穿梭车"货到人"拣选系统自动化存取设备的作业瓶颈角度出发,单巷道内可以通过配置多台穿梭车满足搬运需求,但是多台穿梭车需要对应一台出库提升机。完成出库任务时,同一巷道内多台穿梭车搬运的料箱将通过输送机动力站台完成与提升机的对接。提升机需经过"接货—送至出库输送线—输送出库—空跑至下一接货任务层—接货"的往复循环作业来完成各任务。由于提升机大多选用同步带传动,而同步带传动存在诸多问题,如带轮外径偏差、带齿形状会对啮合干涉产生影响、同步带有爬齿和跳齿问题等,这些问题都会影响提升机的作业效率。基于上述两部分因素分析不难看出,出库提升机的作业效率是整个多层穿梭车存取系统的瓶颈问题。虽然可以采用双工位的方式来提升出库提升机的作业效率,但是若能通过优秀的订单分批策略降低料箱的总出库次数,将直接对缓解提升机的作业压力产生实质性影响。

借鉴大量基于"人到货"拣选作业模式作业优化的研究,具体到多层穿梭车"货到人"拣选系统中,所谓订单分批将转化成大量的订单根据商品信息、订单类别、存储区域等不同因素通过将其按一定的算法、策略逐个分成多个批次,在满足整体的拣选作业要求的情况下降低对提升机的作业次数需求。对于本章节讨论的研究对象——多层穿梭车"货到人"拣选系统,良好的订单分批方案将同批次料箱的拣选需求尽可能分配在同一个订单拣选批次,可以显著降低整个拣选作业期间料箱出入库的总次数,进而有效降低拣选作业对提升机满足料箱出入库的需求,缓解提升机的作业压力。

本章节讨论的订单分批方案是基于 EIQ 分析的二次分批聚类算法,具体包括如下几个步骤。

步骤一:针对现有订单批次分批策略存在的问题,结合医药订单结构的特点,采用基于 EIQ 分析技术的订单粗分批降维处理策略,以药品仓储管理中的分区原则为指导,在较大程度上确保相似度较高的订单不被拆分的同时,为后续二次细分批算法的运行高效性提供支撑。

步骤二:首先考虑到步骤一采用粗分批降维后的处理数据仍可以保留原始数据的原有特点,为使其能应用于后续二次细分批算法中,对降维后的订单数据采用 One-hot 编码技术提取特征,其次由于医药的日订单数据往往达到几万订单行甚至十几万行,属于高维数据样本,提出结合 EIQ 分析技术的特征选择方式以降低数据维度,在确保后续算法输出精度的同时降低算法运行时长,提升算法性能。

步骤三:基于前两个步骤得到符合后续算法用于训练的数据,由于医药订单数据属于离散型数据,并且显示高维的特性,基于 K-means 算法迭代收敛速度快、适用于欧氏空间数据的解算等特点,选择以传统 K-means 算法作为框架。考虑到初始聚类中心的选取对 K-means 算法的输出结果有直接影响,本章节引入 K-means++初始聚类中心选择策略,同时根据医药订单特点,详细阐述将余弦距离作为相似度评价指标的方案,形成完整的改进 K-means 算法结构,将步骤一、步骤二处理得到的数据用于算法的训练以及验证中。

6.2.3 基于 EIQ 分析的订单粗分批降维处理策略

经过数据清洗等操作后,原始订单数据的一系列存在问题的数据得到处理,进而剩余的订单数据应该为符合后续机器学习的数据样本,理论上即可通过后续特征提取、特征选择等步骤直接进入算法训练阶段。由于目前大型医药物流配送中心拆零拣选订单行的持续攀升,日订单处理量日益庞大,大量的订单数据直接放入机器学习算法,会直接增加算法运行的时长,大幅降低算法性能。在实际系统运作过程中,若按照现有的作业模式采取"先到先服务"的方法进行订单批次切分,以达到减少算法运行时间的方式,可能会出现订单相关度较高的订单被切分到不同批次的情况。从大规模多批次订单连续拣选的实际运作角度出发,现有的按时间顺序进行订单切分,可能导致在源头打散部分订单的批次,直接影响后续订单细分批的优化效果,反而在整体的订单执行上增加了系统运作的压力。

不同于传统电商及其他非药领域的仓储要求,药品的仓储具有明显的特殊性。药品在物流中心存储时,必须严格遵循《药品经营质量管理规范》(GSP)的相关规定,药品仓储管理中关于库内分区会根据"三个一致"原则,即药品性能一致、药品养护措施一致、消防方法一致,同时根据药品服用特性等进行"四分开"(药品与非药品分开,处方药与非处方药分开,内服药与外用药分开,中药饮片、易串味药品与一般药品分开)的管理措施。各医药流通企业对药品实施的分类分区仓储管理措施,相同类别药品所在库位一般相邻较近。本章节正是基于药品仓储环节中的这一特性,在处理大量订单数据时,将同区药品所在订单尽可能分到同一批次中,达到尽可能降低料箱出入库次数,从而在一定程度上达到降低提升机作业压力的目的。

基于上述药品分区存储的特性,从统计学角度考虑,采取基于 EIQ 分析的降维处理策略,在不影响提升机利用率提高的基础上,同时提高后续订单分批处理的运算效率,有效地降低运算时间。其具体步骤如下。

步骤一:根据实际业务的分区原则,针对每个分区生成对应的自然数编号 x,即 $1,2,\cdots,E$。

步骤二:将订单中的各个订单行按照所包含药品对应的分区编号对其进行标注。

步骤三:将各订单涉及的分区编号视作不同品规的 SKU,统计各订单基于各分区编号的频次 IK。

步骤四:针对每个订单,检索其 IK 最大值对应的药品分区编号 x(若存在多个最大值的情况,随机选择其中一个最大值对应的药品分区编号 x),将该编号标记为该订单的对应分类。

步骤五:将给定数量 Q 的订单依次做步骤一~步骤四的分类标记,最后将订单粗分为 E 个类。

6.2.4 基于降维订单的数据预处理方法

经过基于 EIQ 分析的订单粗分批降维处理,充分利用药品在存储过程中的特性,将需要处理的订单分为 $1/E$ 个批次的订单。后续基于改进聚类算法的订单细分批处理过程则只需注意这 $1/E$ 个批次分别进行即可。基于样本数据的实际特点,由于粗分类后的样本将仍保留原始数据的特点,因此无法直接运用到后续的算法中。特征提取与特征选择作为衔接原始数据与机器学习算法间的桥梁,在从原始数据中提取出一组具有实际统计意义的特征的同时,剔除影响算法训练的干扰特征,降低算法运算的"维度灾难",是样本数据放入机器学习算法训练前的必要步骤。

1. 基于 One-hot 的特征编码

One-hot 编码,又称独热编码、一位有效编码。其方法是采用 N 位状态寄存器来对 N 个状态进行编码,每个状态都有独立的寄存器位,并且在任意时候只有一位有效。One-hot 编码是分类变量作为二进制向量的表示。这首先要求将分类值映射到整数值。然后,每个整数值被表示为二进制向量,被标记为 1,除整数的索引外都是零值。具体包含以下几个特点:

(1) 能够处理非连续型数值特征,即离散值。

(2) 将离散特征通过 One-hot 编码映射到欧式空间,有利于后续对于样本间相似度计算的合理性。

(3) 在一定程度上扩充了特征。例如,本书中每个订单包含的货品种类对应其所含订单行个特征,经过 One-hot 编码以后,综合所有订单数据,每个样本获得了所有货品数量对应个数的特征。

基于上述特点分析,One-hot 编码相对适用于处理在文本逻辑层面没有相关性的数据,同时统计得出离散型特征。而在医药流通领域的订单数据中,订单与药品数据之间存在多重对应关系,如下单时间、原始订单号、商品品名、商品规格、商品批号、批次、效期等,由于药品的库存管理中存在严格的管理制度,不同生产批次的同一种药品需分批次进行存储,且需服从先入先出原则进行管理,即生产批次较早的药品需优先出库,所以货品编号是药品的唯一性属性标识,因此在订单与药品的对应关系中,需提取订单编号与货品编号两列信息作为后续数据有效信息继续处理。一个订单可能包含多条订单行,即包含多种药品,并且一个药品会被多个订单订购,因此对于订单数据的特征处理,其对应的属性特征是包括库区内所有货品在内的所有药品种类,One-hot 编码符合本书中数据特征提取的需求,因此选择 One-hot 编码作为本书中特征提取的处理方式,通过提取本次订单内涉及的所有药品作为每个订单的属性。

2. 基于 IK 分析技术的特征选择

特征选择作为数据预处理的重要一环,一定程度上决定着算法性能、效率、泛化能力等算法特性的好坏。在机器学习的实际应用中,数据特征数量往往较多,其中可能存在不相关的特征,特征之间也可能存在相互依赖。特征选择不当容易导致以下情况。

（1）特征个数越多,越容易引起"维度灾难",训练算法所需的时间也就越长,若能从中选出重要的特征,使得后续学习过程仅需在部分特征上进行构建,则维数灾难问题会大为减轻。

（2）过多的特征会增加算法的噪音点,增加算法分析的干扰因素,去除不相关特征往往会降低学习任务的难度,同时也能在一定程度上提高后续算法的泛化能力。

特征选择能剔除不相关（irrelevant）或冗余（redundant）的特征,从而达到减少特征个数、提高算法精确度、减少运行时间的目的,同时,选出真正相关的特征也有利于简化模型。

特征选择的基本流程为:首先根据原始数据集提取所有属性作为特征值,然后通过某种特征自己搜索策略搜索出对应的特征子集,接着根据设定的相关评价指标评估特征子集的好坏,重复上述操作,直至特征子集满足设定标准,最终输出相应的特征子集。

常见的特征选择方法可以大致分为三类:过滤法（filter）、包裹法（wrapper）、嵌入法（embedding）。

（1）过滤法是先对数据集进行特征选择,使用选择出来的特征子集来训练学习器,数据集的特征选择过程与后续的学习器无关。

（2）包裹法是直接把最终将要使用的学习器的性能作为特征子集的评价准则,这是包裹法与过滤法最大的区别;由于包裹法直接将最终要使用的学习器的性能作为评价函数,因此从模型性能的角度出发,包裹法的性能优于过滤法,但是包裹法的时间消耗较大。

（3）嵌入法是将特征选择过程与学习器训练过程融为一体,两者在同一个优化过程中完成,即在学习器训练过程中自动完成了特征选择。

不同于传统的机器学习研究场景,医药流通企业的订单每天都在发生变化,因此每一批次的订单涉及的药品种类及数量不可能完全相同。这就意味着对于算法模型而言,每次数据的特征值都不同,如果对于每一批次的特征进行反馈验证以取得该批次内优秀的特征子集实际意义并不大。因此如何结合医药物流的订单结构特点,划定相关指标的阈值范围,提取优秀的特征子集,是本章节研究的核心内容。

在一个区域性医药物流配送中心里,订单涉及的药品种类可能上万个,这对于算法的训练绝对是"维度灾难",并且在众多特征中,可能存在部分特征值对机器训练造成一定的干扰。例如,部分单品订单的情况,可能会影响之后聚类算法的聚类中心选择问题等。因此,提取重要的特征形成优秀的特征子集,对于后续算法训练非常关键。本小节就本书中的特征选择阶段选取的方式做出详细阐述,主要包括重要特征分析和数据的相关性分析两阶段。

(1) 重要特征分析

根据 EIQ 分析中的 ABC 分类法相关理论,对 A、B、C 类货品的影响因素区分主次,同样地,在本章的订单分批聚类算法中,不同 SKU 作为被抽取的特征对算法进行训练时,其影响因素同样也会有不同的重要程度。一个货品受订频次(IK)越大,其涉及订单范围越广,相较于 IK 较小的货品能反映更多订单原有特点。结合 EIQ 分析可以统计出每类订单内包含的各药品受订频次 IK,通过对于不同 IK 阈值范围内的验证,寻找合适的阈值范围,提取对应特征值。具体策略步骤如下。

步骤一:以待统计订单为基准,进行药品受订 IK 分析,并对其进行降序排列。

步骤二:假定一个阈值 n,提取排序前 n 个药品作为 n 个特征,组成新的特征子集来训练算法。

步骤三:通过调节阈值 n,统计出库总次数的变化,分析次数的变化趋势,最终确定合适的阈值 n 范围。

(2) 数据的相关性分析

由于医药电商等领域存在部分药品以相似或相同的订单结构被不同订单受订的业务特点,其在一定程度上表示相同的订单分布规律,即这部分数据存在较强的相关性,因此从特征处理角度考量,需剔除这部分冗余特征,只保留或重新创建一个特征值能更好地代表数据特征。

本书与常规特征值处理方式存在一定的差异性,由于医药电商每天接受的订单是随机且不重复的,每张订单可能涉及不同的药品种类和数量,整体订单结构也存在不确定性。基于某一天或某一时间段内预测生成的优秀特征子集无法对未来的业务产生实质性的指导意义。基于上述分析,结合部分特征间的相关性,具体分析步骤如下。

步骤一:统计两两特征值的相关系数 x_{ij}。首先统计各特征间的两两相似度,根据皮尔森系数可知,相似系数在 0.8~1 之间的变量是极强相关,这部分数据必然需要做特征选择;相似系数在 0.6~0.8 之间的变量是强相关,这部分数据可根据实际情况做选择性的处理;相似系数在 0.4~0.6 之间的变量是中等程度相关,随着相关系数降低,向量间的相关性逐渐减弱至不相关。

步骤二:设定阈值 m,将 $x_{ij} > m$ 对应的相关特征值进行筛选,将特征值中 IK 较高者保留,结合相关度较低的特征值组成新的特征子集。

根据设定的阈值范围挑选出这部分特征,根据 EIQ 分析中的 IK 分析可知,货品 IK 越高代表其受订频次越高,相较于 IK 较低的货品有更广泛的表征范围,因此选择 IK 更高的特征保留,结合未被挑选出来的相关度较低的特征形成维度更低、相关性更低的新的特征子集。

步骤三:通过后续算法训练,结合聚类效果的评价选择确定较优的阈值范围,并对比随机选择剔除与按 IK 剔除对于聚类效果的影响。

6.2.5 改进的 K-means 聚类算法

K-means 算法从出现至今,国内外的相关学者从优化问题、K 值的选取、离群点检测等多方面对其进行研究。本书考虑结合医药电商的业务特点,基于欧氏空间对订单数据做聚类,针对聚类算法中需要特殊处理的参数进行详细讨论。

1. 聚类策略总体思路

传统的 K-means 聚类算法是基于欧氏空间内距离的聚类算法,即采用欧氏距离作为相似性的度量指标,将相似性高的对象组成同类别簇。其基本步骤如下。

步骤一:随机选取 K 个对象作为初始的聚类中心。

步骤二:计算每个对象与各聚类中心之间的欧氏距离,即直线距离,把每个对象分配给距离它最近的聚类中心。

步骤三:根据各簇聚类结果更新聚类中心。

步骤四:循环步骤二和步骤三,至满足终止条件输出聚类结果。

有别于连续型数据基于 K-means 聚类算法的运用,医药流通领域基于订单分批的聚类策略研究属于离散型数据聚类领域问题,而传统的 K-means 聚类算法将欧氏距离作为相似性的评价指标,无法真实地体现数据间不同特征的差异性,因此传统 K-means 聚类算法的评价指标不适用于医药流通领域订单分批的使用。传统的 K-means 算法对于聚类中心的选择较为敏感,不同的聚类中心点选择结果将会直接影响聚类的效果,同时可能会导致算法陷入局部最优的情况。对于本书的医药物流中心研究背景而言,聚类效果的好坏将直接影响多层穿梭车系统的"货到人"系统中料箱提升机的作业压力大小,鉴于传统 K-means 算法的不稳定性,本书选取 K-means++聚类中心点选取方式作为初始聚类中心的选取方式。

基于上述分析,提出改进的 K-means++聚类算法整体方案。

使用 K-means 聚类算法对已经完成特征抽取及选择的订单进行分析,针对订单高维矩阵中的向量进行聚类处理,聚类过程中对于向量之间的距离度量问题,采用计算两个向量间夹角的余弦距离值大小进行衡量,基于余弦距离采用改进的 K-means++聚类中心选择策略,完成订单的聚类分批。具体步骤如下。

步骤一：选取 K 个样本点作为初始聚类中心。

步骤二：计算每个订单向量 x_i 分别和 K 个聚类中心之间的相似度距离，将订单向量 x_i 分配给具有最高相似度的聚类中心 o。

步骤三：根据获得的分类结果重新计算各簇的中心。

步骤四：重复步骤二和步骤三，直至簇中心不再发生变化，输出聚类分批结果。

本书以上述步骤作为聚类策略的总体框架，分别针对改进算法中的聚类中心的选取方式和相似性的度量指标作详细阐述。

2. 相似度计算

常用的相似性度量方式包括两种：余弦相似度、欧氏距离。

余弦相似度指将向量空间中两个向量夹角的余弦值作为衡量两个个体间差异大小的度量。欧氏距离指在 m 维空间中两个点之间的真实距离，其中在二维和三维空间中的欧氏距离就是两点之间的实际距离。从图 6-2-2 可以看出，欧氏距离衡量的是空间各点的绝对距离，而余弦相似度衡量的是空间向量的夹角，前者数值结果受各坐标轴上具体数值影响，后者重点体现在方向上的差异。

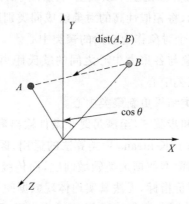

图 6-2-2　欧式距离与余弦相似度

结合医药物流中心的订单特征，通过 One-hot 编码转换，将各特征值表现为 0/1，侧重强调不同特征之间的差异性。因此从余弦相似度角度切入，作为相似度距离的计算更合乎医药物流中心的订单聚类需求特点。但由于余弦相似度在改进的 K-means＋＋的初始聚类中心的选择过程中不适用，因此本书考虑引用由王彬宇等人[8]验证的余弦距离作为相似度的度量。其主要思想是基于欧氏 K-means 的改进成果不适用于余弦 K-means 的问题，为了避免在余弦 K-means 上完全重新设计改进算法，推导了标准向量前提下二者的转化公式，并在此基础上重新定义了一种与欧氏距离意义相近、关系紧密的余弦距离，通过余弦距离的性质，使原有欧氏 K-means 改进算法可通过余弦距离迁移到改进的 K-means 算法中。

由于余弦距离是完全由余弦相似度决定的距离指标,与余弦相似度在聚类过程中效果一致,由公式可知,余弦距离与欧氏距离均是用向量间的间隔长度大小来刻画距离,二者呈现正相关性,因此余弦距离可表达与欧氏距离几乎一致的距离意义。基于此,可以将余弦距离应用到后续聚类算法的计算中。三者推导关系如下:

对于欧氏空间中的任意两个标准化向量 $x=(x_1,x_2,\cdots,x_n)$ 和 $y=(y_1,y_2,\cdots,y_n)$,欧氏距离为 $d(x,y)$,余弦相似度为 $\cos(x,y)$,余弦距离为 $d^c(x,y)$。

$$\cos(x,y)=1-\frac{1}{2}d^2(x,y) \quad (6\text{-}2\text{-}1)$$

$$d^c(x,y)=1-\cos(x,y)=\frac{1}{2}d^2(x,y) \quad (6\text{-}2\text{-}2)$$

3. 聚类中心选取

传统 K-means 聚类算法将随机选取数据集中的 K 个点作为初始类簇中心的选取方式,由于这种方式的随机性,算法对选取的簇中心极为敏感。如果各初始点的位置选择相对很近,将导致聚类结果非常糟糕。基于上述分析,选择改进的 K-means++ 聚类算法,其基本思想是:将初始的聚类中心之间的距离尽可能调远。其基本步骤如下。

步骤一:随机选取一个样本点作为初始聚类中心 C_1。

步骤二:计算每个样本与当前已有聚类中心之间的最短距离(即最近的聚类中心的距离),用 $D(x)$ 表示。

步骤三:计算每个样本点被选为下一个聚类中心的概率 $\dfrac{D(x)^2}{\sum_{i=1}^{n}D(x_i)^2}$,这个值越大,表示被选取作为聚类中心的概率越大,同时也表示与现有聚类中心距离越远,因此按照轮盘法选出下一个聚类中心,直到选出 K 个聚类中心。

本节通过分析医药流通领域中多层穿梭车"货到人"拣选系统的上游子系统的作业特点,得出库端提升机的作业水平是整个多层穿梭车存取系统的作业瓶颈,结合订单结构及其所包含货物种类的内在联系,提出从订单分批角度缓解提升机作业压力的方案。

首先结合医药物流配送中心的订单特点,提出基于 EIQ 分析技术的订单粗分批降维处理策略。在此基础上,针对粗分批降维后的订单数据,采用 One-hot 编码技术提取特征,使数据应用于后续分批算法中。通过编码后的数据已基本具备训练算法的条件,考虑到 SKU 的多样性将对模型训练的性能和精度造成一定影响,提出结合 EIQ 分析技术的特征选择方式以降低编码后的数据维度。完成上述预处理的数据已完全具备训练算法的条件,进而提出改进的 K-means 聚类算法,保留传统 K-means 算法适合离散型高维数据并且适用于欧氏空间数据解算的优势,在此基础上引入 K-means＋＋初始聚类中心选择策略以弥补传统 K-means 算法初始聚类中心选取方式的不足,并结合医药订单特点引入将余弦距离作为相似性度量的评价指标,从而形成完整的改进 K-means 算法。

6.3 "货到人"系统订单任务分配建模与优化问题

订单分批问题减少了订单处理过程中多穿库前端的料箱提升机作业压力,使订货品项相关度更高的订单所对应的原料箱尽量在同一批次内依次通过穿梭车、提升机和料箱输送线等设备输送到拣选台。当订单被分成多个批次后,"货到人"拣选系统会逐个将每批次内的订单分配至拣选台,订单如何合理地分配至各个拣选台将成为新的问题。

在传统电商行业中,不同类型的商品受订频次存在很大的差异,大多数电商企业会根据大数据分析抓取出受订频次极高的热点商品,将这部分商品尽可能多地分散多个货位存储,当有多个拣选站点同时需要某个热点商品时,系统可以同时调出多个料箱使其供应到多个拣选站点,解决多个拣选台都需要拣选某个热点商品带来的作业等待问题。不同于其他物流中心的货物管理规定,医药物流配送中心对药品的仓储及出库有着严格的 GSP 管理要求:不同批次的同一种药物不能放在同一存储位存储;不同生产批次药品的拣选出库需遵循先入先出的原则。因此在订单拣选环节无法采取类似"热点商品解决策略"的策略进行处理,GSP 管理规则对拣选台的订单分配策略提出了新的挑战。本节重点研究料箱被穿梭车系统输送出库后,如何将订单任务和待拣的原料箱合理地分配至各拣选台。通过拣选台的订单分配优化模型,有效地避免由于待拣的原料箱被某个拣选台的缓存积放位锁定后,造成各个拣选台之间的待拣选订单耦合,最终由于拣选人员需要等待特定料箱送至对应拣选台,导致整体的作业效率损失问题。拣选台的订单分配优化模型可以使拣选作业区的整体作业效率更高。

6.3.1 订单分配问题描述

拣选台涉及订单料箱和待拣选料箱两种类型的料箱。订单料箱按照订单波次处理的规则分批进入各拣选台,每个拣选台依次绑定 WMS 系统为其分配的订单料箱,对应的待拣选料箱在订单料箱绑定后,进入拣选台的缓冲区进行排队缓存。拣选人员根据拣选台的电子标签和上方屏幕指示,从待拣选料箱中拣选出相应数量的药品放至对应的订单料箱中,依次根据订单料箱所需药品的品种完成待拣选料箱的拣选任务,进而完成被分配的所有订单料箱的拣选任务。

对于单个拣选台的作业而言，拣选台内的在拣订单箱将对应多个待拣料箱的拣选任务，由于输送线物理路径的限制，待拣料箱到达拣选台存在多种排列顺序的可能性，而从延长拣选作业视角看，订单料箱将不断进入拣选台进行订单任务绑定，与之对应的待拣选料箱也需要不断地进入拣选台的缓存区，待拣料箱在缓冲区排队缓存等待拣选，属于多订单料箱对多待拣料箱的拣选模式。针对不同的拣选台模式设置，由于料箱的更替将产生一定的拣选等待间隔，因此不同的待拣料箱到达顺序将影响拣选作业人员的拣选时效。订单的补进顺序同样影响涉及的待拣料箱的顺序。

就多拣选台同步拣选的作业而言，当多个拣选台中的订单料箱均需要同一种药品（即绑定了同一待拣料箱）时，由于医药GSP的批次管理要求，多穿系统不会同时调度多个待拣料箱，而是只将生产批次最早的药品所在待拣料箱调度出库，供多个拣选台依次拣选使用（注：本节建模中假设该料箱内包含的药品数量足够多个拣选台拣选使用），此时产生了拣选台之间的任务耦合问题：当出现不同拣选台需要对同一料箱进行拣选的情况时，系统在同一个时间点只能满足其中一个拣选台的拣选需求，其余拣选台须在此拣选时段内等待或者拣选其他任务，当各个拣选台之间的拣选任务高度耦合时，将造成拣选作业人员等待的问题，直接影响整体拣选作业的效率。

因此对于单个拣选台，合理安排订单料箱—待拣料箱排序策略可减少待拣料箱的更替次数，进而减少单个拣选台作业人员的等待时间，对于多拣选台同步拣选时的待拣料箱耦合问题，如何合理地解耦是影响整体拣选效率的关键所在。

本节通过结合合理的订单分配策略、订单料箱—待拣料箱动态规划策略以及多拣选台解耦算法的方案，在提升单个拣选台内订单相似度的同时，统筹多台决策，优化解决多台同时作业的待拣料箱耦合问题，进而达到提升整体拣选效率的目的。

6.3.2 医药批次约束背景下的订单分配策略分析

由"人到货"传统拣选作业模式发展到"货到人"拣选作业模式，订单作为人工作业的主要依托载体，一直是优化问题上的关键研究对象。相比"人到货"拣选作业模式的研究重点，在"货到人"拣选作业模式中，订单分配策略的选择，即哪个订单根据什么原则/算法在何时分配、分配给哪个拣选台，都会直接影响拣选作业的整体效率，常见的订单分配策略有随机分配、固定分配、动态分配、相似分配等，以下将对各种订单分配策略进行详尽描述，分析对比在医药批次约束的背景下，如何选择适合的订单分配策略。

(1) 随机分配策略

通过语义很容易理解,订单的随机分配策略是采用完全随机的分配方式,在分配过程中没有任何择优条件,这意味着对于单日订单量巨大的医药流通行业而言,时时传入 WMS 层的庞大订单随机被分配拣选,显然从作业时效和设备效率优化角度考虑均是不可行的。

(2) 固定分配策略

订单固定分配策略是一种对订单进行固定数量切分的策略,具体步骤如下。

假设单个拣选台同一时间能处理的订单数量为 c,订单总数量为 q,拣选台个数为 n,将订单按接收时间排序切分成 $\lceil q/(nc) \rceil$ 个小批次,每个拣选台被依次分配 c 个订单,在拣选过程中,若某个拣选台的订单被拣选完成,系统并不会补进下一个订单,直至该小批次所有拣选台的全部拣选任务完毕,将下一个小批次的订单分配给各拣选台。

(3) 动态分配策略

订单动态分配策略是较为传统的分配方式,指订单被依次按照接收时间分配到各拣选台。结合订单分批的结果,动态分配策略具体步骤如下。

将一个批次内的订单按照接收时间分配给各拣选台,当拣选台数量 $\leqslant \mod(q/n)$ 时,为拣选台顺次分配 $\lceil q/n \rceil$ 个订单,至所有订单任务分配完毕,存在某些拣选台没有分配订单的情况;当拣选台数量 $> \mod(q/n)$ 时,为拣选台顺次分配 $\lceil q/n \rceil$ 个订单。各拣选台按照被分配的订单依次拣选,拣选过程中若有任一拣选台的订单任务拣选完成,则为该拣选台补进下一个订单,确保该拣选台继续执行订单拣选任务,直至该批次的订单全部拣选完毕。本书中的研究对象即采取这种分配策略。

(4) 相似分配策略

不同于以上三种分配策略,订单相似分配策略并不是简单地根据订单的接收时间调整订单的分配路径,而是根据订单之间的相关系数分配订单,使相关度较高的订单分配至同一个拣选台,进而通过提高单个待拣选料箱的复拣率,提升总体拣选效率。具体分配步骤如下。

步骤一:假设单个拣选台同一时间能处理的订单数量为 c,订单总数量为 q,拣选台个数为 n,分别计算一个批次内任意两个订单之间的相似系数 c_{ij},即两个订单中受订药品种类相同的数量,添加到数据集 C 中,将其降序排列,选取 $\max(c_{ij})$ 对应的两个订单作为一个拣选台的种子订单,并从数据集中删除 i、j 对应的所有相关系数。循环执行步骤一,直至所有拣选台均被分配到种子订单。

步骤二:每个拣选台都确定种子订单后,为其分配剩余其他订单。剩余未被作为种子订单分配的订单组成订单池 O,对每个订单分别计算其与拣选台已被分配的所有订单的受订相同药品种类的数量作为耦合因子 o_{ik},对于每个订单 i,将其分配至 $\max(o_{ik})$ 对应的拣选台,循环执行步骤二,直至所有订单都被分配到拣选台。

其中每个拣选台最多被分配订单个数要求如下：

当拣选台数量≤mod($q/(n*c)$)时，为拣选台顺次分配$\lceil q/n \rceil$个订单至订单分配完毕；当拣选台编号＞mod($q/(n*c)$)时，为了作业均衡，将为每个拣选台分配$\lceil q/n \rceil$个订单，按对应拣选台分配的订单任务集中各个订单的耦合因子高低进行对应拣选台的任务下发。

根据上述四种策略的描述不难看出，前三种分配策略均没有根据订单的内部结构做出任何分析和优化，对于医药流通行业而言，越来越大的业务体量势必会带来越来越多的日订单，若不从决策算法层面进行优化，单凭硬件系统的作业能力是远远达不到业务需求的。因此，本书从订单间内在结构出发，选取第四种分配策略作为订单分配策略，基于6.2节的订单分批的优化结果对下游拣选系统做进一步决策优化，并结合后续排序，通过调度算法提升系统的效率。

6.3.3 医药批次约束背景下的多拣选台同步拣选分配优化策略研究

1. 医药批次约束下的多拣选台同步拣选问题描述

将拣选订单按"6.3.2.医药批次约束背景下的订单分配策略分析"的策略分配至各拣选台后，每个拣选台需要完成各自被分配到的订单集的拣选任务。拣选台作业场景为 a vs b 拣选模式（目前常规为 2 vs 4 的模式），即料箱拣选位为 a，订单箱位为 b，拣选作业人员的每次拣选动作只能从一个料箱中拣选受订货品，每一个拣选动作对应一个订单行，同一个料箱可以多次被拣选到不同的订单箱中（次数小于 b），直至此料箱不再被拣选台内正在被拣选的 4 个订单任务所需要，由拣选作业人员根据电子标签指示将此料箱输送出拣选位，若 $a=1$，则拣选人员需要等待下一料箱更替至拣选位后，才能开始下一个拣选动作。由于顶升移载装置对于料箱的更替需要一定的作业时间，因此对于拣选作业人员会产生拣选等待时间，料箱更替次数越多，拣选等待的总时间越长。若 $a>1$，拣选台工位存在多个拣选位，拣选人员在对一个拣选位的料箱完成拣选任务后，随即可对下一个拣选位的料箱进行拣选，在理想状态下，这种场景的设置将能很好地消除拣选人员等待料箱更替的情况，而通过对多个项目现场的实际作业观察，由于信息系统传递信息延时、控制系统延时等实际问题的存在，料箱更替依然会产生一定的延时间隔，但相较于 $a=1$ 的情况，多设置一个拣选位的场景设置模式将能够有效地降低由于料箱更替造成的等待时间，提升作业人员的作业效率。

对于单个拣选台的作业，平均每日处理订单行可达上千行，通过算法不断提升拣选位的料箱的复拣率，可以减少料箱的更替次数，将有效地减少料箱对缓存线的占用需求,也同时缩短拣选作业人员的作业等待时间,提升订单拣选效率。本部分研究以最小化料箱更替次数为目标函数进行建模研究。

而对于多拣选台同步作业的情况,当多个拣选台同时需要一种药品时,系统无法通过传统电商行业的"热点商品解决模式"调度出多个同一药品所在的料箱,因此当有多个订单需要同一药品时,同一时间段药品所在料箱只能出现在其中一个拣选台的拣选位,而其余拣选台此时段只能拣选其他品种或者拣选任务为空,这可能导致某些拣选台出现作业等待的情况,因此就多个拣选台同时作业的情况而言,如能合理地分配料箱顺序,将可有效地避免此类等待。

2. 数学建模

下面,对多拣选台同步拣选分配优化策略的模型做出如下假设。

假设一:单个拣选台作业模式如"医药批次约束下的多拣选台同步拣选问题描述"所示。

假设二:在整个订单处理过程中,不存在插单情况。

假设三:设备作业不存在问题,料箱的到达可以完全满足优化算法计算得出的料箱到达拣选台的顺序。

为了建立基于医药批次约束的订单分配数学模型,本节所用到的符号和决策变量如下:

(1) o:此刻在拣选台内的订单编码,$i=1,\cdots,o$。

(2) b:料箱编号,$j=1,\cdots,b$(由于药品不能混放,因此本书中的料箱编号即为药品本身的物料编码)。

(3) 将单个批次订单从拣选第一个订单行到最后一个订单行的结束看作一条拣选时间轴,在此时间轴中 T 表示每一个订单行的拣选起止时间段对应的编号,$\text{slot}=1,\cdots,T$,其中 $\max(T)=o*b$。

(4) c:拣选台订单位数量。

(5) $x_{j,\text{slot}} \begin{cases} =1, & \text{在时间段 slot 内料箱 } j \text{ 正在被拣选} \\ =0, & \text{在时间段 slot 内料箱 } j \text{ 没有被拣选} \end{cases}$

该变量为二进制变量。

(6) $z_{i,j,\text{slot}} \begin{cases} =1, & \text{在时间段 slot 内正在拣选订单 } i \text{ 内的药品 sku} \\ =0, & \text{在时间段 slot 内没有拣选订单 } i \text{ 内的药品 sku} \end{cases}$

该变量为二进制变量。

(7) $y_{i,\text{slot}} \begin{cases} =1, & \text{在时间段 slot 内订单 } i \text{ 仍在拣选台内未拣选完成} \\ =0, & \text{在时间段 slot 内订单 } i \text{ 不在拣选台内} \end{cases}$

该变量为二进制变量(此时间段内该订单不一定正在被拣选,但由于仍有药品未拣选完成,因此没有被拣选台释放)。

(8) a_{slot}:连续变量,两次连续的完整拣选动作之间料箱是否更替。

$$\text{Minimize } F = \sum_{\text{slot}=2}^{T} a_{\text{slot}} \quad \forall \text{ slot}=1,\cdots,T \tag{6-3-1}$$

$$\sum_{j=1}^{b} x_{j,\text{slot}} \leqslant 1 \quad \forall \text{ slot}=1,\cdots,T \tag{6-3-2}$$

$$\sum_{i=1}^{o} y_{i,\text{slot}} \leqslant c \quad \forall \text{ slot}=1,\cdots,T \tag{6-3-3}$$

$$y_{i,\text{slot}} + y_{i,\text{slot}'} \leqslant 1 + y_{i,\text{slot}''}$$
$$\forall i=1,\cdots,n, 1 \leqslant \text{slot} < \text{slot}'' < \text{slot}' \leqslant T \tag{6-3-4}$$

$$\sum_{\text{slot}}^{T} z_{i,j,\text{slot}} \geqslant 1 \quad \forall i=1,\cdots,o, j \in o_i \tag{6-3-5}$$

$$2z_{i,j,\text{slot}} \leqslant y_{i,\text{slot}} + \sum_{j=1}^{b} x_{j,\text{slot}}$$
$$\forall j=1,\cdots,b, j \in o_i, \text{slot}=1,\cdots,T \tag{6-3-6}$$

$$a_{\text{slot}} \geqslant x_{j,\text{slot}} - x_{j,\text{slot}-1}$$
$$\forall \text{ slot}=2,\cdots,T, j=1,\cdots,b \tag{6-3-7}$$

$$x_{j,\text{slot}} = 0 \text{ 或者 } 1$$
$$\forall j=1,\cdots,b, \text{slot}=1,\cdots,T \tag{6-3-8}$$

$$z_{i,j,\text{slot}} = 0 \text{ 或者 } 1$$
$$\forall i=1,\cdots,o, j \in o_i, \text{slot}=1,\cdots,T \tag{6-3-9}$$

$$y_{i,\text{slot}} = 0 \text{ 或者 } 1$$
$$\forall i=1,\cdots,o, \text{slot}=1,\cdots,T \tag{6-3-10}$$

$$a_{\text{slot}} \geqslant 0 \quad \forall t=2,\cdots,T \tag{6-3-11}$$

- 式(6-3-1)为模型的目标函数,表示最小化料箱更替次数;
- 式(6-3-2)为约束条件,表示在单个拣选时间段内,最多只有一个料箱被拣选;
- 式(6-3-3)为约束条件,表示拣选台内同时最多容纳 c 个订单;
- 式(6-3-4)为约束条件,表示在订单位的任何一个订单只有被拣选完毕后才会释放订单位,否则一直被锁定在其绑定的订单位;
- 式(6-3-5)为约束条件,表示每个订单包含的每个订单行都必须被拣选完成;
- 式(6-3-6)为约束条件,表示在拣选位的料箱一定是被某一个或几个订单位所绑定的订单需要的;
- 式(6-3-7)为约束条件,用于计算料箱是否发生更替。

6.3.4 单拣选台场景料箱动态规划策略

对于单个拣选台内的各个拣选位的料箱调度,控制系统只会将当前订单位的各待拣订单行对应的料箱输送到拣选位,当拣选台中对应的某个订单任务全部拣选完成时,拣选台将该订单位释放,然后再补进下一个待拣选订单。因此在订单位的订单不同、订单补进顺序不同,料箱到达拣选台的顺序也不同。

在本书研究的实例系统中,如果存在多个订单位的订单受订同一个药品时,拣选作业人员依次根据提示从同一料箱中拣选相应数量药品放至对应订单位的订单箱中。同时针对候补订单拣选的规则制定如下:由于订单位的订单箱的补进需要一定的时间,因此当一个料箱 b 在拣选位被拣选完毕后,有订单 o_1 显示拣选完毕并补进下一个订单 o_2,该料箱 b 不可供订单 o_2 继续拣选,而是将料箱 b 输送离开该拣选台至主输送线循环,根据拣选台的绑定顺序依次进入所需拣选台,直至该批次内订单均不需该料箱则回库存储。即便对于一组相同的订单到达顺序,由于一个订单可能会包含多个订单行且存在多个订单位,基于物理路径限制,料箱的到达存在多种排列顺序的可能且料箱到达个数也不尽相同,因此本小节介绍一种关于料箱排序的动态规划策略。

将一个批次的 o 个订单分配到一个拣选台,每个订单包含 1 到 b 个不等的订单行,每一订单行代表一种药品,每个拣选时段 stage 代表一次料箱的更替动作。将每一个拣选时段 stage 的状态转换变量作出如下规定(初始状态 stage=0)。

① $\{\text{unselect}_1, \cdots, \text{unselect}_c\}$:当前在 c 个订单位的订单分别包含的待拣选订单行,即拣选台内每个订单未被拣选的料箱,其中 $\{o_{\text{Order1}}, \cdots, o_{\text{Orderc}}\}$ 为初始状态。

② Order:给定的订单顺序。

③ Order-next:候补订单所处顺序,即当拣选台上某个订单拣选完成被释放时,下一个补进的订单所处的订单顺序 Order 的位置,在初始阶段为 $c+1$。

④ 从 stage 到 stage+1,代表着从某一个订单 o_x 的某一个货品 b_x 的拣选,到另一个订单 o_y 的该货品 b_y 的拣选或该订单 o_x 的另一个货品 b_y 的拣选。因此,料箱的更替只有可能发生在两个相邻拣选时段 stage 的转换之间。

对于每个料箱的选择均对应多种决策分支,其决策分支是呈指数级别增长的,这将大大增加运算时间。为了提升运算性能,将上述动态规划方案作为 beam search 算法的基础,采用 beam search 算法对规划方案进行运算,对于每一个阶段只保留前 beam width 个最优解状态,得到较优解,具体保留原则如下:

① 对每个阶段的 stage 进行降序排列,只选取前 beam width 个解,即 stage 越大,其对应的解分支已拣选完成的订单越多,这对于当前决策层是最优决策;

② 当有大于 beam width 个解且其 stage 相同时,优先选取 $\min(\text{unselect}_1 + \cdots + \text{unselect}_c)$ 的解。

根据上述运算原则,使用 beam search 算法,最后输出 beam width 个解,选取 $\min(\text{stage})$ 对应的方案中料箱到达序列和料箱总更替次数作为算法的输出。

6.3.5 单拣选台场景订单动态规划策略

与拣选台内的料箱排序问题类似,当给定一组料箱到达顺序时,可以获得一组订单排序,由于一个料箱可供多个订单拣选,因此同样会对应多种不同的订单排序方案。因此,针对给定的料箱顺序建立订单排序的动态规划方案。

其整体思路为:将每个订单的被拣选时段看作是一个时间轴上的连续时间段,且视为不间断的处理过程,每一个订单都可以据此逐一被添加到时间轴上。由于拣选台内订单位为 c 个,因此同时建立 c 个相同的时间轴,各时间轴的同一时刻允许阶段重叠,因此重叠的在拣处理时间段小于或等于 c,即拣选台同时处理的订单数不超过拣选台订单位个数。

不同于料箱的排序过程,此规划过程中给每一阶段的转换并不是发生在每一次料箱的更替间,将此阶段转换过程定义为订单序列发生变化的状态转换过程,即一旦有新的订单加入到已被排序的订单序列里,阶段发生转换。

此优化决策过程对应的空间状态也是呈指数级增长的。按照上述的规划思路,在给定料箱顺序的前提下,每当有被排序后的订单拣选完毕后,关于添加哪个新的订单以及将某个订单的拣选过程添加在某个时段的决策存在多种选择。本节策略同样使用 beam search 算法在每一层决策过程中保留 beam width 个当前阶段的最优决策方案,具体保留原则为:

① 按照已完成排序的订单数量降序排列,选取保留前 beam width 个解,其对应的解分支已排序的订单更多,这对于当前决策层是最优决策;

② 当有大于 beam width 个解对应的已排序订单数量相同时,优先选取 $u_1,\cdots,u_c$ 中存在最小料箱排序位置的方案。

6.3.6 迭代优化分配算法

由前述的内容可以分别确定给定订单顺序的料箱排序问题、给定料箱顺序的订单排序问题,通过前述内容的描述也可以看出:针对给定的料箱排序背景,其订单顺序仍然是随机给定;针对给定订单排序背景,其料箱顺序仍然是随机给定。因此即便选取其中一个优化算法确定了订单或料箱的排序,也无法保证此排序就是相对于整体(料箱排序和订单排序)考虑的最优结果。比如:给定一个订单的顺序,可以根据料箱排序优化算法,通过不断扩大 beam width 或使用某些遗传算法得出一个较优的料箱排序方案,但由于给定的订单顺序并不一定是最优的订单排序,所以基于该订单顺序的较优料箱排序并不一定是基于所有订单顺序的较优或最优料箱排序。

此外,对于单个拣选台,一个批次被分配的订单可能有数十个,涉及包含的料箱数量更有可能上百个,使用遗传算法、模拟退火算法、紧急搜索算法等启发式算法会产生规模巨大的算子,由此导致的算法复杂度极大提高,这对于后期的算法运行时效将会是巨大的考验,因此选取启发式算法优化确定料箱或订单的顺序几乎是不可能的。

本书选取一种相对高效的迭代算法解决单一排序优化算法的局限性问题——迭代优化。迭代优化算法具体步骤如下。

步骤一:对于已分配的订单,随机给定一个订单顺序,使用 6.3.3 小节介绍的优化算法输出一个较优的料箱排序。

步骤二:基于计算出的较优的料箱顺序,使用 6.3.4 小节介绍的优化算法输出一个较优的订单排序。

步骤三:基于计算出的较优的订单顺序,再次使用 6.3.3 小节介绍的优化算法输出一个较优的料箱排序。

步骤四:循环重复步骤二、步骤三,输出最优结果——料箱更替次数最少。

值得注意的是,并不是每一次良好的料箱排序都能计算出较好的订单顺序,有可能存在当遍历完毕所有的料箱后,订单未完成全部拣选的情况。因此,在给定料箱顺序输出订单顺序的阶段,对于订单未完全被拣选的情况,其作为下一步的输入为:已拣选的订单序列+未拣选订单的随机序列。

6.3.7 医药批次约束背景下的多拣选台料箱分配解耦算法

基于迭代优化分配算法,在每一轮的料箱排序中均需要增加一轮料箱动态规划过程,即统筹考虑各拣选台每一次料箱选择情况,避免多个拣选台同一拣选时段选择同一料箱的情况发生。不同于单一拣选台单独作业的情况,当多拣选台同步拣选时,由于料箱输送系统带来的物理约束,本节考虑将另一指标作为优化策略的参考数据——料箱运行轨迹,通过梳理各拣选台内料箱的到达顺序,即可得出每个料箱到达各拣选台的顺序。具体步骤如下。

步骤一:对于已分配的订单,随机给定一个订单顺序。

步骤二:根据给定的订单顺序,针对每一决策层,使用 beam search 算法选出 x(即 beam search 算法中的 beam width)个当前层最优决策。

步骤三:针对这一拣选阶段,n 个拣选台对于料箱的选择会出现 x^n 种决策分支。

步骤四:将不同拣选台间选择同一个料箱的决策分支剔除,剩余决策组成可用决策集,从决策集中随机选取 l 个决策方案作为候选方案。

步骤五:针对每种决策方案分别运用步骤二继续计算出当前层最优决策,共产生 $l*x^n$ 种决策分支。

步骤六:循环步骤四和步骤五,直至结束所有订单的拣选,输出最优结果。

步骤七:对于每个拣选台,根据生成的料箱顺序,使用6.3.5小节介绍的迭代算法依次输出较优的订单—料箱排序(此算法运算过程中 beam width $=x'$)。

步骤八:循环 t 次,步骤二~步骤七,输出最优结果——料箱更替次数最少的拣选台内部料箱排序、订单排序以及各料箱运行轨迹。

事实上,在多拣选台同步拣选的作业场景下,各拣选台由于等待料箱产生的约束均是由于料箱派遣不及时所导致的(排除系统设备故障产生的影响),而这一情况大多是由料箱的任务耦合引起的,这意味着各时间段内不产生耦合的料箱,对料箱到达拣选台的排序不会对拣选效率产生很大影响,也就意味着这部分料箱并非需要按照各拣选台内严格的到达顺序派遣。因此,基于料箱-订单动态规划策略,考虑耦合料箱的选取问题,梳理选取料箱的运行轨迹作为多拣选台同步拣选的参考指标对于实际系统运行有更强的参考价值。

通过分析多层穿梭车"货到人"拣选系统中下游拣选系统的作业模式,结合医药批次约束要求,得出拣选台的订单分配策略是优化下游系统效率的关键所在。如何提出关于下游拣选系统的订单分配优化策略?首先建立以料箱更替次数为目标函数的数学模型,介绍单个拣选台的订单—料箱动态规划策略,结合 beam search 算法对该策略进行计算,并提出循环迭代算法,得到单个拣选台基于降低料箱更替次数的较优解决方案。在此基础上,统筹考虑多拣选台同时工作的情况,针对多个拣选台同时需要同一料箱的情况,基于单拣选台的订单分配优化策略,增加同一拣选时段多个拣选台的动态规划优化算法,对多拣选台的料箱派遣进行解耦,以避免由于拣选台的订单耦合导致的效率损失,从而达到提升下游拣选系统作业的总效率的目的。考虑到多拣选台同步作业过程中无耦合料箱到达次序对系统效率影响较小,因此将料箱的运行轨迹作为输出参考标准,形成针对下游拣选系统的完整的订单分配优化策略。

6.4 "货到人"系统数据分析与订单处理算法仿真验证

仿真验证的使用数据均为 A 企业的真实数据,通过对真实可靠的订单数据信息进行脱敏处理。原始业务数据通过 EIQ 技术分析其业务特点,后期算法实现使用 Spyder 的 Python 集成开发环境,同时通过 AutoMod12.5.1 仿真软件根据实际场景布局进行实际场景运行模拟仿真,对本书中基于医药批次约束下拣选台订单分配优化问题研究的相关算法进行验证。测试算法实际输出的性能。

A 企业拣选台作业场景为 2 对 4 拣选模式,即拣选位为 2,订单箱容量为 4,拣选作业人员的每次拣选动作只能从一个料箱中拣选受订货品,每一个拣选动作对应一个订单行,同一个料箱可以多次被拣选到多个订单箱中,直至此料箱不再被拣选台内四个在拣订单需要,拣选作业人员操作电子标签将此料箱输送出拣选位,下一待拣料箱补入拣选位,同时拣选人员对另一拣选位的料箱进行拣选。

6.4.1 基于 EIQ 分析的改进的聚类订单分批算法验证及分析

本节所模拟的仓库作业数据以某医药电商企业物流中心 6 月份业务数据作为样本。通过 EIQ 数据分析,分析其业务特性,基于仓储布局特点及相关要求,对订单做粗分批处理,以降低后续聚类算法的数据规模,具体步骤如下。

步骤一:通过所收集的原始数据(部分数据截图如图 6-4-1 所示),剔除垃圾数据及无效特征数据信息,将成交时间以天为单位更新表格。

订单编号	原始单号	成交时间	货品编号	品名	规格	数量	物流单号
JY1906267983	98418199731	2019-06-26 10:18:25	CY0186301-99663	太极 精制眼瓶蜂毒片	24片/盒	1	
JY1906010022	615200396232186854	2019-06-01 00:06:52	CR0301208-3523	闪亮天天®眼部护理液(女士款)	180毫升/瓶*1瓶/盒	1	3711191508205
JY1906010023	615200252421620839	2019-06-01 00:42:25	CL0200218-3561	医用润目护眼贴(女士护眼型)	7对/盒	1	3711191508217
JY1906010024	615202796403950054	2019-06-01 00:47:53	CR0301209-3524	闪亮天天®眼部护理液(青少年款)	180毫升/瓶*1瓶/盒	1	3711191508229
JY1906010024	615202796403950054	2019-06-01 00:47:53	CR0301210-3525	闪亮天天®眼部护理液(通用款)	180毫升/瓶*1瓶/盒	1	3711191508229
JY1906010024	615202796403950054	2019-06-01 00:47:53	CR0301208-3523	闪亮天天®眼部护理液(女士款)	180毫升/瓶*1瓶/盒	1	3711191508229
JY1906010025	615209270582115697	2019-06-01 02:34:46	CR0301210-3525	闪亮天天®眼部护理液(通用款)	180毫升/瓶*1瓶/盒	3	3711191587389
JY1906010025	615209270582115697	2019-06-01 02:34:46	CR0301211-3575	闪亮天天®眼部护理液(通用款)	180毫升/瓶*1瓶/盒	1	3711191587389
JY1906010026	615213669369658809	2019-06-01 03:48:23	CL0200213-2998	明目眼贴(屏幕族)	10厘米*6.2厘米*贴*2贴*7对/盒	2	3711191587395
JY1906010030	465487488594122083	2019-06-01 00:19:22	CL0200213-2998	明目眼贴(屏幕族)	10厘米*6.2厘米*贴*2贴*7对/盒	1	75152124406860
JY1906010030	465487488594122083	2019-06-01 00:19:22	CR0300138-3122	甜柚热敷蒸汽眼罩	1片/袋*10袋/盒	1	75152124406860
JY1906010030	465487488594122083	2019-06-01 00:19:22	CR0390201-96497	小花茉莉精油眼罩	1片/袋*10袋/盒	1	75152124406860
JY1906010035	465855361130852282	2019-06-01 00:18:50	CL0200214-2999	明目眼贴(眼镜党)	10厘米*6.2厘米*贴*2贴*21对/盒	10	9895509600585
JY1906010035	465855361130852282	2019-06-01 00:18:50	XC-27900187	黑糖姜茶	120g/盒	1	9895509600585
JY1906010032	304409007145879900	2019-06-01 00:27:29	CR0300143-3258	蒸汽热敷眼罩(Cat)	(红穴位)1片/袋*6袋/盒	1	75152124406872
JY1906010037	466253795644896061	2019-06-01 00:03:52	CR0300138-3122	甜柚热敷蒸汽眼罩	1片/袋*10袋/盒	2	75152124406885
JY1906010037	466253795644896061	2019-06-01 00:03:52	CR0300137-3121	荟讯热敷蒸汽眼罩	1片/袋*10袋/盒	1	75152124406885
JY1906010037	466253795644896061	2019-06-01 00:03:52	CR0390301-96497	小花茉莉精油眼罩	1片/袋*10袋/盒	1	75152124406885
JY1906010037	466253795644896061	2019-06-01 00:03:52	CR0390301-96498	大马士革玫瑰精油眼罩	1片/袋*10袋/盒	1	75152124406885

图 6-4-1 某医药电商平台 6 月业务部分数据截图

步骤二:为了更好地了解该企业业务特点,首先对其单日部分数据做统计,分别统计日订单数量、单日订单行总数、单日物动品种数以及单日出库总量,绘制组合图表(如图 6-4-2 所示),根据统计可知:日均订单数 11 349 张,涉及 23 385 个订单行,平均 2.06 行/单;在 2 322 个品种中,日平均物动品种 737 个,峰值 959 个,最低 670 个。6 月 18 日的订单数增加较多,对应的订单行数增加有限,说明单品/双品订单比例增加。

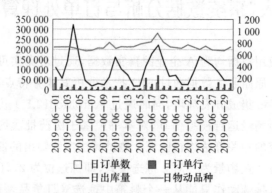

图 6-4-2 日期_订单数_订单行_日物动品种_日出库量图表

根据上述分析信息做订单 EN 分析（如图 6-4-3 所示），可知单品、双品及三品订单占比较高，总计达 90.85%，分别对这三类订单信息做 IK 分析统计（统计图表如图 6-4-4、图 6-4-5、图 6-4-6 所示），在单品订单中，虽然涉及 1 990 个品种，但前 100 个品种占了总受订次数的 84.08%。

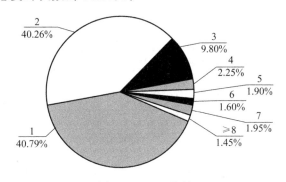

图 6-4-3　EN 分析

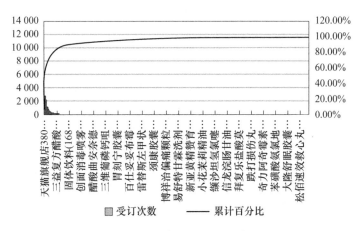

图 6-4-4　单品订单 IK 分析

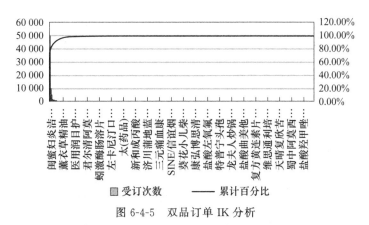

图 6-4-5　双品订单 IK 分析

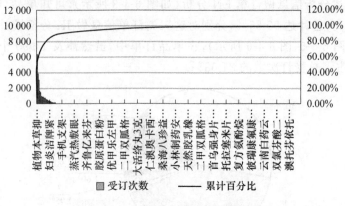

图 6-4-6 三品订单 IK 分析

通过对单品订单、双品订单和三品订单分别进行统计,三种类型订单中发货频次均较高的共有 42 个品种(如表 6-4-1 所示),在品种中存在明显的受订频率集中度现象。综合考虑输送机、分拣设备能力的有限性,为了合理分配设备资源,同时提高拣货效率,可以考虑对这部分商品覆盖的单品订单、双品订单、三品订单采取"流利式货架+隔板整箱"的拣选方式,即无须通过"'货到人'拣选+输送线输送至包装复核台+输送线输送至出库口"的做法,可以将货物直接置于流利式货架上,拣选作业人员通过手持或其他设备提示直接在货架上拣选对应货品完成这部分订单的拣选任务,无须过多走动或使用自动化设备的频繁搬运过程,这也很大程度上减少了货品占用输送设备的时间,提高了分拣效率。

表 6-4-1　IK 分析-A 类产品统计

序　号	货品编号	单品订单受订次数/次	双品订单受订次数/次	三品订单受订次数/次
1	CL0200213—2998	4 857	638	611
2	CL0200214—2999	2 396	937	266
3	CL0200218—3561	434	480	81
4	CL0300104—3254	404	9 532	3 300
5	CR0300137—3121	4 913	1 792	729
6	CR0300138—3122	2 201	1 019	412
7	CR0300148—3179	2 436	784	521
8	CR0301208—3523	810	678	315
9	CR0301209—3524	175	220	137
10	CW1100101—1702	798	739	239
⋮	⋮	⋮	⋮	⋮
42	CW1300701—3393	12 425	5 533	1 621

因此,通过上述业务特点分析,建议将 A 类药品覆盖的单品、双品及三品订单的拣选方式改为"流利式货架＋隔板整箱",旨在减少多层穿梭车系统针对这部分药品所在料箱的频繁出入库,将剩余订单继续沿用"货到人"拣选的作业流程。在后续针对多穿系统的分批优化过程中,不包含该部分订单,只对剩余单品、双品、三品以及全部多品订单做订单分批处理。

整合剔除部分单、双、三品订单后的剩余订单,根据药品及库存物资相关管理制度要求,本书实例中在库药品按照内服、外用、卫生材料、医疗器械分为四类,基于本书 6.3.2 小节提出的基于 EIQ 分析的订单粗分批降维处理策略,根据所在库区每类药品占比将订单分为 A、B、C、D 四类,统计每个订单内包含的各类药品的数目。订单粗分类结果的部分分类截图如图 6-4-7 所示。

行标签	A	B	C	D	订单分类结果
JY19060117688	1				A
JY19060117689			1		C
JY19060117697	1				A
JY19060117728			1		C
JY19060117740			6	1	C
JY19060117746			7	2	C
JY19060117754			3	2	C
JY19060117757			1		C
JY19060117779			4	1	C
JY19060117784		1			B
JY19060117786			1		C
JY19060117787			4		C
JY19060117788	1				A
JY19060117789		1	6	1	C
JY19060117790		1			B
JY19060117835		1	4		C
JY19060117846			2	2	C
JY19060117933			1		C
JY19060118112	1	1			A

图 6-4-7 订单粗分类数据

6.4.2 特征阈值的确定

1. 重要特征阈值的确定

随机选取 4 组不同数量规模的订单组成待分批的样本数据,按照本书提出的重要特征分析方法提取特征,选取不同 IK 排序的阈值范围对应的药品作为特征子集，训练聚类模型，每组数据运行 10 次，统计其均值，统计相关数据。

由图 6-4-8 统计数据可以看出，趋势线的转折点大致在 20～30 之间，即选取 IK 前 20～30 之间的特征值时，总出库次数基本趋于稳定，后续增加特征值数量对总出库次数影响很小。计算每个药品的 IK 占总 IK 次数百分比，对百分比数值进行累加，对比可以看出，位于 IK 排序前 20 左右的药品累计 IK 占比达 80%，这正符合了 A、B、C 分类中对于 A 类货品的分类原则，即 20% 货品影响程度占 80% 左右。通过图 6-4-9 显示的信息也可以看出，减少特征值对于系统运行时长也有一定程度的提高，进而达到提高模型性能的目的。

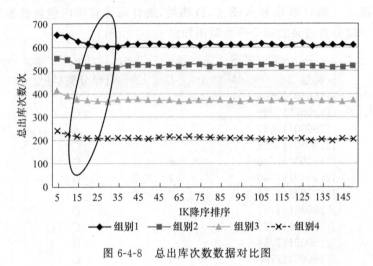

图 6-4-8　总出库次数数据对比图

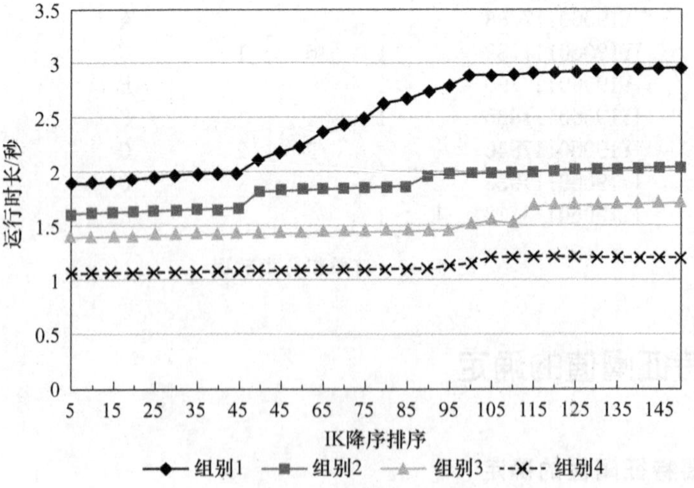

图 6-4-9　模型训练运行时长统计图

2. 剔除相关性较强的数据

提取 IK 排序前 20% 药品作为特征值，随机选取各组订单，通过本书中提出的特征选择策略剔除部分相关性较强的特征，对算法的评价指标、模型性能及聚类结果统计对比分析，确定合适的相关系数设定阈值。

算法的评价指标分为内部评价指标和外部评价指标，内部评价指标是在不能获得真实标签的情况下，衡量聚类结果本身的好坏情况（比如簇的内聚性、簇间独立性）。对于本书这类未标记的数据而言，选择常用的内部评价指标——轮廓系数法作为本书聚类算法的评价指标。

轮廓系数(silhouette coefficient)最早由 Peter J. Rousseeuw 在 1986 年提出，是聚类效果好坏的一种评价方式，综合考虑内聚度和分离度两种因素。

$$s(i) = \frac{d(i) - c(i)}{\max\{c(i), d(i)\}} \tag{6-4-1}$$

$$s(i) = \begin{cases} 1 - \dfrac{c(i)}{d(i)}, & c(i) < d(i) \\ 0, & c(i) = d(i) \\ \dfrac{d(i)}{c(i)} - 1, & c(i) > d(i) \end{cases} \tag{6-4-2}$$

具体步骤如下。

步骤一：计算样本 x_i 与簇内的其他点之间的平均距离作为簇内的内聚度 $c(i)$。

步骤二：将样本 x_i 与最近簇中所有点之间的平均距离看作是与最近簇的分离度 $d(i)$。

步骤三：将簇的分离度与簇内聚度之差除以二者中比较大的数得到轮廓系数，计算公式如式(6-4-1)所示，$s(i)$ 越大，说明聚类效果越好。

现有订单处理模式为：采取先到先服务的订单处理策略，即累计 200 个订单下放一个订单批次。基于前期 EIQ 分析中的拣选模式调整建议，结合企业未来业务量增长的预测，预计日均多层穿梭车"货到人"拣选的订单量约为 11 000 张，以 8 小时工作制为例，订单处理效率约为 1 400 订单/小时。结合现有订单处理模式，在订单聚类分批处理策略中，随机选取多组 1 400 张订单，分批聚类成 7 簇。

随机选取 16 组有包含 1 400 张订单的数据，分别设定特征剔除的相关系数阈值为 0.8,0.7,0.6，与剔除特征的聚类结果对比，图 6-4-10 显示，随着相关系数阈值设定不断减小，剔除的特征值逐渐增多，轮廓系数也逐渐变小，这意味着聚类精度逐渐降低。当阈值设定在 0.8 时，轮廓系数与不剔除特征时相似，在保证聚类精度的同时，进一步降低了特征维度。

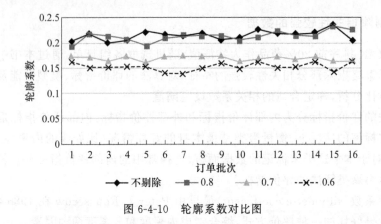

图 6-4-10 轮廓系数对比图

6.4.3 "货到人"系统数据分析与订单处理算法仿真结果对比分析

上文确定了特征选择的相关阈值设定,在此基础上对多组数据进行仿真验证,通过与现有作业模式对比,验证算法和相关策略的合理性、有效性。

随机抽取 16 组包含 1 400 张订单的数据训练模型算法。在特征选择过程中,提取 IK 占比累计达 80% 的药品作为初始特征值,对于这部分特征,将相关系数大于 0.8 的两两特征中 IK 较低者剔除,剩余特征作为该数据特征用于训练模型。将现有分批模式和本书提出的聚类模式对比订单包含药品总数,对比结果如图 6-4-11 所示。由图表分析可知,订单聚类分批后,各批次订单包含药品品项数之和有明显减少,差值为 320~450,优化效果明显,可以大幅降低药品的总出库次数,同时也降低了下游拣选站间的输送系统中的料箱占用率。

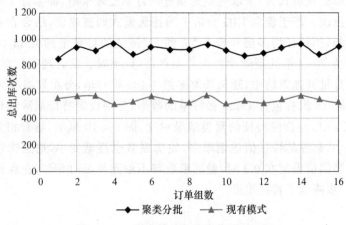

图 6-4-11 现有模式与聚类分批对比图

6.4.4 医药批次约束背景下的单拣选台订单分配算法验证及分析

1. 给定订单顺序的料箱排序仿真分析

根据本书实例中实际场景的设备数量、规模等参数,设定仿真参数。对于单个拣选台,拣选位数量为 2,订单位数量为 4,随机切分 A 企业实际订单数据 10 组不同时段、数量规模不等的订单数据作为本节仿真验证的输入样本,每一组订单的读入顺序即为订单初始顺序。将 beam search 算法运算过程中 beam width 分别设定为 10,15,20,每组 beam width 运行 10 次取输出平均值得出三组数据,同时将实例场景中的随机派遣料箱规则运行 10 次,取输出平均数作为对比数据(即:在动态规划过程中随机选择一条决策分支作为运算结果),统计结果如图 6-4-12 所示,图中四条折线分别代表 10 组订单分别在 beam width=10 的优化算法、beam width=15 的优化算法、beam width=20 的优化算法以及原有随机派遣运算规则中,各运行 10 次的输出——料箱更替次数(前三种取最小值)的值,横坐标表示订单组别数,纵坐标表示 10 次料箱更替次数的运行结果的平均值。

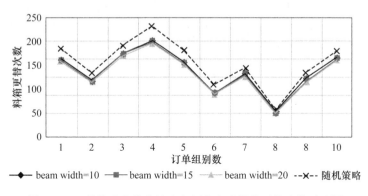

图 6-4-12 单拣选台优化算法与原有方式料箱更替次数对比图

由图 6-4-12 所示仿真结果可以看出,在三种优化方案中 beam width 参数分别设为 10,15,20,优化算法在三种取值情况下的运算结果均优于原有的随机策略,优化次数在 5.7~37.3 之间,优化效率在 8.8%~19.2% 之间,有不错的优化效果。由优化算法的三种 beam width 取值方案的输出结果不难看出,beam width 取值越大,优化效果越好。由于三者的优化效果相差不大,同时由于随着其取值增大,运算时间也会变长,因此在后续的迭代算法中 beam width 取 10。

2. 给定料箱顺序的订单排序仿真分析

根据本书实例中实际场景的设备数量、规模等参数,设定仿真参数。对于单个拣选台,拣选位数量为2,订单位数量为4,使用随机切分的10组时段不同、数量规模不等的订单数据作为本节仿真验证的输入样本,将 beam search 算法运算过程中 beam width 分别设定为 10,15,20,仿真发现并非每次都能求得更优质的解,给定料箱顺序,并不一定能得出在保证完成所有订单排序的前提下减少料箱的更替次数,因此对订单完成情况统计,统计结果如图 6-4-13 所示。

使用步骤一中每组订单别计算出的任一组料箱排序作为每组计算的初始条件——给定的料箱顺序,分别运算对应的订单的排序,图中三条折线分别代表 10 组订单在 beam width=10 的优化算法、beam width=15 的优化算法、beam width=20 的优化算法中,遍历给定顺序的所有料箱后订单完成的比例,即 $\dfrac{能拣选完成的订单}{订单总数}$,横坐标表示订单组别数,纵坐标表示订单完成率,订单完成率取值为1,代表订单全部完成且存在一定的优化效果(在结束遍历给定顺序的所有料箱前,所有订单完成拣选)。仿真结果说明,不同的 beam width 取值——10,15,20 对于订单排序优化的影响差异不大,都存在无法基于给定料箱顺序使所有订单拣选完成的情况,这是由于 beam search 算法在每一层的决策过程中只对当前层的决策价值做出判断,无法保证所选决策分支对应最后的决策结果最优,因此可能存在无法找到最优解的情况。

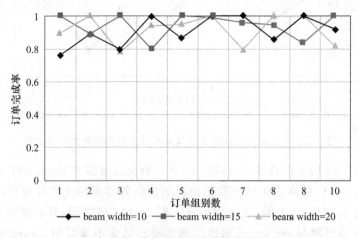

图 6-4-13 优化算法订单完成率对比图

3. 在医药批次约束背景下的单拣选台订单迭代优化分配仿真分析

将选定的 10 组订单作为本节仿真验证的输入样本,按照实例场景的拣选台设置相关参数,每一组订单的读入顺序作为初始给定的订单顺序,对本书的算法进行仿真验证,将两个 beam search 算法中的 beam width 设为 10,循环迭代 30 次,与原有随机策略对比,分别对每组样本运行 10 次,取输出的料箱更替次数的平均值,统计结果如图 6-4-14 所示,其中横坐标代表订单组别编号,纵坐标表示方案输出的料箱更替次数,两条折线分别代表两种算法/策略在每组样本数据上的仿真结果。

由图 6-4-14 的统计结果可以看出,相较于原有随机策略,迭代优化算法针对每组样本都有不同程度的优化效果,其中总次数优化了 8.7~50.1 次不等,优化效率达 14.7%~21.5%,相比单一的给定订单顺序的料箱排序算法有进一步的优化提升。

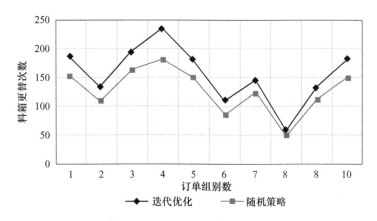

图 6-4-14　单拣选台迭代优化算法与随机策略结果对比图

6.4.5　多拣选台订单分配解耦算法验证及分析

1. 多拣选台订单分配解耦算法仿真分析

从 6.4.4 小节仿真结果得出的多个批次的订单中选取 10 组规模、结构不同的订单批次,将这 10 个批次的订单数据作为本节仿真验证的输入样本,对多拣选台优化优化算法与随机策略进行仿真验证。根据本书实例的场景设置相关参数,拣选台订单单位 $c=4$,拣选位为 2,拣选台 $n=4$,优化算法中 $x=10, x'=10, t=10, l=8$。将优化策略与 A 企业实际中运用的策略的仿真效果进行对比,统计结果如图 6-4-15 所示,横坐标代表订单组别编号,纵坐标代表方案输出的料箱更替次数,两条折线分别代表"原有订单随机分配方案"和"订单相似分配策略+多拣选台订单分配解耦优化方案"在每组样本数据上的仿真结果,分别记作方案 1、方案 2,其中方案 1 折线上的数字标签代表该方案在运行每组数据过程中,同一料箱同时被多于一个拣选台绑定的情况,即料箱任务耦合的情况。

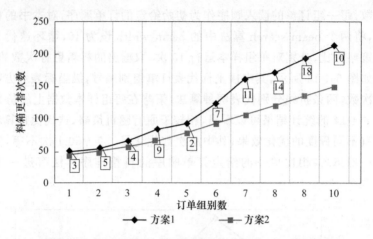

图 6-4-15 多拣选台优化优化算法与随机策略结果对比图

由图 6-4-15 所示统计结果可以看出,相较于现有的随机分配策略,优化算法每组订单在料箱更替次数上都有不同幅度的减少,范围在 4~64 之间,通过统计优化效率在 7.7%~35.4% 之间。当出现同一料箱同时被多个拣选台绑定时,会产生拣选站因等待料箱而无法继续拣选的问题,而本书的优化算法在计算过程中避免了这种情况的发生,这意味着优化算法的执行结果将避免多次拣选站间料箱耦合情况的发生,进而进一步提升了拣选台的拣选效率。

2. 多拣选台订单分配优化算法输出验证分析

由 6.4.4 小节的仿真结果可以看出,在多拣选台场景下解耦算法的料箱更替次数明显优于原有料箱随机到达拣选台的方案,同时避免了多个拣选台等待同一料箱的情况,但基于料箱在输送线线体上运行位置的不确定性,单纯的料箱更替次数计算并不足以验证算法的实际可用价值,因此本节通过 AutoMod 12.5.1 仿真软件根据 A 企业的"货到人"拣选工作站区域实际场景进行仿真建模,相关参数完全与现场实际运行参数一致,通过对解耦优化算法得出的料箱排序方案进行仿真,验证算法的合理性和有效性。

将 6.4.4 小节中方案 2 的 10 组料箱排序和订单排序输出记作方案 1,将各组数据对应的料箱运行轨迹和订单排序记作方案 2,同时将该 10 组输出对应的原始订单数据按"原有订单随机分配策略+随机到达策略"进行订单分拣的运行方案记作方案 3,分别将方案 1、方案 2、方案 3 作为 AutoMod 仿真模型的输入数据,运行模型,统计每组方案拣选完毕时系统运行时长,得出统计图如图 6-4-16 所示,横坐标代表订单组别编号,纵坐标代表系统运行时长。

由图 6-4-16 可以看出,三组方案随着订单总量的攀升,系统运行时长均显著延长,对比三种方案的运行时长增大幅度可以看出,方案 1>方案 3>方案 2,从系统实际运行角度考虑，由于输送线的物理路径对料箱的运行排序产生限制以及系统运行过程中料箱间的相对位置不断发生变化等因素的影响，随着批次内订单总量增加，需调度料箱数量随之增加，对于各拣选台内料箱排序队列变长，如若各个拣选台严格按照方案1给定的料箱到达顺序进行拣选作业，将造成大量的料箱空跑以及作业人员等待的情况，进而导致系统运行总时长延长，这说明了在实际系统运行过程中严格按照方案1的执行策略是无法满足实际需求的；另一方面，由于订单增加、料箱数量增多，基于本书的订单相似分配策略＋多拣选台订单分配解耦算法，方案2中的料箱复拣率明显提高，并且避免了部分拣选台间料箱耦合情况的发生，因此方案2优于方案1。纵向对比三种方案每组数据的运行时长，方案2在提升系统运行效率方面，总体明显优于方案1、方案3，这也再次证明了相较原有订单分配模式，本书提出的总体订单分配方案有显著优化效果。

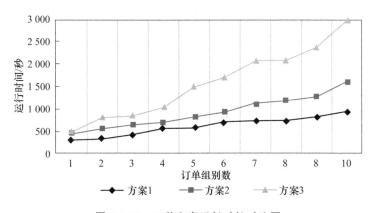

图 6-4-16 三种方案运行时长对比图

在料箱实际调度过程中，对于各拣选台而言并非每个料箱都是有限资源，因此部分料箱到达拣选台的顺序可能对系统的整体拣选作业的运行效率不构成正向或负向影响，基于该角度的分析，随机打乱方案2中料箱的运行轨迹顺序，得到相较于方案2中料箱轨迹顺序有所不同的其他方案，分别包括基于方案2的料箱运行轨迹方案准确率97%、准确率94%、准确率91%、准确率88%、准确率85%、准确率82%、准确率79%的多组方案，将上述几组方案依次作为同于方案1、方案2、方案3仿真运行的输入数据，对比这十种方案的系统运行时长，整理成如图6-4-17所示的雷达图，图中每个同心圆代表一个运行时长的数值，同心圆向外引出射线且分值递增，最大值为2 600秒，每条射线与同心圆交点代表该种方案每组数据运行结果，十组闭环代表十组数据基于十种方案的运行结果。

事实上，对于料箱运行轨迹的调整即是对系统内有限资源调度顺序的调整，对拣选台间耦合料箱的优化调度是影响整体运行效率的关键因素，由于料箱在输送线上排列的随机性，不同的料箱运行轨迹会对订单的完成时间产生影响。由

图 6-4-17 可以看出，系统运行时长最短的区域大致落在准确率 91%～100%之间；同时可以看出，准确率在 88%～100%时的方案相较于方案 3 的运行时长更短，这意味着料箱运行轨迹的准确率高于 88%时，对系统运行有较为明显的优化效果。

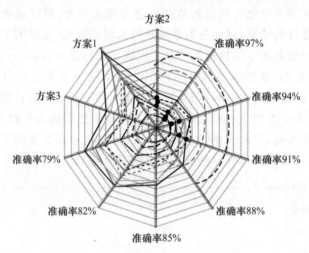

图 6-4-17　十种方案运行时长对比图

本节通过 EIQ 分析技术对 A 企业的业务特点进行分析，为其拣选模式的调整提出建议。依据之前的问题描述和模型算法，设计了仿真实验，利用 Python 编程实现了相关算法，验证了各算法的优化效果。在订单分批聚类的仿真验证中，通过对多组真实订单数据的仿真确定特征阈值和相关系数，进而根据确定的阈值对随机抽取的多组订单数据进行仿真验证，结果表明本书提出的改进聚类分批算法相较于现有模式，在减少料箱出库的效果上有明显的优化提升，这意味着能在很大程度上降低库端提升机作业压力，提高了上游多穿库的作业效率。

在订单分配算法的仿真验证中，首先对单拣选台工作情况进行优化仿真，仿真结果表明本书的优化算法相比现有作业模式，可以在一定程度上减少料箱更替次数；然后对多个拣选台同步拣选情况下的优化算法进行仿真，结果表明优化算法在降低料箱更替次数的同时避免了多个拣选台同时等待一个料箱的情况，减少了拣选作业人员空等的情况；考虑到实际系统运行过程中，严格按照算法计算得到的拣选台内料箱到达顺序将大大降低系统效率，因此使用 AutoMod 仿真软件基于实际场景搭建模型，建立多组方案作为模型的输入数据，对比系统运行时长，仿真结果表明，本书提出的优化算法得到的料箱运行轨迹在系统实际运行过程中有较好的优化效果，且准确率在 88%以上时执行效果均明显优于原有随机方案，这表明了本书提出的"订单相似分配策略＋多拣选订单分配解耦算法"在系统实际执行过程中的有效性和相较于原有方案的显著优化性。

第7章
智能设备调度问题

7.1 基于任务时间成本的 RMFS 订单任务分配建模与优化

移动机器人履单系统(robotic mobile fulfillment system,RMFS)是一种"货到人"订单拣选系统,由于其具备高柔性、高存储密度、高效率、高响应性等特点[39],广泛应用于电商、零售商超、医药等行业,也成为了国内外学者研究的热点。徐翔斌[40]等人总结了 RMFS 的几个重点研究方向,包括货位指派、订单分批、任务分配和路径规划,为 RMFS 系统的实践应用及学术研究提供了参考。Weidinger[41]等人针对机器人任务序列确定情况下的动态货位指派问题(即货架从工作站返回存储区的储位分配问题),提出基于储位和工作站间距离的间隔调度优化模型,采用自适应大领域搜索算法进行求解,通过与三种简单的储位分配策略进行比较,证明了所提算法的有效性。Boysen[42]等人针对拣选订单的分批及到达拣选站的货架排序问题,提出了一种基于模拟退火算法及波束搜索机制的决策分解方法,与实际仓库中基于规则的简单方法进行对比,实验结果表明所提优化算法可使机器人数量减少一半以上。张新艳[43]等人针对栅格化地图中的机器人无碰撞路径规划问题,提出一种引入时间因子的改进 A 算法以减少转弯次数,结合时间窗及优先级策略实现多机器人的动态无碰撞路径规划。

任务分配问题介于订单分批和路径规划之间,是将订单分批得到的某批次订单内的搬运任务按照一定的规则分配给一组机器人,然后根据任务分配的结果对每台机器人进行路径规划。因此,任务分配问题极大地影响了 RMFS 系统的作业效率。目前,机器人厂商多使用派遣规则方法,学术界对该问题的研究还较少。

Zhou[44]等人以未知的任务成本对系统进行建模,以平均分配工作负载和最小化旅行成本为目标,提出了一种基于任务费用和行程费用的平衡启发式机制,减少了机器人的总行程时间;Zou[45]等人提出了一种基于处理速度的领域搜索分配算法,建立了基于 SOQN(半开放排队网络)的仿真模型以评估 RMFS 的性能,证明了算法的有效性;Ghassemi[46]等人将任务分配问题建模成多旅行商问题,提出了一种基于模糊聚类方法的分布式多智能体任务分配(Dec-MATA)算法,与多旅行商问题最新的集中式方法进行对比,得出 Dec-MATA 算法解算的最优成本在集中式算法的 7%~28%范围内,同时解算速度比集中式算法快 1~3 个数量级。以上的研究重点关注模型转化以及求解算法的创新和优化,忽略了问题模型与实际系统的差距,很少考虑任务时间成本的真实性和可靠性,而准确计算出任务时间成本是求解任务分配问题的基础。

RMFS 系统是一种基于多机器人协同作业的"货到人"拣选系统,具有特殊的作业特点(任务执行特点),存在机器人是否背负货架、任务-货架耦合(不同任务命中同一货架)、机器人在工作站排队等待等因素。同时,机器人集群具有高度动态的行驶行为,存在加减速时间、转弯时间等难以提前预知等问题。上述问题都与任务时间成本计算密切相关,学术界对该问题的研究还较少。目前,机器人厂商多使用派遣规则方法在系统运行过程中实时分配任务,这种做法难以保障任务分配的全局最优。

针对以上问题,本书首先将搬运任务分解为 5 个子任务,构建了机器人转弯和加减速的子任务时间成本计算公式;接着考虑工作站排队约束和货架唯一性约束,修正了特定任务排序下的子任务时间成本,提出了机器人完工时间算法;然后以机器人最晚完工时间最小为目标监理任务分配模型,采用基于领域搜索的进化算法进行求解;最后通过把不同任务订单规模下的求解结果与派遣规则方法进行对比,证明所研究算法的有效性。

7.1.1 问题描述

如图 7-1-1 所示为 RMFS 系统的一个经典布局方式,包括工作区、高速区、存储区。为了减少移动时机器人间的冲突,通道均为单向道,依次交替分布,图中圆点指示通道的交叉位置。工作区包括工作站点和机器人缓存区;高速区是衔接工作区和存储区的机器人快速通行区域;存储区被纵横交错的通道分成货架块,每个块内紧密排列着货架。机器人将订单指定商品所在货架搬运到对应工作站,待工人完成拣选动作后,机器人再将货架搬回存储区的空闲货位。

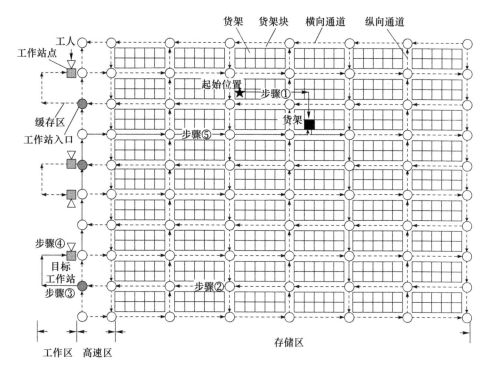

图 7-1-1 RMFS 典型地图布局

为了简化问题,可以进行如下假设:

(1) 空载机器人(没有背负货架的机器人)只能在存储区移动,优先选择货架底部通行(此时移动方向不受限制);

(2) 负载机器人(背负货架的机器人)只能沿着单向道行驶,且只能由横向通道进出货架块;

(3) 机器人起始随机分布在货架底部,运行过程中电量充足(因此忽略充电区);

(4) 货架与存储区的货位存在固定的一对一绑定关系(即货架在搬运结束后回到原来的货位)。

基于以上假设,考虑下发给工作站(可以进行拣选作业,也可以进行补货作业)一个批次的订单(可以是拣货单,也可以是补货单),可按订单行拆分为 M 个搬运任务(以下简称为任务)。现有 N 个机器人共同执行这些任务,每个机器人一次只能执行一个任务,每个任务只能由一个机器人执行,机器人执行相邻两个任务间存在转移时间。任务分配问题即为每个机器人分配一个任务列表,机器人按顺序执行任务列表中的任务,使得最后一个机器人完成所有任务的时间最短。

7.1.2 数学模型

一个搬运任务包含一个货架和一个目标工作站。若这 M 个搬运任务所对应的货架各不相同，则搬运任务可分为以下 5 个子任务周期往复执行。

子任务①：机器人从当前位置移动到货架所在货位并举升货架。

子任务②：机器人将货架从当前货位运送到目标工作站入口。

子任务③：机器人从目标工作站入口进入缓存区等待。

子任务④：工人执行相应的拣选（或补货）操作。

子任务⑤：机器人将货架运回原货位并卸下货架。

在实际业务中，一个波次的订单按订单行拆分后，实际上通常包含许多重复的货架。针对具有相同货架的相邻任务，为了减少机器人的行走距离，分为以下两种情况进行处理：若下一任务指定的工作站与当前工作站不同，则当前任务的子任务④结束后可直接将货架运至下一任务指定的工作站入口，执行下一任务的子任务③；若下一任务指定的工作站正好为当前工作站，则可直接执行下一任务的子任务④。

基于以上的作业任务过程描述，建立如下任务分配模型，算法参数的符号定义如下。

- M：一个波次的总任务数。
- J：任务集合 $J = \{1, 2, 3, \cdots, j, \cdots, M\}$。
- N：搬运机器人的总数。
- R：机器人集合 $R = \{1, 2, 3, \cdots, r, \cdots, N\}$。
- M_r：分配给机器人 r 的任务数量，$\sum_{r=1}^{N} M_r = M$。
- J_r：分配给机器人 r 的任务序列，$J_r = \{j_r^1, j_r^2, j_r^3, \cdots, j_r^h, \cdots, j_r^{M_r}\}$，$j_r^h \in J$。
- T_r：机器人 r 的完工时间，即从初始位置到完成任务 $j_r^{M_r}$ 的子任务⑤的时间。
- j_r^h：决策变量 $j_r^h \in J_r$，$J_r \subseteq J$，$r \in R$。

建立的模型如下。

目标函数：

$$\min \max_{r \in R} T_r \tag{7-1-1}$$

约束条件：

$$J = \bigcup_{r \in R} J_r \tag{7-1-2}$$

$$J_r \cap J_q = \varnothing (\forall r,q \in R \text{ 且 } r \neq q) \tag{7-1-3}$$

其中,式(7-1-1)是以机器人最晚完工时间最小为目标进行考虑;约束条件(7-1-2)则保证所有任务都可以分配给机器人;约束条件(7-1-3)则保证分配给每个机器人的任务均不会重复。从建立的数学模型可以看出,本模型并没有显式给出机器人最晚完工时间的解析表达。因为如果缓存区有机器人 p 排队,则机器人 p 的子任务③的结束时间取决于前序机器人的子任务④的结束时间;若机器人 p 执行子任务①到达货位后发现货位为空(假设此货架正在被机器人 q 占用),则机器人 p 的子任务①的结束时间取决于机器人 q 的子任务⑤的结束时间。因此 T_r 不仅依赖于自身的任务序列 $J_r(r \in R)$,同时也依赖于剩余机器人的任务序列 $J_q(\forall q \in R, q \neq r)$。但只要分配方式 $\{J_1, J_2, \cdots, J_r, \cdots, J_N\}$ 确定,各机器人的完工时间 $\{T_1, T_2, \cdots, T_r, \cdots, T_N\}$ 也会被唯一确定。

图 7-1-2 RMFS 机器人完工时间算法给出了考虑工作站排队约束和货架唯一性约束的机器人完工时间的计算方法,同时也加入了对"具有相同货架的相邻任务"的特殊处理,从任务执行策略上减少机器人的行走距离,RMFS 机器人完工时间算法用到的参数定义如下:

- $DT^1 = (DT^1_{j^r_{p-1}, j^r_p})$ 表示子任务①所需时间;
- $DT^2 = (DT^2_{j^r_p})$ 表示子任务②所需时间;
- $DT^3 = (DT^3_{j^r_p})$ 表示子任务③所需时间;
- $DT^4 = (DT^4_{j^r_p})$ 表示子任务④所需时间;
- $DT^5 = (DT^5_{j^r_p})$ 表示子任务⑤所需时间;
- $ST = (ST_{station1, station2})$ 表示工作站转移时间(机器人从 station1 移动到 station2 的时间);
- $WR = (WR_{shelf})$ 表示当前等待搬运货架 shelf 的机器人集合;
- $SF = (SF_{shelf})$ 是货架的状态标志位($SF_{shelf} = 1$ 表示货架 · shelf 处于原货位,$SF_{shelf} = 0$ 表示货架 shelf 不在原货位);
- $SLT = (SLT_{station})$ 表示当前工作站 station 的最早空闲时刻;
- $ET^2 = (ET^2_r)$ 表示机器人 r 到达当前任务指定的目标工作站入口的时刻;
- completedCounter 表示当前完工机器人的计数。

在 RMFS 机器人完工时间算法求解过程中,首先给出输入参数 DT^1、DT^2、DT^3、DT^4、DT^5 的确定方式,然后采用基于领域搜索的进化算法求解上述数学模型。

Algorithm 1 CalculateMakespan

Input: $DT^1, DT^2, DT^3, DT^4, DT^5, ST, J_1, J_2, J_3, \cdots, J_N$
Output: $T_1, T_2, T_3, \cdots, T_N$
1: initalize WR of all shelves as empty set, initialize SF of all shelves as 1, initialize SLT of all stations as 0, initialize ET^2 of all robots respectively as the cost from initial position to station entrance.
2: **while** completedCounter$<N$ **do**
3:     $ET_r^2 \leftarrow \min\{ET_1^2, ET_2^2, \cdots, ET_N^2\}$
4:     $s \leftarrow$ station designated by job j_r^1, $l \leftarrow$ shelf designated by job j_r^1
5:     **if**$(ET_r^2 + DT_{j_r^1}^3) > SLT_s$ **then**
6:         $SLT_s = ET_r^2 + DT_{j_r^1}^3 + DT_{j_r^1}^4$
7:     **else**
8:         $SLT_s += DT_{j_r^1}^4$
9:     **end if**
10:     **if** set J_r only contains one element **then**
11:         $T_r = SLT_s + DT_{j_r^1}^5$, $ET_r^2 = $ completedCounter$++$
12:         **if** $WR_l \neq \varnothing$ **then**
13:             seletc the first robot p from WR_l and delete p from WR_l
14:             $ET_p^2 = T_r + DT_{j_p^1}^2$
15:         **else**
16:             $SF_l = 1$
17:         **end if**
18:     **else**
19:         $s' \leftarrow$ station designated by job j_r^2, $l' \leftarrow$ shelf designated by job j_r^2
20:         **if** $l \neq l'$ **then**
21:             $ET_r^2 = SLT_s + DT_{j_r^1}^5$
22:             **if** $WR_l \neq \varnothing$ **then**
23:                 select then first robot p from WR_l and delete p form WR_l
24:                 $ET_p^2 = ET_r^2 + DT_{j_p^1}^2$
25:             **else**
26:                 $SF_l = 1$
27:             **end if**
28:             $ET_r^2 += DT_{j_r^1, j_r^2}^1$
29:             **if** $SF_{l'} == 1$ **then**
30:                 $SF_{l'} = 0$, $ET_r^2 += DT_{j_r^2}^2$
31:             **else**
32:                 add robot r into set $WR_{l'}$, $ET_r^2 = +\infty$
33:             **end if**
34:         **else**
35:             **if** $s \neq s'$ **then**
36:                 $ET_r^2 = SLT_s + ST_{s,s'}$
37:             **else**
38:             **end if**
39:         **end if**
40:     **end if**
41:     delete the first element of set J_r
42: **end while**

图 7-1-2 RMFS 机器人完工时间算法

7.1.3 考虑转弯和加减速的机器人路径时间代价计算

假设 n 为路径对应的栅格数量，u 为每个栅格代表的实际场地，机器人启动和制动的加速度的绝对值均为 a，加速到额定速度 v 后将匀速行驶，则根据牛顿第二定律可以得到机器人直线行驶给定距离 $n*u$ 所需要的时间为：

$$t(n,u,a,v)=\begin{cases}\dfrac{v}{a}+\dfrac{n\cdot u}{v}, & nu\geqslant\dfrac{v^2}{a}\\ 2\sqrt{\dfrac{n\cdot u}{a}}, & nu<\dfrac{v^2}{a}\end{cases} \tag{7-1-4}$$

在地图坐标的定义如下。

(1) x 轴正方向：工作站指向存储区的单向道的方向。

(2) y 轴正方向：离工作站最近且与 x 轴垂直的单向道的方向。

(3) x 轴位置：满足 x 轴正方向的地图边界（若找不到这样的 x 轴，则可通过交换与 x 轴共线的单向道的交替次序得到）。

(4) y 轴位置：工作区与高速区的连接处。

按此规则建立地图坐标系。地图布局参数如下。

(1) B_x：x 轴方向的货架块数量。

(2) B_y：y 轴方向的货架块数量（$B_y \geqslant 2$，且工作站的数量由 $\lceil B_y/3 \rceil$ 决定）。

(3) S_x：每个货架块内沿 x 轴方向的货架数量。

(4) S_y：每个货架块内沿 y 轴方向的货架数量。

(5) H_w：高速区宽度所占栅格数量（$H_w \geqslant 2$）。

(6) B_w：缓存区宽度所占栅格数量。

图 7-1-3 RMFS 地图坐标系定义实例展示了一个 $\{B_x=6, B_y=9, S_x=5, S_y=2, H_w=4, B_w=4\}$ 的地图实例。

定义每个货架在地图中存在三类坐标。具体的坐标类型定义如下。

(1) (x_{sb}, y_{sb})：表示货架在块内的坐标 $x_{sb} \in [1, S_x]$，$y_{sb} \in [1, S_y]$。

(2) (x_{bg}, y_{bg})：表示货架所属块在全局的坐标，其中 $x_{bg} \in [1, B_x]$，$y_{bg} \in [1, B_y]$。

(3) (x_{sg}, y_{sg})：表示货架在全局的坐标，三类坐标间存在如下等式关系：

$$x_{sg} = H_w + (S_x+1) \cdot (x_{bg}-1) + x_{sb} \tag{7-1-5}$$

$$y_{sg} = 1 + (S_y+1) \cdot (y_{bg}-1) + y_{sb} \tag{7-1-6}$$

为了对货架块进行分类，可以根据环绕货架块周围的道路方向的周期变化，将货架块分为以下四种情况，并且给每个货架块 (x_{bg}, y_{bg}) 增加一个标签 RF（Road

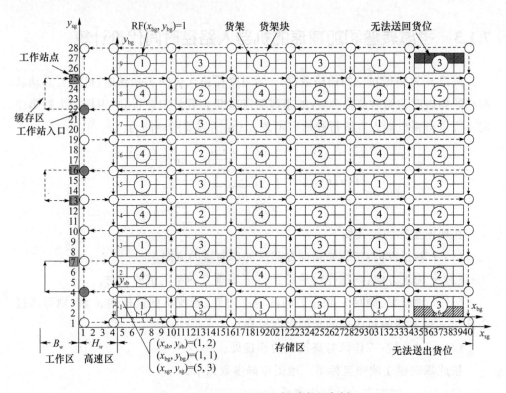

图 7-1-3 RMFS 地图坐标系定义实例

Form，RF = 1，2，3，4)来标识它们：

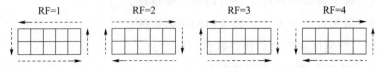

根据坐标系的定义有：

$$(x_{bg}, y_{bg})_{RF=1} = \{(x_{bg}, y_{bg}) | x_{bg} \bmod 2 = 1, y_{bg} \bmod 2 = 1\} \quad (7\text{-}1\text{-}7)$$

$$(x_{bg}, y_{bg})_{RF=2} = \{(x_{bg}, y_{bg}) | x_{bg} \bmod 2 = 0, y_{bg} \bmod 2 = 0\} \quad (7\text{-}1\text{-}8)$$

$$(x_{bg}, y_{bg})_{RF=3} = \{(x_{bg}, y_{bg}) | x_{bg} \bmod 2 = 0, y_{bg} \bmod 2 = 1\} \quad (7\text{-}1\text{-}9)$$

$$(x_{bg}, y_{bg})_{RF=4} = \{(x_{bg}, y_{bg}) | x_{bg} \bmod 2 = 1, y_{bg} \bmod 2 = 0\} \quad (7\text{-}1\text{-}10)$$

在实际过程中，存在某些无效货位(因为地图的边界破坏了单向道交替的结构)的情况。

针对无法送出的货位则有如下的定义：

$$\{(x_{sg}, y_{sg}) | (x_{bg}, y_{bg}) = (B_x, 1), RF_{(B_x, 1)} = 3, y_{sb} = 1\} \quad (7\text{-}1\text{-}11)$$

$$\{(x_{sg}, y_{sg}) | (x_{bg}, y_{bg}) = (B_x, B_y), RF_{(B_x, B_y)} = 4, y_{sb} = 2\} \quad (7\text{-}1\text{-}12)$$

针对无法送回货位则有如下的定义：

$$\{(x_{sg}, y_{sg}) | (x_{bg}, y_{bg}) = (B_x, B_y), RF_{(B_x, B_y)} = 3, y_{sb} = 2\} \quad (7\text{-}1\text{-}13)$$

在各个子任务的时间成本计算中,假设机器人 r 的起始位置为 (x_{st}, y_{st});任务 j_r^h 的货架全局坐标为 (x_{sg}, y_{sg}),货架所在块的坐标为 (x_{bg}, y_{bg}),货架在块内的坐标为 (x_{sb}, y_{sb}),离货架最近的 x 方向道路的全局 y 坐标值为 y_0;任务 j_r^h 的工作站入口坐标为 $(1, y_{in})$,工作站坐标为 $(0, y_{out})$,任务 j_r^{h+1} 的工作站入口坐标为 $(1, y'_{in})$,工作站坐标为 $(0, y'_{out})$;机器人行驶过程中所经过的直线段 i 所占栅格数为 $PN_i (i=0,1,2,\cdots,I)$。设定机器人举升/下降的时间为 T_{lift},机器人旋转 θ 角度所需的时间为 T_θ,机器人空载额定速度为 v_e,机器人最大负载额定速度为 v_l。

定义实函数:

$$f(x) = \begin{cases} 0, & x=0 \\ 1, & x \in R, x \neq 0 \end{cases} \quad (7\text{-}1\text{-}14)$$

各个子任务的时间成本计算如下。

(1) DT^1 的计算公式

子任务①中空载机器人的行驶时间包括转弯时间和两段直线行驶时间:

$$DT^1 = (f(x_{st} - x_{sg}) + f(y_{st} - y_{sg})) \cdot T_{\theta = \frac{\pi}{4}} + t(|x_{st} - x_{sg}|, u, a, v_e) + t(|y_{st} - y_{sg}|, u, a, v_e) \quad (7\text{-}1\text{-}15)$$

(2) DT^2 的计算公式

子任务②的时间包括货架举升时间、转弯时间、直行时间:

$$DT^2 = T_{lift} + I \cdot T_{\theta = \frac{\pi}{4}} + \sum_{i=0}^{I} t(PN_i, u, a, v_l) \quad (7\text{-}1\text{-}16)$$

其中,$PN_0 = 1$,下面讨论 $PN_1 \sim PN_I$ 的取值。

特别地,当满足 $((RF_{(x_{bg}, y_{bg})} = 4) \wedge (y_{bg} = B_y)) \vee ((RF_{(x_{bg}, y_{bg})} = 3) \wedge (y_{bg} = 1))$ 时,$PN_1 = (S_x + 1) \times 2 - x_{sb}$,$PN_2 = |y_{in} - y_0|$,$PN_3 = (S_x + 1) \cdot (x_{bg} + 1) + H_w - 1$

针对常见的情况,分三种类型进行讨论。

类型一:若 $((RF_{(x_{bg}, y_{bg})} = 4) \wedge (y_{sb} = 2)) \vee ((RF_{(x_{bg}, y_{bg})} = 1) \wedge (y_{sb} = 1))$,则 PN_i 的取值如表 7-1-1 所示。

表 7-1-1 DT^2 的 PN_i 的取值情况类型一

	$y_{in} > y_0$	$y_{in} < y_0$
PN_1	$S_x + 1 - x_{sb}$	
PN_2	$|y_{in} - y_0|$	$S_y + 1$
PN_3	$(S_x + 1) \cdot x_{bg} + H_w - 1$	$(S_x + 1) \cdot x_{bg}$
PN_4	NULL	$|y_{in} - y_0| + S_y + 1$
PN_5	NULL	$H_w - 1$

类型二:若 $((RF_{(x_{bg}, y_{bg})} = 2) \wedge (y_{sb} = 2)) \vee ((RF_{(x_{bg}, y_{bg})} = 3) \wedge (y_{sb} = 1))$,则

PN_i 的取值如表 7-1-2 所示。

表 7-1-2 DT^2 的 PN_i 的取值情况类型二

	$y_{in} > y_0$	$y_{in} < y_0$
PN_1	$S_x + 1 - x_{sb}$	
PN_2	$S_y + 1$	$\|y_{in} - y_0\|$
PN_3	$(S_x+1) \cdot x_{bg} + H_w - 1$	$(S_x+1) \cdot x_{bg} + H_w - 1$
PN_4	$\|y_{in} - y_0\| + S_y + 1$	NULL

类型三:若$((RF_{(x_{bg}, y_{bg})} = 2 \vee 4) \wedge (y_{sb} = 1)) \vee ((RF_{(x_{bg}, y_{bg})} = 1 \vee 3) \wedge (y_{sb} = 2))$,则 PN_i 的取值如表 7-1-3 所示。

表 7-1-3 DT^2 的 PN_i 的取值情况类型三

	$y_{in} > y_0$	$y_{in} = y_0$	$y_{in} < y_0$
PN_1	$(S_x+1) \cdot (x_{bg}-1) + x_{sb} + H_w - 1$		$(S_x+1) \cdot (x_{bg}-1) + x_{sb}$
PN_2	$\|y_{in} - y_0\|$	NULL	$\|y_{in} - y_0\|$
PN_3	NULL	NULL	$H_w - 1$

(3) DT^3 计算公式

子任务③的时间包括转弯时间和直行时间。

$$DT^3 = I \cdot T_{\theta = \frac{\pi}{4}} + \sum_{i=0}^{I} t(PN_i, u, a, v_l) \tag{7-1-17}$$

其中,$PN_0 = B_w$,$PN_1 = S_x + 1$,$PN_2 = B_w - 1$。特别地,若某任务需要机器人在工作站入口点$(1, y_{in})$换向时,转弯时间应加到此任务的DT^3上。

(4) DT^4 计算公式

工作站的拣选(或补货)时间可根据实际情形灵活配置,本书假设每个任务的工作站拣选(或补货)时间均相等。

(5) DT^5 计算公式

子任务⑤的时间包括货架下降时间、转弯时间、直行时间:

$$DT^5 = T_{lift} + I \cdot T_{\theta = \frac{\pi}{4}} + \sum_{i=0}^{I} t(PN_i, u, a, v_l) \tag{7-1-18}$$

其中,$PN_0 = 1$,下面讨论$PN_1 \sim PN_I$的取值。

特别地,当满足$((RF_{(x_{bg}, y_{bg})} = 3) \wedge (y_{bg} = B_y))$时,$PN_1 = (S_x+1) \times 2 - x_{sb}$,$PN_2 = |y_{out} - y_0|$,$PN_3 = (S_x+1) \cdot (x_{bg}+1) + H_w$。

针对常见的情况,分三种类型进行讨论:

类型一:若$((RF_{(x_{bg}, y_{bg})} = 3) \wedge (y_{sb} = 2)) \vee ((RF_{(x_{bg}, y_{bg})} = 2) \wedge (y_{sb} = 1))$,则 PN_i 的取值如表 7-1-4 所示。

表 7-1-4　DT^5 的 PN_i 的取值情况类型一

	$y_{out} > y_0$	$y_{out} < y_0$
PN_1	$S_x + 1 - x_{sb}$	
PN_2	$|y_{out} - y_0|$	$S_y + 1$
PN_3	$(S_x + 1) \cdot x_{bg} + H_w$	$(S_x + 1) \cdot x_{bg} + H_w - 1$
PN_4	NULL	$|y_{out} - y_0| + S_y + 1$
PN_5	NULL	1

类型二：若 $((RF_{(x_{bg}, y_{bg})} = 1) \land (y_{sb} = 2)) \lor ((RF_{(x_{bg}, y_{bg})} = 4) \land (y_{sb} = 1))$，则 PN_i 的取值如表 7-1-5 所示。

表 7-1-5　DT^5 的 PN_i 的取值情况类型二

	$y_{out} > y_0$	$y_{out} < y_0$
PN_1	$S_x + 1 - x_{sb}$	
PN_2	$S_y + 1$	$|y_{out} - y_0|$
PN_3	$(S_x + 1) \cdot x_{bg}$	$(S_x + 1) \cdot x_{bg} + H_w$
PN_4	$|y_{out} - y_0| + S_y + 1$	NULL
PN_5	H_w	NULL

类型三：若 $((RF_{(x_{bg}, y_{bg})} = 1 \lor 3) \land (y_{sb} = 1)) \lor ((RF_{(x_{bg}, y_{bg})} = 2 \lor 4) \land (y_{sb} = 2))$，则 PN_i 的取值如表 7-1-6 所示。

表 7-1-6　DT^5 的 PN_i 的取值情况类型三

	$y_{out} > y_0$	$y_{out} = y_0$	$y_{out} < y_0$
PN_1	$(S_x + 1) \cdot (x_{bg} - 1) + x_{sb}$	$(S_x + 1) \cdot (x_{bg} - 1) + x_{sb} + H_w$	$(S_x + 1) \cdot (x_{bg} - 1) + x_{sb} + H_w - 1$
PN_2	$|y_{out} - y_0|$	NULL	$|y_{out} - y_0|$
PN_3	H_w	NULL	1

(6) ST 计算公式

工作站转移时间 ST 包含转弯时间和直行时间。ST 的计算公式如式(7-1-19)所示。

$$ST = I \cdot T_{\theta = \frac{\pi}{4}} + \sum_{i=0}^{I} t(PN_i, u, a, v_l) \quad (7-1-19)$$

表 7-1-7 ST 的 PN_i 的取值情况

	$y_{out} > y'_{in}$	$y_{out} < y'_{in}$
PN_0	H_w	1
PN_1	$\|y_{out} - y'_{in}\|$	
PN_2	$H_w - 1$	NULL

特别地,若任务 j_r^{h+1} 需要机器人在工作站入口点 $(1, y'_{in})$ 换向时,转弯时间应加到此任务的 DT^3 上。

7.1.4 基于邻域搜索的改进遗传算法

本小节使用基于邻域搜索的改进遗传算法对上述 7.1.3 小节的模型进行求解,算法整体框架如图 7-1-4 所示。首先设计了随机均衡算子生成初始解集合,接着设计了两种邻域搜索算子:"变异算子"和"进化算子"。"变异算子"用于扩大种群的多样性,且计算效率较高,但寻优结果不稳定;"进化算子"可以使算法快速收敛到某个值附近,但阻碍了更优解的找寻,且运算效率较低。因此,设计了进化比率 $radio$ 参数控制"进化算子"作用的解的规模,从而在算法计算速度、解的质量、算法效果稳定性上做出平衡。最后,使用基于辅助编码的选择算子来更新种群,当达到终止条件后,将种群中的最优解输出。

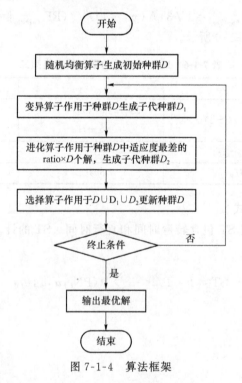

图 7-1-4 算法框架

本书直接使用解的表现型作为基因型,如图 7-1-5 所示是 $M=20$、$N=4$ 的一个解,方框里的数字代表任务编号,机器人按顺序执行各自列表中的任务。

图 7-1-5　解的表示

随机均衡算子的部分,考虑随机打乱任务集合 J,按照任务均衡的原则依次将任务分配给机器人。即:

$$M_r = \begin{cases} \lfloor \frac{M}{N} \rfloor + 1, & r=1,2,\cdots,n \\ \lfloor \frac{M}{N} \rfloor, & r=n+1,\cdots,N \end{cases}$$

其中,$n = M \bmod N$。

例如,原始任务集合为 $J=\{1,2,3,\cdots,10\}$,$N=3$,随机打乱任务顺序后 $J=\{4,1,6,5,10,7,8,9,2,3\}$,则解为 $J_1=\{4,1,6,5\}$,$J_2=\{10,7,8\}$,$J_2=\{9,2,3\}$。

变异算子的确定过程如下:给当前解中的每一个任务随机赋值一个概率 p,若 p 小于变异概率 Mutation Threshold,则将此任务 j_i^h 从当前解中移除并加入重分配任务序列 J' 中。最后调用最大任务时间插入算法,将 J' 中的每一个任务插入当前解 $J_1,J_2,\cdots,J_r,\cdots,J_N$ 中,由此完成一次变异操作。

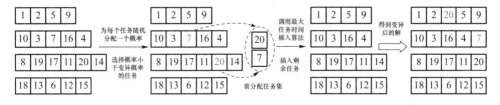

图 7-1-6　变异操作示例

算法 2:最大任务时间插入算法

Input:$J_1,J_2,\cdots,J_r,\cdots,J_N$,$DT^2$,$DT^3$,$DT^4$,$DT^5$,$J'$
Output:$J_1,J_2,\cdots,J_r,\cdots,J_N$
1:对于重分配任务集 J' 中的每一个任务,计算任务时间 $JT_i = DT_i^2 + DT_i^3 + DT_i^4 + DT_i^5$。
2:while $J' \neq \emptyset$ do
3:　找到 J' 中任务时间最大的任务 j_i。

4: 假设任务集 J_r 包含 k 个任务,则有 $k+1$ 个待插入位置 $\{p_r^0, p_r^1, \cdots, p_r^t, \cdots, p_r^k\}$. 在 $\{J_1, J_2, \cdots, J_N\}$ 提供的所有待插入位置中,找到最好的位置将任务 j_i 插入. 最佳位置寻找过程如下:记 M_r^t 为把任务 j_i 插入位置 p_r^t 时机器人 r 的完工时间,遍历所有的待插入位置,最佳位置为最小完工时间 $M_{r_0}^{t_0}$ 对应的位置 $p_{r_0}^{t_0}$.

5: 将任务 j_i 从集合 J' 中删除.

6: 将任务 j_i 插入位置 $p_{r_0}^{t_0}$.

7: end while

进化算子是选择当前解 $J_1, J_2, \cdots, J_r, \cdots, J_N$ 中完工时间最大的机器人的任务集 J_r,将 J_r 从当前解中移除,并作为重分配任务序列 J'. 最后调用最大任务时间插入算法,将 J' 中的每一个任务插入当前剩余解 $J_1, J_2, \cdots, J_r, \cdots, J_N$ 中,由此完成一次进化操作。

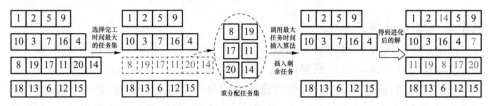

图 7-1-7 进化操作示例

选择算子的环节,本书利用辅助编码的方法来对解进行分类,辅助编码相同的解都是一组相似解,在进行选择操作的时候,对于辅助编码相同的一组解只取适应度最好的一个,从而扩大了种群的多样性。筛选完相似解后,按适应度值取最优的 D 个解来更新种群,若筛选完相似解后不够 D 个解,则从本次迭代的父代种群中按适应度值最优依次补上种群缺口。

7.1.5 算例分析

从算法参数和算例参数两个方面对所提出的算法进行分析。算法参数包括种群数量、迭代次数、变异阈值、进化比率等。算例参数包括地图规模、总任务数、货架非重复比率(设有 M 个任务,货架各不相同的任务有 m 个,则货架非重复比率为 m/M)、机器人数量、工作站服务时间(即子任务④所对应的时间)。任务集是根据总任务数和货架非重复比率在地图中随机选择货架和工作站生产的。机器人的初始位置由"地图规模"和机器人数量唯一确定。所有算例均独立运行 10 次,结果保留两位小数。机器人运动参数设置如表 7-1-8 所示。

表 7-1-8　机器人运动参数

参　数	取　值	单　位
T_{lift}	5	秒
$T_{\theta=45°}$	1	秒
v_e	2	米/秒^2
v_l	1	米/秒^2
u	1	米

算法采用 Microsoft Visual Studio 2019 C♯语言进行编程,运行环境是 Windows 10 专业版、Intel(R) Xeon(R) Gold 6226R CPU @ 2.90GHz 2.89 GHz (双处理器)、64G 内存、64 位操作系统。

(1) 遗传参数对算法性能的影响

算例参数设置如下:地图规模取{6-9-5-2-4-4}(数字依次代表 B_x、B_y、S_x、S_y、H_w、B_w 的取值),总任务 $M=120$,货架非重复比率 0.8,机器人数量 $N=10$,工作站服务时间为 20 秒,种群数量为 80,迭代 500 次;改变遗传算法的算子组合,"mutate"指仅使用变异算子,"evolve"指仅使用进化算子,"mutate+0.25evolve"指同时使用变异算子和进化比率 ratio=0.25 的进化算子,每组独立运行 10 次。运行结果如表 7-1-9 所示。

表 7-1-9　算子性能对比试验运行结果

指标	mutate	evolve	mutate+0.25evolve	mutate+0.5evolve	mutate+evolve
最差解	1 525.83	1 817.39	1 529.09	1 530.76	1 527.72
平均值	1 520.42	1 795.79	1 522.13	1 521.76	1 518.27
最优解	1 512.83	1 777.62	1 512.98	1 514.43	1 509.33
运行时间/秒	295	313	374	451	595

从表 7-1-9 算子性能对比试验运行结果可以看出:

① 变异算子的效率高于进化算子,且进化比率 radio 越大,计算耗时越长;

② 单独使用进化算子效果很差,算法容易陷入局部最优;

③ 算法的最好结果出现在混合使用两种算子且 radio=1 时;

④ 单独使用变异算子与混合使用两种算子得到的结果差距不大,因为进化算子只是在当前解的邻域进行改进,无法跳出局部最优解,只有通过变异算子扩大种群的多样性才能搜索到较好的解。

图 7-1-8 反映了每组实验 10 次运行结果的分布情况,横坐标是算子组合,纵坐标是解的适应度值。由图可以看出,单独使用算子得到的解最不稳定,混合使用两种算子且 radio=0.5 时算法的稳定性最好;除单独使用进化算子外,剩余 4 种算子组合的效果差异较小。

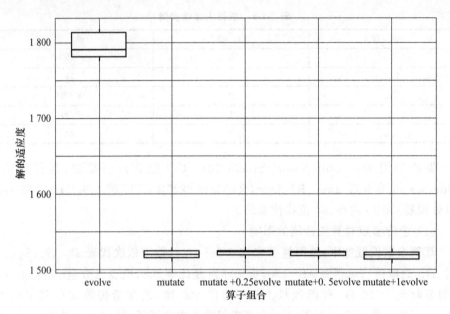

图 7-1-8 算子性能对比实验箱线图

图 7-1-9 算子性能对比试验收敛图是"mutate""mutate＋0.25svolve""mutate＋0.5svolve""mutate＋svolve"这 4 个算子组合的算法平均解收敛性分析，横坐标是算法的迭代次数，纵坐标是解的适应度值。如果把"mutate"看作 radio＝0 的混合算子，则从图中可以看出进化比率 radio 越大，算法收敛速度越快，也就是说进化算子在一定程度上会加速算法的收敛，但是从整体上看这种加速效果不太明显。

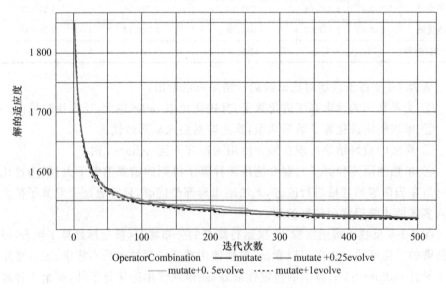

图 7-1-9 算子性能对比试验收敛图

综合考虑计算速度、解的质量、算法效果稳定性、收敛速度等因素,选择"mutate+0.25svolve"的算子组合最佳。

(2) 任务参数对算法效果的影响

在实际应用中,RMFS 系统通常采用"派遣规则"来进行多机器人任务分配,即先到先服务的思想:首先给机器人分配离各自初始位置最近的货架的任务,然后按照每个机器人当前任务的子任务④的结束时间先后顺序,依次从订单池中获取一个最近的任务加到自己的任务序列中,直到订单池中所有任务都被执行。因此,可以用派遣规则得到的分配方式作为对照组,若本书提出算法相对于派遣规则有一定的提升,则证明了算法的有效性。

考虑到问题的规模对解的数值影响较大,为了方便不同规模问题间算法的比较,引入"解的上限",即假设只有一辆机器人执行任务,把所有货架相同的任务按照一定的规则相邻排放,不考虑任务之间的转移时间,得到一个完工时间,解的上限定义为这个完工时间与实际机器人数量的比值。

本节在遗传参数取{种群数量=100、迭代次数=500、变异阈值=0.1、进化比率=0.25}的情况下,讨论货架非重复比率、机器人数量对算法提升比率的影响。

$$提升比率 = \frac{派遣规则 - 算法结果}{解的上限} \times 100\%$$

货架非重复比率分析,可以设定地图规模={6-9-5-2-4-4}、总任务 $M=120$,分别取货架非重复比率={0.6, 0.7, 0.8, 0.9},随机生成 4 个任务集。每个任务集的工作站服务时间均为 20 秒,机器人数量 $N=10$,形成 4 个算例,每个算例独立运行 10 次得到结果如表 7-1-10 所示。其中"Fitness"表示解的适应度值(即一次分配方案对应的机器人最晚完工时间),"DEV(%)"表示解的适应度值相对于解的上限的百分比偏差,"最好结果""最差结果"和"平均结果"分别为算法运算 10 次得到的最好解、最差解、平均解。

表 7-1-10 运行结果:货架非重复比率参数对比

算例编号	解的上限	派遣规则	遗传最好结果		遗传最差结果		遗传平均结果	
			Fitness	DEV(%)	Fitness	DEV(%)	Fitness	DEV(%)
1	894.10	1 425.58	996.37	59.44	1 014.15	11.44	1 005.74	12.49
2	968.10	1 510.81	1 063.50	56.00	1 078.75	9.85	1 073.4	10.88
3	1 014.10	1 425.62	1 115.00	40.58	1 136.42	9.95	1 126.1	11.04
4	1 108.10	1 461.92	1 207.15	31.93	1 217.29	8.94	1 213.39	9.50

从表 7-1-10 可以看出:算法的最好结果出现在算例 1 的"遗传最好结果",相较于派遣规则而言提升了解的适应度值,相对于解的上限的百分比偏差为 59.44%。

在算例 1～算例 4 中,随着货架非重复比例的升高,派遣规则与算法平均解的"DEV(%)"的差值在不断缩小。

这说明随着货架非重复比例的升高,算法相对于派遣规则的提升效率逐渐减少。因为货架非重复比率反映了任务集中不同任务命中同一货架的比例,货架非重复比率越小,不同任务选中同一货架的比例越大,也就意味着此波次的订单中订单行重复比例较大(或者说订单行相关性较高,订单行对应的 SKU 分布在同一个货架上的可能性较大)。此外,算法寻优的过程中自动将相同货架的任务相邻排列且尽量交付给同一机器人,这样就能大大减少任务往返于存储区和工作站的时间,即一次搬运货架尽量满足更多的任务。如果订单行重复率越低,那么算法可以优化的空间就越小,优化效果就越差,体现在数据上就是算法与派遣规则的"DEV(%)"越接近,算法求解效果逐渐退化成派遣规则。

机器人数量的分析环节,可以随机生成一个地图规模={6-9-5-2-4-4}、总任务 $M=120$、货架非重复比率=0.7 的任务集,分别取机器人数量 $N=\{5,10,15,20,30\}$ 生成 5 个算例,工作站服务时间均为 20 秒,每个算例独立运行 10 次得到的运行结果如表 7-1-11 所示。其中"Fitness"表示解的适应度值(即一次分配方案对应的机器人最晚完工时间),"DEV(%)"表示解的适应度值相对于解的上限的百分比偏差,"最好结果""最差结果"和"平均结果"分别为算法运算 10 次得到的最好解、最差解、平均解。

表 7-1-11　运行结果:机器人数量参数对比

算例编号	解的上限	派遣规则	遗传最好结果		遗传最差结果		遗传平均结果	
			适应度	DEV(%)	适应度	DEV(%)	适应度	DEV(%)
1	2 497.40	2 971.98	2 630.01	19.00	2 643.13	5.84	2 638.52	5.65
2	1 248.70	1 655.72	1 395.37	32.60	1 414.1	13.25	1 402.94	12.35
3	832.47	1 237.58	1 024.79	48.66	1 047.29	25.81	1 036.02	24.45
4	624.35	1 189.39	897.12	90.50	906.96	45.26	901.36	44.37
5	416.23	968	864.46	132.56	867.46	108.41	865.61	107.96

从表 7-1-11 可以看出:算法的最好结果出现在算例 4 的"遗传最好结果",相较于派遣规则而言提升了解的适应度值相对于解的上限的百分比偏差为 19.00%。算例 1～算例 5 随着机器人数量的增加,派遣规则与算法平均解的"DEV(%)"的差值先增大后减少。

在不考虑机器人之间的冲突、拥堵、死锁[50,51]的情况下,从表 7-1-11 中可以看出随着机器人数目的增加,算法相对于派遣规则的提升显著增加,但当机器人数量超过一定数量时,提升比例又会下降。定义提升比例发生转折时的机器人数量为瓶颈数量(需要说明的是,本实验中机器人数量间隔粒度较大,并非瓶颈数量为20,而是落在20～30之间),当机器人数量小于瓶颈数量时,工作站的负载未饱和,此时提高机器人数量有利于提高工作站的利用率;当机器人数量大于瓶颈数量时,工作站负载饱和,此时再增加机器人数量只会导致工作站排队等待更加严重,从而降低整个系统的效率。机器人的瓶颈数量取决于地图规模、工作站服务时间以及货架非重复比率,如果考虑机器人之间的冲突、拥堵、死锁,机器人的瓶颈数量还会在此基础上减小。因为随着机器人数量的增加,整个系统中发生死锁冲突的可能性就会大大提高,解决冲突死锁会带来新的时间代价,进而增加了系统的完工时间,降低了系统的拣选效率。

本书针对 RMFS 订单拣选系统的任务分配问题,将每个任务分解为 5 个子任务,构建了综合考虑机器人加减速和转弯代价的子任务成本计算公式,准确地算出每个子任务的时间成本。考虑工作站排队约束和货架唯一性约束,修正了特定任务排序下的子任务时间成本,提出机器人完工时间算法。以机器人最晚完工时间最小为目标建立任务分配模型,针对解的特点设计了"进化算子"和"变异算子"两个邻域动作,采用进化算法进行求解。算例分析表明:①"mutate+0.25svolve"的算子组合使得算法取得最佳效果;②在不同的问题规模下,该算法较派遣规则都能有显著的提升;③ 在其他算例参数不变的情况下,货架非重复比率越小,算法的优化效果越显著;④ 对于给定算例的任务集,存在最佳机器人数量,且这个数量与任务分配问题的地图规模、工作站服务时间以及货架非重复比率有关。

本书在计算任务代价时没有考虑机器人之间的冲突、死锁,而在实际情况下机器人数量大于一定值时,肯定会出现因死锁冲突带来的任务时间成本上升,从而使得问题建模与实际产生偏差。如何在任务时间成本计算中合理加入冲突死锁时间成本,是今后研究的方向。

7.2 四向穿梭车系统提升机调度与优化问题

近年来,四向穿梭车系统因其投资额低、灵活性高、适应性强等优势逐渐为各行业所关注。四向穿梭车系统在医药、食品饮料、烟草和冷链等行业具有良好的适用性,可以有效地解决出入库需求波动明显、单品种储量需求大等问题。在实际应用中,四向穿梭车系统的出入库效率与设备调度方案优劣密切相关。在四向穿梭车系统中,提升机作为瓶颈资源,其调度方案是影响系统整体出入库效率的重要因素。因此,提升机作为四向穿梭车系统中的有限资源,需要对其进行合理调度,使系统到达最优效率。

四向穿梭车系统作为一种新兴的物流系统,目前,大量研究聚焦于自动小车存取系统(autonomous vehicle storage and retrieval system,AVS/RS)[52-54]。AVS/RS与四向穿梭车系统的主要区别在于AVS/RS中穿梭车随货物一起搭乘提升机,而四向穿梭车系统中穿梭车不随货物一起搭乘提升机。针对四向穿梭车系统的研究主要集中在系统配置、订单优化以及任务调度方面。在系统配置和订单优化方面,田彬等人[55]为优化订单拣选时间,以缩短"四向车"在储位之间的往返时间为目标,建立批量订单排序的优化模型,并采用改进耦合度订单排序贪婪算法对订单及其SKU的拣选顺序进行求解;曹伟洁[56]对四向多层穿梭车系统的系统性能分析、配置优化以及出库订单排序优化问题进行研究,前两种问题建立半开环排队网络进行分析求解,订单排序优化问题以最小化订单拣选完成时间为目标,建立数学模型,并采用改进耦合度的订单排序优化算法进行求解;王婷[57]对四向穿梭车式密集仓储系统的资源配置问题进行研究,以货架尺寸、配置的四向穿梭车数量等为决策变量,建立多目标优化模型,并采用基于帕累托支配的多目标求解方案NSGA-Ⅱ算法进行求解。在任务调度方面,刘瑞萍[58]以四向穿梭车系统的任务调度问题为研究对象,建立基于时间最短的调度优化数学模型,并采用改进的遗传算法对任务调度问题进行求解,但是系统中未对换层提升机和货物提升机进行区分;段绿辉[59]以最小化批次订单的出库总时间为目标,建立数学模型,并采用基于遗传算法的离散粒子群算法对调度问题进行求解,但弱化了空载穿梭车换层任务的设备选择问题,并且该篇文献中的四向穿梭车系统更加类似于AVS/RS。

以上研究的侧重点主要集中在任务调度以及小车路径规划问题的策略方面,还未涉及提升机调度算法研究。因此,针对托盘四向穿梭车系统中的提升机调度问题,可以将其映射到柔性生产车间调度问题,转化为含运输时间的柔性车间调度问题(FJSP),以最小化任务完成时间为调度优化目标,建立提升机调度模型,并引入增强型遗传算法进行求解,通过在交叉算子中借鉴粒子群算法思想和变异算子中借鉴模拟退火算法思想,可以有效地解决传统遗传算法过早收敛的问题。

7.2.1 四向穿梭车系统的提升机调度问题

四向穿梭车系统的设备调度问题主要可分为四向穿梭车调度问题和提升机调度问题,其中四向穿梭车调度问题可分为穿梭车任务分配和穿梭车任务排序两部分,同理,提升机调度问题也可分为提升机任务分配和提升机任务排序两部分,如图7-2-1所示。由于二者皆为NP-hard问题,如果将两者统筹考虑会导致问题复杂度过高,可以将问题简化,在穿梭车调度方案确定的前提下,仅考虑出库作业,研究四向穿梭车系统的提升机调度问题。

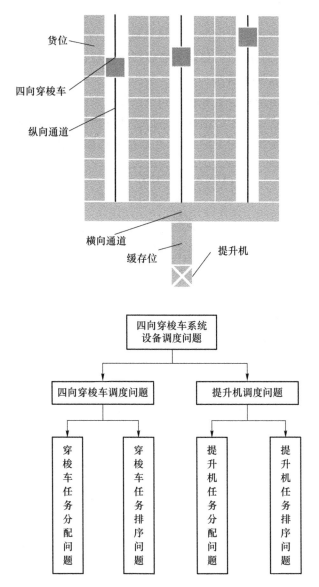

图 7-2-1 四向穿梭车系统俯视图及设备调度问题

四向穿梭车系统的提升机调度问题可分为提升机任务分配问题,即将任务分配给哪台提升机;提升机任务排序问题,即对分配给某台提升机的任务进行排序。在穿梭车调度方案确定的前提下,四向穿梭车执行出库任务的步骤如图 7-2-2 所示。

步骤一：四向穿梭车由当前位置移动到出库任务所在位置。如果穿梭车当前位置与出库任务不在同一层，转步骤二；如果穿梭车当前位置与出库任务在同一层，转步骤三。

步骤二：穿梭车移动到指定的换层提升机位置，给相应换层提升机发送信号，换层提升机完成其当前任务后，移动到穿梭车所在层进行接驳，穿梭车随换层提升机移动到任务所在层，转步骤四。

步骤三：穿梭车由当前位置移动到同层出库任务所在位置，转步骤四。

步骤四：穿梭车携带出库货物移动到指定的货物提升机处，穿梭车将货物放至提升机缓存位，不与货物一起上提升机，之后按照调度方案执行下一个出库任务。

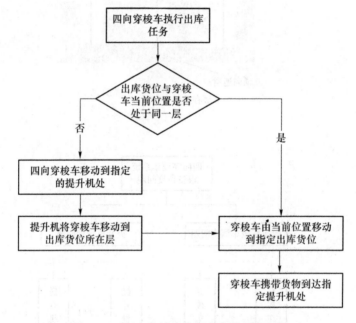

图 7-2-2　四向穿梭车执行出库任务流程图

在穿梭车调度方案确定的前提下，即每台穿梭车需要执行的任务序列确定，为了完成所分配的多个出库任务，穿梭车需要在不同目标任务层之间进行切换，所以，相邻两个不同层的出库任务将会导致穿梭车需要增加一个换层任务。为了便于描述，将这两类任务分别命名为出库任务和换层任务，其中出库任务需要分配给货物提升机，换层任务需要分配给换层提升机。在穿梭车调度方案确定的前提下，穿梭车的换层任务作为两个出库任务之间的衔接任务存在硬性顺序约束，即在换层提升机处的任务是先天存在顺序约束的。针对不存在换层任务或者每台穿梭车只存在单次换层任务的情况，换层提升机的任务执行顺序可以是随机的，不存在特定顺序约束，但是，在每台穿梭车存在多个换层任务时，为确保任务执行顺序的正确,这些换层任务必须有明确的先后顺序约束。所以,在穿梭车调度方案确定且需要考虑特定顺序约束的情况下,需要确定每个任务(换层任务和出库任务)选择的提升机以及该任务在提升机处的执行顺序,即提升机任务分配与提升机任务排序问题。

通过上述作业流程描述,四向穿梭车系统的提升机调度问题可建模为柔性车间调度问题。柔性车间调度问题可概括如下:车间需要加工不同的工件,每个工件存在多个加工工序,并且工序间存在顺序约束,每个工序均存在多个可供选择的加工机器,针对不同工件的不同工序,如何选择机器,并且确定其在机器处的加工工序,以达到预期目标。由上述问题的描述可以看出,工件可以类比于穿梭车,工件的工序可类比于穿梭车的任务,其中包括换层任务与货物出库任务,工序选择加工机器可类比于作业任务的提升机选择,工序在加工机器处的加工顺序可类比于作业任务在提升机处的执行顺序,如表 7-2-1 所示。所以,四向穿梭车系统的调度问题可借鉴柔性车间调度问题进行建模。

表 7-2-1 四向穿梭车系统提升机调度问题与柔性车间调度问题对比表

四向穿梭车系统提升机调度问题	柔性车间调度问题
四向穿梭车	工件
分配给四向穿梭车的任务	工件的加工工序
任务的提升机选择	加工工序的机器选择
任务在提升机处的执行顺序	工序在加工机器处的加工顺序

7.2.2 提升机调度问题模型构建

本书提出借鉴柔性车间调度问题的数学模型对四向穿梭车系统的提升机调度问题进行改进和建模,具体数学模型如下所示。

1. 假设条件

① 所有提升机与 RGV 在初始时刻均可用,但所有任务只有在到达时刻可被执行。

② 在任意时刻,一台提升机最多只能执行一个任务,且提升机执行任务的过程不能中断。

③ 不同任务具有相同的优先级,不同任务的工序之间没有先后约束。

④ 同一任务的相邻工序之间,存在先后约束。

⑤ 工序之间的运输时间与工序以及选择的加工机器(提升机)有关。

⑥ 每台提升机的缓存位数量假定为无限。

2. 参数与变量定义

(1) 参数定义

- I：任务集合，$i \in I$，$I = \{1, \cdots, N_I\}$。
- J：工序集合，$j \in J$，$j = \{0, 1, \cdots, N_J, N_J + 1\}$。
- B：RGV 小车集合，$b \in B$，$B = \{1, \cdots, N_B\}$。
- K：提升机集合，$k \in K$，$K = \{1, \cdots, N_K\}$。
- O_{ij}：任务 i 的第 j 道工序。
- $T_{i,j,kk'}$：执行完工序 O_{ij} 后货物由提升机 k 移动到提升机 k' 的移动时间，其中 $j = 1, 2, \cdots, N_J$。
- $P_{i,j,k}$：工序 O_{ij} 对提升机 k 的占用时间，其中 $P_{i,0,k} = 0$，即任务在工序 0 的处理时间为 0，不占用提升机。
- R_i：任务 i 的到达时刻。

(2) 变量定义

- $SRt_{i,b-hp}$：在 RGV b 的任务 i 的前一个任务的开始时间。
- $ERt_{i,b-hp}$：在 RGV b 的任务 i 的前一个任务的结束时间。
- $St_{i,j,k}$：工序 O_{ij} 在提升机 k 处的开始时间。
- $Et_{i,j,k}$：工序 O_{ij} 在提升机 k 处的结束时间。
- $St_{i,j,k-hp}$：工序 O_{ij} 在提升机 k 处的前一个工序的结束时间。

(3) 决策变量：

- $x_{i,b,l}$：任务 i 是否分配给 RGV b，且在 RGV b 排序为 l，若是，则 $x_{i,b,l} = 1$，反之，则为零。
- $y_{i,j,k}$：工序 O_{ij} 是否分配给提升机 k，若是，则 $y_{i,j,k} = 1$，反之，则为零。

3. 数学模型

$$\min \ Et_{\max} \tag{1}$$

Subject to：

$$\sum_{i=1}^{I} x_{ibl} = 1, \quad \forall b \in B; l \in L_b \tag{2}$$

$$\sum_{b=1}^{B} \sum_{l=1}^{L_b} x_{ibl} = 1, \quad \forall i \in I \tag{3}$$

$$Et_{\max} = \max Et_{i,j,k}, \quad \forall i \in I; j \in J; k \in K \tag{4}$$

$$Et_{i,0,k} = \max\{R_i, ERt_{i,b-hp}\} + P_{i,0,k}, \quad \forall i \in I; k \in K \tag{5}$$

$$Et_{i,j,k} = \max\{Et_{i,j-1,k'} + T_{i,j-1,k'k}, Et_{i,j,k-hp}\} + P_{i,j,k},$$

$$\forall i \in I; k,k' \in K; j=1,\cdots,N_J \tag{6}$$

$$St_{i,j,k} \geqslant Et_{i,j-1,k'} + T_{i,j-1,k'k}, \quad \forall i \in I; k,k' \in K; j=1,\cdots,N_J \tag{7}$$

$$Et_{i,j,k} - Et_{i,j,k-hp} \geqslant P_{h,p,k}, \quad \forall i,h \in I; k \in K; j=1,\cdots,N_J \tag{8}$$

$$SRt_{i,b} = \max\{R_i, ERt_{i,b-hp}\}, \quad \forall i \in I; k \in K; b \in B \tag{9}$$

如果
$$St_{i',j'+1,k'} < St_{i,j+1,k'},$$
$$Et_{i,j,k} + T_{i,j,kk''} \leqslant Et_{i',j',k''} + T_{i',j',k''k'} \tag{10}$$

且工序 O_{ij} 和 $O_{i'j'}$ 的结束位置在同一层, $\forall i,i' \in I$ 且 $i \neq i'; k,k',k'' \in K; j,j'=1,2,\cdots,N_J$。

式(1)为模型目标函数,以所有工序完成时间的最小化为目标函数。式(2)表示一台 RGV 的任务序列中的任何一个位置最多只能分配一个任务。式(3)表示一个任务只能分配给一台 RGV 任务序列中的某一个位置。式(4)为求解任务工序完成时间最大值的表达值。式(5)为求解每个任务第 0 道工序的完成时间的表达式。式(6)为求解每个任务非 0 工序的完成时间的表达式。式(7)表示同一任务的工序先后顺序约束。式(8)表示同一机器不能同时处理两道工序。式(9)为求解分配给 RGV b 的任务 i 的开始时间表达式。式(10)表示分配给同一提升机的同一层任务的执行顺序取决于其到达提升机的先后顺序,该约束条件为提升机调度问题所特有,FJSP 不存在该约束条件。

7.2.3 增强型遗传算法求解四向穿梭车系统的提升机调度问题

为了改善传统的遗传算法易陷入局部最优解的缺陷,Dai Min 等人[60]提出一种增强型遗传算法,采用遗传算法与模拟退火算法与粒子群算法相结合的方式,对遗传算法进行改进。采用增强型遗传算法求解四向穿梭车系统提升机调度问题的具体内容主要分为编码方式、适应度函数、初始种群生成方式、交叉算子和变异算子等部分。

1. 编码方式

增强型遗传算法采用整数多层编码方式。提升机调度问题可分为两个部分:一是提升机选择问题,二是任务排序问题。调度方案个体也按照这两个部分进行编码,即提升机选择编码和任务排序编码。提升机选择编码表示该任务选择的提升机在该任务可选择的提升机子集中的序号,任务排序编码表示任务执行的先后顺序。随机生成的提升机调度方案的编码如图 7-2-3 所示。

在图 7-2-3 中,细斜体部分为提升机选择部分的编码,粗正体部分为提升机任

图 7-2-3 提升机调度方案编码

务的执行顺序编码。提升机选择编码部分的灰色表示出库任务 2 选择的提升机在其可选择的提升机集合中的顺序为 2,即 M_2。提升机任务执行顺序编码部分表示任务的执行顺序,如果两个任务分配到同一台提升机,在编码中排序在前的任务先执行,排序在后的任务后执行,其中出现两个数字 6,第一个数字 6 表示工序 O_{61},第二个数字 6 表示工序 O_{62}。综合整体编码信息,提升机的调度方案为 $M_1:O_{11}$;$M_2:O_{31},O_{21};M_3:O_{51},O_{41};M_4:O_{61},O_{62};M_5:O_{71}$。

2. 适应度函数

遗传算法一般选取目标函数作为适应度函数,但是当目标函数为求解最小值时,需要对目标函数进行一定的变换之后才可以将其作为适应度函数。在此应用中,采用目标函数的倒数作为适应度函数,即

$$\text{fitness}=\frac{1}{f(x)}$$

其中:fitness 表示适应度值;$f(x)$ 表示目标函数值,即任务完成时间。

3. 初始种群生成方式

增强型遗传算法的初始种群采用随机生成的方式。值得注意的是,在随机生成初始种群时,会存在产生不合法个体,即不满足约束条件(10)的个体。所以,对于生成的不合法个体,采用生成合法新个体的方式对其进行替换,以保证初始种群中均为合法个体。

4. 交叉算子

增强型遗传算法的交叉算子借鉴粒子群算法对其进行改进。在本书所涉及的增强型遗传算法中,借鉴粒子群算法中的全局极值的思想,从种群中选择适应度值最好的个体作为指导个体。辅助父代个体参与交叉操作。同时,增强型遗传算法还提出两个自适应参数:k_1 和 k_2。k_1 表示个体向指导个体借鉴的自适应参数;k_2 表示个体向父代个体借鉴的自适应参数,用于确定位置集合的大小。因为个体编码采用整数多层编码方式,所以对机器选择编码部分和任务排序部分的交叉操作略有不同,具体交叉步骤如图 7-2-4 所示。同时,对于交叉过后产生的不合法个体,生成合法新个体对其进行替换。

机器选择部分的交叉操作步骤如下。

```
指导个体:        1   3   3   2   3   2   1   1
父代个体1:       2   2   1   3   2   1   2   2
父代个体2:       1   3   3   2   1   1   1   2
生成位置集合: set A ={1, 3}; set B ={2, 7}
指导个体:        1   3   3   2   3   2   1   1
子代个体1:       1   3   3   0   0   0   2   0
父代个体1:       2   2   1   3   2   1   2   2
父代个体2:       1   3   3   2   1   1   1   2
子代个体1:       1   2   3   2   1   1   2   2
```

图 7-2-4　提升机选择部分交叉示例

步骤一:选出当前种群中适应度值最好的个体作为指导个体,按顺序选择两个个体作为父代个体,命名为父代个体 1 和父代个体 2。

步骤二:随机生成两个集合(集合 A 和集合 B),两个集合中不能存在相同的数字。将指导个体中集合 A 对应位置的编码复制到子代个体 1 的对应位置上,将父代个体 1 中集合 B 对应位置的编码复制到子代个体 1 的对应位置上。

步骤三:将父代个体 2 中既不包含在集合 A 也不包含在集合 B 的位置的编码复制到子代个体 1 的对应位置上。子代个体 2 的生成步骤仿照子代个体 1。

任务排序部分的交叉操作步骤如下所示,具体示例如图 7-2-5 所示。

步骤一:选出当前种群中适应度值最好的个体作为指导个体,按顺序选择两个个体作为父代个体,命名为父代个体 1 和父代个体 2。

步骤二:随机生成集合 C,将指导个体中集合 C 对应位置的编码复制到子代个体 1 的对应位置中,同时找到父代个体 1 和父代个体 2 的相应编码位置,将其赋值为 0。

步骤三:从父代个体 1 中不为 0 的位置集合中随机生成集合 D,将父代个体中集合 D 对应位置的编码复制到子代个体 1 的为 0 的位置(随机),同时找到父代个体 2 中的相应编码位置,并将其赋值为 0。

步骤四:将父代个体 2 中不为 0 的编码随机复制到子代个体 1 中编码为 0 的位置。子代个体 2 的生成步骤仿照子代个体 1。

智能医药物流系统规划与设计

指导个体:	1	3	7	6	2	5	4	6
父代个体1:	5	4	2	1	6	7	6	3
父代个体2:	4	5	6	1	6	7	2	3
生成位置集合: set C = {1, 2, 4}								
子代个体1:	1	3	0	6	0	0	0	0
父代个体1:	5	4	2	0	0	7	6	0
父代个体2:	4	5	0	0	6	7	2	0
生成位置集合: set D = {1, 2}								
父代个体1:	5	4	2	0	0	7	6	0
子代个体1:	1	3	5	6	0	4	0	0
父代个体2:	0	0	0	0	6	7	2	0
父代个体1:	0	0	0	0	6	7	2	0
子代个体1:	1	3	5	6	6	4	7	2

图 7-2-5 提升机任务排序部分交叉示例

5. 变异算子

由于调度个体采用多层编码的方式,所以针对机器选择编码和任务排序编码采用不同的变异方式。对于机器选择编码,在机器选择编码部分随机选择位置,将该位置的编码随机改变为该工序可选择的机器集合中的序号;对于任务排序编码部分,采用互换变异方式,变异算子的具体示例如图 7-2-6 所示。同时,对于变异后产生的不合法个体,生成合法新个体对其进行替换。

图 7-2-6 变异算子示例

常规的遗传算法可以很快得到较好的解,但是遗传算法具有众所周知的缺点,那就是易陷入局部最优解,即早熟。所以,遗传算法具有较好的全局搜索能力,但是局部搜索能力较差。而模拟退火算法具有较强的局部搜索能力，所以在增强型遗传算法中，将变异算子与模拟退火算法相结合，以增强遗传算法的局部搜索能力。在模拟退火算法中，有两部分值得重点注意：一是接受概率，二是退火速率。

模拟退火算法中的接受概率是当新个体的适应度值劣于旧个体时，需要按照一定的概率判断是否接受该新个体，具体公式如下所示：

$$P(i \to j) = \begin{cases} 1, & F(j) \geqslant F(i) \\ \exp\left(\dfrac{F(i)-F(j)}{T}\right), & F(j) < F(i) \end{cases}$$

其中，$F(i)$表示旧个体的适应度值，$F(j)$表示新个体的适应度值，T表示当前温度。

退火速率是模拟退火算法中的一个重要组成部分，其可对算法的运算速度和准确性产生直接影响。一般而言，模拟退火算法的退火速率公式为：

$$T(t) = k \times T(t-1)$$

其中：$T(t)$表示当前迭代次数的温度；$T(t-1)$表示上一次迭代的温度；t表示迭代次数；k为退火速率系数，$k \in (0,1)$，一般取值为0.75~0.95之间。

由于解空间的限制，模拟退火算法采用上述退火速率公式会导致算法对于劣等解的接受概率较低，不利于算法进行局部搜索。故增强型遗传算法提出采用Hill函数作为退火速率的计算公式，以解决算法过早收敛的问题，公式如下所示：

$$T(t) = k \times \dfrac{T_0^n}{T_0^n + t^n}$$

其中，T_0表示初始温度，n表示Hill系数。

综上所述，增强型遗传算法的步骤如下。

步骤一：设定参数，在算法搜索空间内随机生成初始种群。

步骤二：交叉操作。随机生成0~1之间的随机数，如果生成的随机数小于交叉概率，则按顺序随机选择两个父代个体进行交叉操作，对两个父代和两个子代的适应度值进行比较，保留两个适应度值最好的个体；如果生成的随机数大于交叉概率，则不进行交叉，直接保留父代个体。

步骤三：变异操作。在某一温度下，进行变异操作，如果新个体优于子个体，则接受新个体，如果新个体劣于子个体，则按照一定概率接受新个体，多次迭代，直至到达模拟退火迭代次数，修改温度。

步骤四：判断是否到达增强型遗传算法的最大迭代次数，如果到达，则终止迭代，转步骤五，如未到达，则转步骤二。

步骤五：输出最优个体。

增强型遗传算法步骤如图7-2-7所示。

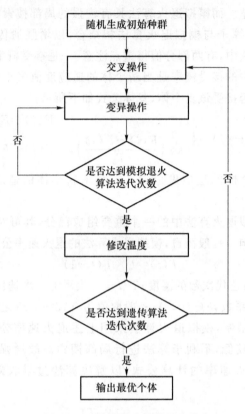

图 7-2-7 增强型遗传算法步骤

7.2.4 基于 MATLAB 的仿真测试分析与验证

采用 MATLAB 进行仿真实验,以解的质量和算法运行时间作为评价指标,分别采用增强型遗传算法与对比算法对模型进行求解,以验证增强型遗传算法的可行性和有效性。其中,对比算法遵从仓库实际应用策略。在对比算法中,任务均匀分配给四向穿梭车,四向穿梭车在选择提升机时优先选择当前任务较少的提升机,提升机在确定任务执行顺序时,遵循先到先服务的策略,即按照任务到达提升机的顺序执行任务。

算法验证模型中货架和设备参数设置如下:货架为单深位货架,存在 10 个巷道,每个巷道每侧设置 1 个货位深度,货架高 10 层。在整个仓库中,存在 10 台货物提升机、5 台穿梭车换层提升机和 30 台四向穿梭车。

在 MATLAB 仿真实验中增强型遗传算法采用的具体参数如下:种群规模为 100,最大迭代次数为 100,交叉概率 $P_C=0.8$,交叉自适应参数 $k_1=k_2=0.3$,退火速率系数 $k=0.75$,Hill 系数 $n=2$,当前温度迭代次数 $L_n=10$,温度阈值 $T_0=50$。

按照上述参数设置,按照 10、20 和 30 个任务规模,每个规模随机生成 6 组任务,每组任务均采用增强型遗传算法和对比算法运行 10 次进行求解,并记录其任务完成时间和算法运行时间,算法运行结果如表 7-2-1、表 7-2-2 和表 7-2-3 所示。

表 7-2-1　10 个任务算法运行结果

策略		增强型遗传算法	
任务平均完成时间/秒	算法平均运行时间/秒	任务平均完成时间/秒	算法平均运行时间/秒
111	0.01	82	50.9
88	0.01	75	40.2
87	0.01	64.6	41.8
98	0.01	78.2	39.6
74	0.01	55.2	34.8
94	0.01	78	22.0

表 7-2-2　20 个任务算法运行结果

策略		增强型遗传算法	
任务平均完成时间/秒	算法平均运行时间/秒	任务平均完成时间/秒	算法平均运行时间/秒
82	0.01	64.9	44.2
84	0.01	62.4	43.1
94	0.01	73.6	42.0
107	0.01	75	43.3
99	0.01	73.7	46.3
91	0.01	61.8	43.8

表 7-2-3　30 个任务算法运行结果

策略		增强型遗传算法	
任务平均完成时间/秒	算法平均运行时间/秒	任务平均完成时间/秒	算法平均运行时间/秒
93	0.01	78.8	105.4
103	0.01	80.3	93.8
95	0.01	74	98.1
96	0.01	74.8	170.5
95	0.01	72.6	101.4
96	0.01	79.1	140.8

表 7-2-1 为任务量设定为 10 的前提下，随机生成 6 组任务，每组任务运行 10 次，记录任务完成时间和算法运行时间，最后分别统计得出两者的均值。由表 7-2-1 可知，对于 6 组不同的实例，增强型遗传算法的任务完成平均时间均优于对比算法，证明增强型遗传算法对于提升解的质量的有效性，但是增强型遗传算法的运行时间均高于对比算法的运行时间，且两者量级相差较大，因为遗传算法需要花费时间进行寻优。同理，如表 7-2-2 和表 7-2-3 所示，在任务量为 20 以及 30 时，增强型遗传算法的解的质量均优于对比算法，但是算法运行时间均比对比算法长。

忽略算法运行时间，仅从解的质量进行分析，如表 7-2-4 所示。表 7-2-4 展示了增强型遗传算法与对比算法在解的质量方面的对比，评估指标为平均值与标准差。由表 7-2-4 可知，增强型遗传算法的标准差均不高，但是在不同任务量下，任务完成时间相比于先到先服务策略的效率提升均不低于 17%，可证明增强型遗传算法的可行性与有效性。

表 7-2-4　算法对比结果

任务数量	实例编号	对比算法任务平均完成时间/秒	增强型遗传算法任务平均完成时间/秒	标准差/秒	优化效率(%)
10	1	111	82	0	35.37%
	2	88	75	0	17.33%
	3	87	64.6	1.43	34.67%
	4	98	78.2	0.6	25.32%
	5	74	55.2	0.4	34.06%
	6	94	78	0	20.51%
20	1	82	64.9	0.3	26.35%
	2	84	62.4	1.28	34.62%
	3	94	73.6	0.66	27.72%
	4	107	75	1.1	42.67%
	5	99	73.7	1.19	34.33%
	6	91	61.8	1.25	47.25%
30	1	93	78.8	1.33	18.02%
	2	103	80.3	1.42	28.27%
	3	95	74	1.1	28.38%
	4	96	74.8	0.6	28.34%
	5	95	72.6	0.92	30.85%
	6	96	79.1	1.14	21.37%

对四向穿梭车系统的提升机调度问题进行研究,主要取得以下成果:①验证了将四向穿梭车系统的提升机调度问题转化为含运输时间的柔性车间调度问题的可行性;②引入增强型遗传算法对模型进行求解,相比于先到先服务的提升机调度策略,算法求解得出的调度方案可有效减少任务完成时间;③填补四向穿梭车系统研究领域的空白,为后续研究提供参考。

本研究可以考虑的进一步研究方向:①可考虑在最优配置下对提升机调度问题进行研究,有利于算法的求解;②将四向穿梭车的调度问题纳入考虑范围,将设备调度问题作为整体考虑,以获得较优的整体设备调度方案,可进一步提高作业效率。

第8章
环形穿梭车调度问题

8.1 基于排队论的环形穿梭车关键参数分析

在自动化立体仓库系统中,轨道式穿梭车(RGV)凭借速度快、运行稳定而被广泛应用。相比于往复式的直轨穿梭车系统,环形穿梭车系统具有更加灵活的多车协调调度系统,系统柔性程度高,可以满足大流量搬运要求。环形穿梭车系统由于调度策略更加复杂,成为许多设备生产企业和科研学者研究的对象。

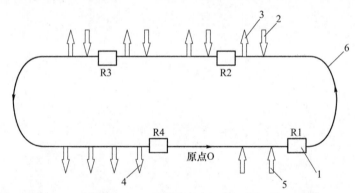

1—环轨小车;2—出库输送线;3—入库输送线;4—出库站台;5—入库站台;6—环形轨道

图 8-1-1 典型环形穿梭车模型示意图

如图 8-1-1 所示,环轨小车在轨道上沿着单一方向(逆时针)运动。环形轨道上半区为立体库端,下半区为出入库端。环形穿梭车系统主要实现立体库区域和出入站台之间的货物输送枢纽职能。

当有入库任务时,货物将进入入库站台的缓存位等待环轨小车取货,小车接到取货指令后,到达指定站台完成货物交接。随后该车根据系统指令将货物搬运到指定入库输送线口,小车完成卸货操作,货物经由输送线及巷道堆垛机搬运到达指定存储位置,完成入库任务。

当有出库任务时,首先由巷道堆垛机将货物从库区存储位置取出,并送至出库输送线。环轨小车接到搬运指令后到达指定输送线口,完成货物交接。随后货物经由小车搬运至指定出库站台,出库任务完成。

在该系统中,每辆环轨小车每次最多进行一个任务的搬运工作,且每辆环轨小车之间相互独立,无法协助工作。由于所有的环轨小车共享一条单向轨道,车与车之间难免会遇到拥堵情况,如何合理分配所有的环轨小车任务,通过任务分配算法来降低系统拥堵从而提高整体效率是当前研究的热点问题。

基于排队论的环形穿梭车关键参数分析将通过排队论模型分析环形穿梭车数目和站台缓存位大小对环形穿梭车系统的整体效率影响。从而估算出适合该系统的穿梭车数目、站台缓存位大小以及系统吞吐量大小。

8.1.1 环形穿梭车数量评估模型

在环形穿梭车数量的评估模型中,可以考虑引入等待制排队系统的思路。在环形穿梭车系统中,若入库站台上托盘货物到达是连续且源源不断的,我们可以将"车接货物"模型等效成"货物等车"模型。货物在每个站台等待穿梭车搬运的过程可以看成顾客排队等待服务,而穿梭车在每个站台搬运货物的过程可以看成服务台服务。由于系统中执行搬运任务的穿梭车不只一辆,则该模型可以等效为多服务台排队系统。

以某烟草物流中心采用的环形穿梭车系统为例,该系统有 5 条入库输送线,5 条出库输送线,出入库输送线与巷道堆垛机衔接来共同完成托盘货物的出入库工作。另外有 11 个入库站台和 3 个出库站台。上述搬运系统主要用来完成托盘货物的入库工作及少量的空托盘垛的出库工作。因此,本文主要研究在入库环境下的系统关键参数配置。

为了便于求解,我们可以进一步简化模型:不同货物分别在多个入库站台排队等待入库,由于每个站台相互独立互不影响,若待入库托盘在各个入库站台实现平均分布,则可以将多站台排队模型等效为单站台排队模型。即上述 11 个入库站台队列合并为一个单队列,该队列的最大缓存数为 11 个站台的缓存数之和。这样一来,环形穿梭车系统就可以等效为单队列多服务台的排队系统。

结合环形穿梭车系统运作逻辑与排队论相关理论,有如下规定。

1. 输入分布函数

设托盘货物(顾客)在 $[0, t]$ 时间内到达穿梭车(服务台)的数量为:

$$X(t), \quad t \geqslant 0 \tag{8-1-1}$$

该随机过程还满足如下条件。

条件一:$X(0)=0$。

条件二:对于托盘货位到达穿梭车系统任意的时刻 $t_n > t_{n-1} > t_{n-2} > \cdots > t_1 \geqslant 0$,变化量 $X(t_n)-X(t_{n-1}), X(t_{n-1})-X(t_{n-2}),\cdots,X(t_2)-X(t_1)$ 相互独立,即具有增量独立性。

条件三:对任意的 $s,t \geqslant 0$,满足 $P\{X(s+t)-X(s)=k\}=\dfrac{(\lambda t)^r \mathrm{e}^{-\lambda t}}{r!}, r \in (0,1,2,\cdots), \lambda > 0$。

由上述3点条件,可知随机过程 $\{X(t),t \geqslant 0\}$ 为泊松过程,则顾客到达时间间隔服从参数为 λ 的负指数分布,参数 λ 为单位时间 t 内顾客平均到达率。

2. 等待制排队系统

该排队系统顾客的来源没有限制,顾客间相互独立不干扰,每个服务台有且只有一个顾客可以接受服务,未接受服务的其他顾客需要排队等待,各个服务台之间互不干扰,即等待制排队系统。

3. 服务台服务规则

服务台的服务规则服从先到先服务原则,服务时间为托盘货物与穿梭车交接开始,到卸车完毕的时间区间。由于每个托盘货物的终点不同,穿梭车搬运时间在可控区间内存在不确定性,现假设服务时间服从参数为 μ 的负指数分布。

综上所述,可确定该系统为 $M/M/n/\infty/\infty/\text{FCFS}$ 等待制排队系统。

8.1.2 等待制排队系统相关公式推导

针对 $M/M/n/\infty/\infty/\text{FCFS}$ 排队系统相关的重要指标做简单推导工作。模型相关符号参数如表8-1-1所示。

表8-1-1 模型相关符号表示

符 号	含 义
λ	顾客到达系统的速率
μ	服务台服务速率
n	服务台数量
ρ	服务强度
π_k	队长为 k 的概率(系统中有 k 个顾客的概率)
π_0	服务台都空闲的概率

续表

符 号	含 义
$E(L_s)$	平均队长
$E(L_q)$	平均排队长
$E(W_q)$	平均等待时间
$E(W_s)$	平均逗留时间
m	正在服务的平均服务台

该排队系统服务强度 ρ 为:

$$\rho = \frac{\lambda}{n\mu} \tag{8-1-2}$$

排队系统达到稳定(生灭过程的平稳分布)的充要条件为:

$$\rho < 1 \tag{8-1-3}$$

在平稳分布下有:

$$\pi_k = \begin{cases} \dfrac{(n\rho)^k \pi_0}{k!}, & k=1,2,3,\cdots,n-1 \\ \dfrac{n^n \rho^k \pi_0}{n!}, & k=n,n+1,\cdots \end{cases} \tag{8-1-4}$$

$$\pi_0 = \left[\sum_{k=0}^{n-1} \frac{(n\rho)^k}{k!} + \frac{(n\rho)^n}{n!(1-\rho)}\right]^{-1} \tag{8-1-5}$$

由式(8-1-4)和式(8-1-5)可求解以下指标。

(1) 平均队长 $E(L_s)$ 和平均排队长 $E(L_q)$

$$E(L_s) = \sum_{k=0}^{\infty} k\pi_k \tag{8-1-6}$$

联立式(8-1-4)、式(8-1-5)、式(8-1-6)有:

$$\begin{aligned} E(L_s) &= \left[\sum_{k=1}^{n-1} \frac{(n\rho)^k}{(k-1)!} + \sum_{k=n}^{\infty} \frac{kn^n \rho^k}{n!}\right]\pi_0 \\ &= \left[\sum_{k=1}^{n-1} \frac{(n\rho)^k}{(k-1)!} + \frac{(n\rho)^n[\rho+n(1-\rho)]}{n!(1-\rho)^2}\right]\pi_0 \end{aligned} \tag{8-1-7}$$

对于 L_q 来说,当系统中有 $k(k\neq 0)$ 个顾客在排队等待时,应有 n 个顾客正在接受服务,结合式(8-1-4)则有:

$$P\{L_q = k | k \neq 0\} = \pi_{n+k} = \frac{(n\rho)^n \rho^k}{n!}\pi_0 \tag{8-1-8}$$

联立式(8-1-5)、式(8-1-6)得

$$E(L_q) = \sum_{k=1}^{\infty} k \frac{(n\rho)^n \rho^k}{n!}\pi_0 = \frac{(n\rho)^n \rho}{n!(1-\rho)^2}\pi_0 = \frac{\rho \pi_n}{(1-\rho)^2} \tag{8-1-9}$$

正在服务的平均服务台 m 为：

$$m = E(L_s) - E(L_q) = \left[\sum_{k=1}^{n-1} \frac{(n\rho)^k}{(k-1)!} + \frac{(n\rho)^n}{(n-1)!(1-\rho)}\right]\pi_0$$

$$= n\rho\,\pi_0 \sum_{k=1}^{n-1} \frac{(n\rho)^k}{k!} + \frac{n\rho\,(n\rho)^n}{n!\,(1-\rho)}\pi_0 = n\rho = \frac{\lambda}{\mu} \qquad (8\text{-}1\text{-}10)$$

所以有：

$$E(L_s) = E(L_q) + m = \frac{\rho\,\pi_n}{(1-\rho)^2} + \frac{\lambda}{\mu} \qquad (8\text{-}1\text{-}11)$$

(2) 平均等待时间 $E(W_q)$ 和平均逗留时间 $E(W_s)$

假设顾客的等待时间 W_q 在 $[0, t)$ 区间内，则 W_q 的分布函数 $F_{W_q}(t)$，$\forall t > 0$ 为：

$$F_{W_q}(t) = P\{W_q < t\} = P\{W_q = 0\} + P\{0 < W_q < t\} \qquad (8\text{-}1\text{-}12)$$

其中，$P\{W_q = 0\}$ 表示系统顾客数 $X < n$，不需要排队，则有：

$$P\{W_q = 0\} = P\{X < n\} = 1 - \frac{\pi_n}{1-\rho} \qquad (8\text{-}1\text{-}13)$$

而 $P\{0 < W_q < t\}$ 表示顾客数 $X \geq n$，需要排队，由贝叶斯公式有：

$$P\{0 < W_q < t\} = \sum_{k=n}^{\infty} P\{0 < W_q < t \mid X = k\} P\{X = k\} \qquad (8\text{-}1\text{-}14)$$

经求解（证明略）可得：

$$P\{0 < W_q < t\} = \frac{\pi_n}{1-\rho}\left[1 - e^{-n\mu(1-\rho)t}\right] \qquad (8\text{-}1\text{-}15)$$

由式(8-1-12)、式(8-1-13)、式(8-1-15)可得 $F_{W_q}(t)$ 的密度函数 $f_{W_q}(t)$ 为：

$$f_{W_q}(t) = \begin{cases} 0, & t < 0 \\ \left(1 - \dfrac{\pi_n}{1-\rho}\right)\delta(t) + n\mu\,\pi_n e^{-n\mu(1-\rho)t}, & t \geq 0 \end{cases} \qquad (8\text{-}1\text{-}16)$$

在式(8-1-16)中，$\delta(t)$ 是一个狄拉克函数（dirac），有如下性质：

$$\delta(-t) = \delta(t)$$

$$\int_{-\infty}^{+\infty} \delta(t)\,\mathrm{d}t = 1$$

$$\delta(t) = \begin{cases} 0, & t \neq 0 \\ \infty, & t = 0 \end{cases}$$

W_q 的期望如下：

$$E(W_q) = \int_0^{+\infty} t f_{W_q}(t)\,\mathrm{d}t \qquad (8\text{-}1\text{-}17)$$

联立式(8-1-16)、式(8-1-17)有：

$$E(W_q) = \int_{0-}^{+\infty} \left(1 - \frac{\pi_n}{1-\rho}\right)\delta(t)t\,dt + \int_{0-}^{+\infty} n\mu\,\pi_n e^{-n\mu(1-\rho)t}\,dt$$

$$= \frac{\pi_n}{n\mu(1-\rho)^2} = \frac{E(L_q)}{\lambda} \qquad (8\text{-}1\text{-}18)$$

对于逗留时间 $E(W_s)$ 来说,其值为顾客排队时间和系统服务时间之和,所以有如下公式:

$$E(W_s) = E(W_q) + \frac{1}{\mu} \qquad (8\text{-}1\text{-}19)$$

$$= \frac{\pi_n}{n\mu(1-\rho)^2} + \frac{1}{\mu}$$

$$= \frac{E(L_s)}{\lambda} \qquad (8\text{-}1\text{-}20)$$

8.1.3 小车数量求解与分析

结合上述的推导公式和环形穿梭车模型参数估计适合该系统的小车数量。模型相关参数如表 8-1-2 所示。

表 8-1-2 系统参数表

轨道直道总长度 L_1	110 米	轨道弯道总长度 L_2	6 米
直道平均速度 V_1	2.5 米/秒	弯道平均速度 V_2	0.8 米/秒
小车装/卸货时间 t	10 秒	系统入库能力 W_1	150 托/小时
穿梭车运行效率 η	0.7		

由表 8-1-2 可知,托盘货物平均每托盘入库时间为:

$$Q = \frac{3\,600}{W_1} = \frac{3\,600}{150} = 24 \text{ 秒} \qquad (8\text{-}1\text{-}21)$$

小车绕轨道一圈即完成一个入库任务的耗时(服务时间)为:

$$T = \frac{L_1}{V_1} + \frac{L_2}{V_2} + 2t = \frac{110}{2.5} + \frac{6}{0.8} + 20 = 71.5 \text{ 秒} \qquad (8\text{-}1\text{-}22)$$

由于货物到达和服务台服务时间服从参数分别为 λ 和 μ 的负指数分布,因此有:

$$\lambda = \frac{1}{Q} = 0.042 \qquad (8\text{-}1\text{-}23)$$

$$\mu = \frac{1}{T} = 0.014 \qquad (8\text{-}1\text{-}24)$$

由于在多车同轨的模式下,车辆间的相互冲突难免会降低单车的搬运效率,因此每辆车的服务强度 ρ 表示为:

$$\rho = \frac{\lambda}{n\mu\eta} \tag{8-1-25}$$

根据上述的模型和公式,关键指标求解如表 8-1-3 所示。

表 8-1-3　模型关键指标结果表

小车数量	服务强度 ρ	平均排队长 $E(L_q)$	平均队长 $E(L_s)$	平均等待时间 $E(W_q)$
4	1.06	NULL	NULL	NULL
5	0.85	3.76	8.01	90.18
6	0.71	0.86	5.11	20.57
7	0.61	0.27	4.53	6.48
8	0.53	0.09	4.35	2.17
9	0.47	0.03	4.29	0.73

当小车数量 $n<5$ 时,服务强度 $\rho>1$,这个时候现有的小车数量无法满足系统的搬运需求,将导致站台托盘货物积压,影响系统效率。随着小车数量的增加,每辆车服务强度逐渐降低,站台托盘货物的排队长也逐渐降低。当小车数量在 5 或者 6 时,达到了供需平衡,能够较好地完成站台托盘货物的搬运工作。当小车数量继续增加时,虽然能满足系统的搬运需求,但提升空间不大,且过多的小车增加了成本,同时大大提高了相互间的堵塞概率,降低了小车的利用率。

在系统供需平衡的条件下,在任意时刻平均有 $\frac{\lambda}{\eta\mu}=4.26$ 辆小车正在执行搬运任务。当小车数量为 5 时,每辆车的空闲率较低,站台货物的平均等待时间为 90.18 秒,超过了小车完成一次搬运任务时间 71.5 秒,因此会出现站台货物小规模排队的情况。当小车数量为 6 时,站台货物的平均等待时间为 20.57 秒,这将大大提高系统搬运效率。

综上,通过排队论模型的求解与分析,可以初步得出最优小车数量为 6。后续将从任务调度的角度入手,着重考虑影响任务完成时间的多车拥堵和空跑因素来进一步确认适合该系统的最优车数以及合理分配系统任务来提高系统搬运效率。

8.1.4　站台缓存位大小和系统吞吐量评估模型

通过对系统中顾客总数(托盘货物数)加以限制,重点讨论排队缓存队列(站台缓存位)大小对模型性能的影响以及测算系统吞吐量瓶颈。模型参数与表 8-1-2 系统参数表一致。站台缓存位大小和系统吞吐量评估模型将引入混合制排队系统。

该排队系统与 8.1.3 小节的不同之处在于限制了顾客容量,当系统顾客数不小于系统允许的最大顾客数时,系统将暂时阻止新顾客的到达,此时该状态的发生概率为系统阻塞概率。该模型可抽象为服从 $M/M/n/N/FCFS$ 规则的混合制排队系统,且满足 $N>n$。根据环形穿梭车模型,我们可以进一步明确:

$$N=n+r \tag{8-1-26}$$

其中:N 表示系统中最大顾客数;n 表示服务台数;r 表示最大排队长,即缓存队列长。

$M/M/n/N/FCFS$ 排队系统同样是一个生灭过程,瞬时状态流如图 8-1-2 所示。

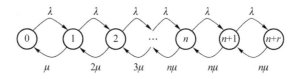

图 8-1-2 $M/M/n/N/FCFS$ 生灭过程状态流

则在 $\rho=\dfrac{\lambda}{n\mu}$,$\rho<1$ 的条件下,系统状态平稳分布为:

$$\pi_k=\begin{cases}\dfrac{(n\rho)^k}{k!}\pi_0, & k\in[0,n)\\ \dfrac{(n\rho)^k}{n!\,n^{k-n}}\pi_0, & k\in[n,n+r]\end{cases} \tag{8-1-27}$$

由于满足 $\sum_{i=0}^{n+r}\pi_i=1$,结合式(8-1-27),可得服务台全部空闲的概率 π_0:

$$\pi_0=\left[\sum_{k=0}^{n-1}\dfrac{(n\rho)^k}{k!}+\sum_{k=n}^{n+r}\dfrac{(n\rho)^k}{n!\,n^{k-n}}\right]^{-1} \tag{8-1-28}$$

系统阻塞概率 $P_{\text{jam}}=\pi_{n+r}$,结合式(8-1-27)可得:

$$P_{\text{jam}}=\dfrac{(n\rho)^{n+r}}{n!\,n^r}\pi_0=\dfrac{n^n\rho^{n+r}}{n!}\pi_0 \tag{8-1-29}$$

8.1.5 站台缓存位大小的计算

8.1.4 小节介绍了混合制排队系统关键参数的推导,本小节将做具体计算验证。

由式(8-1-29),取 $n=6$,$\rho=0.709\,325$(见 8.1.4 小节),则可以得出站台阻塞概率与缓存位大小(各入库站台缓存位之和)的关系,计算结果如表 8-1-4 和图 8-1-3 所示。

表 8-1-4 站台拥堵概率随缓存位大小变化结果表

缓存位大小	服务台都空闲概率	站台堵塞概率
11	0.012 438	0.002 348
12	0.012 417	0.001 662 7
13	0.012 402	0.001 177 9
14	0.012 392	0.000 834 9
15	0.012 385	0.000 591 9
16	0.012 379	0.000 419 6
17	0.012 376	0.000 297 6
18	0.012 373	0.000 211
19	0.012 371	0.000 149 7
20	0.012 37	0.000 106 2
21	0.012 369	7.529E-05
22	0.012 368	5.34E-05
23	0.012-368	3.788E-05
24	0.012 367	2.687E-05

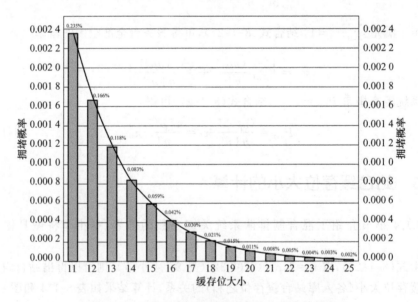

图 8-1-3 站台拥堵概率随缓存位大小变化结果图

由表 8-1-4 和图 8-1-3 可知，站台拥堵概率随着缓存位不断增加而逐渐减小，且变化率逐渐减小并渐渐趋于稳定。而对于服务台空闲率来说,不管缓存位数量如何变化,始终稳定在1%左右,基本不会出现全部小车空闲的情况。当缓存位为11时(即每个入库站台1个缓存位),站台拥堵概率0.235%。当缓存位为22时(即每个入库站台2个缓存位),站台拥堵概率基本不再变化。为了防止在出入库吞吐量激增的情况下因站台缓存位不足导致站台拥堵和降低因缓存位过多而导致成本增加的问题,我们可以将每个站台缓存位设置为2,即缓存位大小为22作为该系统的最大缓存数量。

8.1.6 系统吞吐量的计算

在我们默认缓存位大小为22的情况下,进一步研究系统入库能力对站台拥堵概率的影响,其他参数与上述相同,结果如表8-1-5所示。

表8-1-5 站台拥堵概率随系统入库能力变化结果表

系统入库能力/(托盘·小时$^{-1}$)	服务强度 ρ	站台拥堵概率
150	0.709 325	5.34E-5
160	0.756 614	0.000 23
170	0.803 902	0.000 850
180	0.851 19	0.002 735
190	0.898 479	0.007 569
200	0.945 767	0.017 815 7
210	0.993 056	0.035 56
220	>1	NULL

由表8-1-5和图8-1-4可以看出,随着系统每小时入库量的增加,站台拥堵概率也逐步递增,并且增长幅度也在变大。当每小时入库量不大于200托时,站台基本不会发生拥堵现象;当每小时入库量在(200,210)托时,站台有3.56%的小概率发生拥堵现象;当每小时入库量大于210托时,系统服务强度 ρ 大于1,表明当前车辆数将不再满足该系统的吞吐量的要求。若我们想要在满足系统服务强度要求的前提下尽可能减少站台拥堵,应将入库能力控制在200托/小时以下。

本部分主要将排队论相关理论应用到环形穿梭车模型中,通过对实际模型的等效、抽象、取值求解等操作评估模型的关键参数。在求解穿梭车数量的问题和站台缓存位大小的问题中,将模型分别等效为 $M/M/n/\infty/\infty/FCFS$ 等待制排队系统和 $M/M/n/N/\infty/FCFS$ 混合制排队系统,通过对相应排队论理论公式的推导以及系统参数的求解,得到符合系统要求的数据结果,能够符合实际场景的需要。

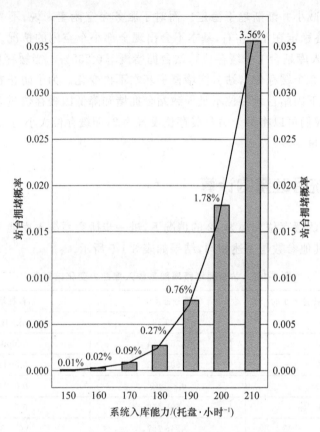

图 8-1-4　站台拥堵概率随系统入库能力变化结果图

8.2　环形穿梭车调度算法研究

8.2.1　环形穿梭车系统动态调度问题分析

环形穿梭车输送系统主要负责立库区与外部站台的货物搬运工作,其搬运效率直接影响到整个仓储区的出入库效率。如果没有良好的搬运策略作为支撑,环形穿梭车系统很有可能成为制约整个系统效率的瓶颈,其搬运效率甚至不如成本更低的往复式穿梭车系统。

环形穿梭车系统动态调度主要解决在任务量较大的情况下,如何合理地以最小化搬运总时间为目标,将任务分配给各个穿梭车。动态规划解法是当前比较常见且相对简单的策略,一般有如下几种方式。

(1) 就近原则

遵循贪婪算法的核心思想,将总体目标划分为许多个子目标,即最小化当前搬运任务的执行时间。在该策略下,每辆车只关心自己的状态和目标。为了降低搬运时间,每个任务都只分配给距离自己最近的空闲小车。这样一来,每辆车都尽量地缩短行驶距离来达到降低任务执行时间的目的。但这样的做法忽略了多车之间的拥塞问题,有可能会造成更多的局部路段拥堵。

(2) 最远原则

和就近原则一样,也是只关注于当前子任务的局部最优,但与就近原则不同的是:在该策略下,不是通过降低行驶距离来降低执行时间,而是更关注于更少拥堵情况的发生。任务都只分配给距离自己最远的空闲小车,小车通过牺牲无效空跑耗时来减少拥堵。

(3) 均等原则

在该原则下,任务优先分配给运送频率最低的空闲小车来均衡所有小车的任务量。若存在多辆符合标准的空闲小车,再结合上述的就近原则和最远原则策略来进一步选择采用哪辆车负责运送。

(4) 随机原则

在随机原则下,将空闲小车加入一个就绪队列,当有新任务时,系统将从就绪队列中随机指派一辆小车来运送该任务。该原则简单方便但由于是随即指派,很容易出现局部拥塞以及效率低下的问题,系统鲁棒性不高。

动态规划算法的核心原则是将目标问题逐渐细化,细分为若干个子问题分别求解,并且上个子问题的结论将影响到下一个子问题的求解,层层递进,最终完成对目标问题的求解。由于算法核心思想只关注于眼前,原理相对比较简单,但一般只能得到局部最优解,很难获得全局最优解。而作为现代智能算法的启发式算法则可以在较短时间内找到全局优秀解集。

8.2.2 环形穿梭车系统的数学描述

根据环形穿梭车模型自身的特点,以及优化目标及约束条件,建立相应数学模型,以便接下来的求解工作。

待解决的问题是,如何合理分配每辆车的相应任务集合以及执行顺序,使搬运总时间最少。对于任意一辆车($\forall i \in \text{Car}$)有相应的任务集合 $L_i = \{k_{i1}, k_{i2}, k_{i3}, \cdots, k_{ij}\}$,$j \in L_i$,且系统所有任务完成总时间可表示为:

$$T = \max\{T_{\text{Task}}^i | i = 1, 2, \cdots, c\} \tag{8-2-1}$$

目标函数可表示为:

$$f_{\text{goal}} = \min T \tag{8-2-2}$$

在式(8-2-1)中，T_{Task}^i表示第i辆车完成被分配任务的时间。影响小车任务完成时间的关键因素在于小车行走的距离和以及小车之间发生拥堵的次数和(或拥堵时间和)。小车行走距离包括满载距离和空驶距离，由于在既定的任务集合下，小车的满载距离和是固定的，因此只需要关心空驶距离对结果的影响。由此，我们可以将目标函数划分为以下两个子目标：

$$f_{\text{subgoal1}} = \min \sum_{i=1}^{c} \sum_{j=1}^{c} S_{i,j} \tag{8-2-3}$$

$$f_{\text{subgoal2}} = \min \sum_{i=1}^{c} N_{(i,k)}, \quad k = \begin{cases} c, & i=1 \\ i-1, & i \neq 1 \end{cases} \tag{8-2-4}$$

式(8-2-3)表示c辆车空驶距离和最小。$S_{i,j}$表示第i车在完成第$j-1$个任务后，到达第j个任务点的空驶距离(若是第1个任务，则表示该车起点到第1个任务点的空驶距离)。式(8-2-4)表示c辆车发生的总拥堵次数最少。$N_{(i,k)}$表示第i辆车在非目标点情况下因为前车k停车而被迫停车等待的次数和。

针对第i辆车的任务完成时间T_{Task}^i，虽然无法直接获得，但可以根据环形穿梭车运作逻辑间接计算获得。T_{Task}^i可划分为以下几部分之和：

$$T_{\text{Task}}^i = T_{\text{response}}^i + T_{\text{normal}}^i + T_{\text{jam}}^i \tag{8-2-5}$$

$$T_{\text{normal}}^i = \sum_{p_1=0}^{n_{\text{acc}}} t_{\text{acc}\,p_1}^i + \sum_{p_2=0}^{n_{\text{dec}}} t_{\text{dec}\,p_2}^i + \sum_{p_3=0}^{n_{\text{uni}}} t_{\text{uni}\,p_3}^i + 2\sum_{p_4=0}^{n_{\text{task}}} t_{\text{load}\,p_4}^i \tag{8-2-6}$$

$$T_{\text{jam}}^i = \sum_{p_5=0}^{n_{\text{jam}}} t_{\text{jam}\,p_5}^i \tag{8-2-7}$$

由式(8-2-5)可以看出，第i辆车的任务完成总时间T_{Task}^i由接到任务到开始执行的响应时间T_{response}^i、正常行驶时间T_{normal}^i以及拥堵停车时间T_{jam}^i三部分组成。

式(8-2-6)表示正常行驶时间T_{normal}^i由加速时间和$\sum_{p_1=0}^{n_{\text{acc}}} t_{\text{acc}\,p_1}^i$，减速时间和$\sum_{p_2=0}^{n_{\text{dec}}} t_{\text{dec}\,p_2}^i$，匀速时间和$\sum_{p_3=0}^{n_{\text{uni}}} t_{\text{uni}\,p_3}^i$，以及装卸货的时间和$2\sum_{p_4=0}^{n_{\text{task}}} t_{\text{load}\,p_4}^i$(由于装卸货这两个操作所用时间相同，所以结果乘2)组成。$n_{\text{acc}}, n_{\text{dsc}}, n_{\text{uni}}, n_{\text{task}}$分别表示加速次数、减速次数、匀速次数和任务数。$t_{\text{acc}\,p_1}^i$表示第$i$车的第$p_1$次加速所花费的时间，$t_{\text{dec}\,p_2}^i$表示第$i$车的第$p_2$次减速所花费的时间，$t_{\text{uni}\,p_3}^i$表示第$i$车的第$p_3$次匀速所花费的时间，$t_{\text{load}\,p_4}^i$表示第$i$车在第$p_4$个任务中装货所花费的时间。

式(8-2-7)表示第i辆车因前车停车而被迫停车的拥堵时间。n_{jam}表示拥堵次数，$t_{\text{jam}\,p_5}^i$表示在第p_5次拥堵中的停车时间。

针对决策变量，有如下定义：

- $x_{i,j,l}$：任务j是否分配给i车，并且该任务是i车的第l个任务。若是，$x_{i,j,l}=1$，否则为0。

- $y_{i,j}$：当前状态下，i 车是否在执行 j 任务，若是，$y_{i,j}=1$，否则为 0。

s.t.：

$$\sum_{j=0}^{t} x_{i,j,l}=1, \quad j \in t; \forall i \in \text{Car}; \forall l \in L_i \quad (8\text{-}2\text{-}8)$$

$$\sum_{j=0}^{t} y_{i,j}=1, \quad j \in t; \forall i \in \text{Car} \quad (8\text{-}2\text{-}9)$$

$$\sum_{j=0}^{t}\sum_{l=0}^{L_i} x_{i,j,l}=1, \quad j \in \text{Task}; \forall i \in \text{Car}; \forall l \in L_i \quad (8\text{-}2\text{-}10)$$

$$S_{i,j}-S_{\min}^{i,j} \geqslant 0 \quad (8\text{-}2\text{-}11)$$

$$S_{i,k}>S_{\text{safe}} \quad (8\text{-}2\text{-}12)$$

$$\max\{T_{\text{Task}}^{i} | i=1,2,\cdots,n_c\} \leqslant T_{\text{permission}_{\min}} \quad (8\text{-}2\text{-}13)$$

式(8-2-8)表示任意一辆车任务序列的任意位置中，有且仅有一个任务被分配。式(8-2-9)表示当前状态下任意一辆车最多进行一个任务的搬运。式(8-2-10)表示任意一个任务只能分配给一辆车的任务序列中的一个位置。式(8-2-11)表示第 i 车在前往第 j 个任务的取货口时，不会因为距离过小而超过该取货口。式(8-2-12)表示在任意时刻，前后车的距离要大于其安全距离 S_{safe}。式(8-2-13)表示系统完成任务的总时间不大于生产搬运计划要求的最小时间。

8.2.3 遗传算法(GA)模型设计

本节将采用遗传算法(GA)对环形穿梭车调度模型做具体算法设计与求解工作。

1. 编码方式

在本模型中，每个染色体的基因单元是由小车编号与任务编号两部分构成，为了能更加直观地显示小车与任务的映射关系和更加便于后续操作，本书采用自然数编码的方式。编码方式如下：$C_1 T_{t_1}, C_2 T_{t_2}, \cdots, C_n T_{t_m}, C_1 T_{t_{m+1}}, \cdots, C_n T_{t_{2m}}, \cdots$

在此编码方式中，C_n 表示小车编号，T_{t_m} 表示任务编号。$C_n T_{t_m}$ 表示编号为 C_n 的小车需要完成编号为 T_{t_m} 的任务。通过编码，我们还可以得出每辆小车的任务序列，如编号为 C_1 的车被安排的任务序列为 $T_{t_1}, T_{t_{m+1}}, \cdots$。同时，通过上式任务的排序 $T_{t_1}, T_{t_2}, T_{t_m}, \cdots, T_{t_{2m}}, \cdots$，我们还可以得到每个装货口的任务出货顺序。另外，为了降低算法迭代次数，在初始种群的生成中尽量使每辆车获得相同数量的任务。举例如表 8-2-1 所示。

表 8-2-1 小车分配任务集合示例

1	3	2	1	2	3	3	1	2	3
3	6	1	7	4	5	10	2	9	8

其中,第一行表示小车编号,第二行表示任务编号。则每辆车被分配的任务集合及执行顺序如下。

- 车1:3,7,2。
- 车2:1,4,9。
- 车3:6,5,10,8。

2. 初始种群

环形穿梭车任务调度需要解决两个问题:①如何将任务合理地分配到各辆车。②每辆车如何分配各自任务的执行顺序。每辆车每跑一圈至多完成2个搬运任务,总任务完成时间为最后一辆车的完成时间。因此,将总任务平均地分配到各辆车会降低算法迭代次数,减少算法的平均运行时间。在建立初始种群时,为了维持个体基因多样性,本书采用随机分配任务的方式,且每辆车尽量分配相同数量的任务。为了均衡算法迭代效率和执行时间,初始种群的规模一般设置为20~50。规模过小容易使算法陷入局部最优,规模过大会使算法运行速度慢,且难以收敛。

3. 适应度函数

适应度值的大小代表了个体基因型在当前种群中的优劣程度,是评判优胜劣汰的关键性指标。适应度函数如下所示:

$$\text{fit}_i = \frac{T_{\max} - T_i}{T_{\max} - T_{\text{avg}}} \tag{8-2-14}$$

其中,fit_i表示在当代种群中第i个染色体的适应度函数,$T_{\max}$表示在当代种群中个体任务完成总时间的最大值,T_{avg}表示个体任务完成总时间的平均值,T_i表示第i个个体的任务完成总时间。当个体i的T_i小于T_{avg},fit_i值将大于1;反之则小于1。个体适应度值越大说明该个体在种群中越优秀,越容易被选择。

4. 选择

选择操作采用轮盘赌和精英策略混合选择的方式,步骤如下。

步骤一:将当前种群中适应度值最高的个体定义为精英个体并直接进入下一代。这样可以保证当代最优个体基因型得以保留,加快算法收敛。

步骤二:用除去精英个体的其他个体的累计适应度值占比来划分各自的区间大小。个体适应度值越大则区间越大,被选中的概率也越大。

步骤三:系统自动产生[0,1]之间的随机数,若该数落在轮盘某个区间内,代表该区间的个体被选中。

步骤四:重复步骤三k次,选择出k个个体,以便接下来的交叉变异操作。

5. 交叉

本书采用 PMX 方式,交叉率为 P_c。步骤如下。

步骤一:首先将选出来的 k 个染色体随机两两一组分配,即有 $k/2$ 组染色体。

步骤二:取出 1 组染色体,系统产生 $[0,1]$ 之间的随机数,若该数小于 P_c,则进入步骤三进行 PMX 交叉,否则跳过交叉操作。

父代1	1	3	2	1	2	3	3	1	2	3
	3	6	1	7	4	5	10	2	9	8

父代2	3	1	1	2	1	3	1	2	3	2
	5	8	2	3	10	4	9	6	1	7

步骤三:PMX 交叉。

子代1	1	3	2	2	1	3	1	1	3	3
	7	6	1	3	10	4	9	2	5	8

子代	1	1	1	1	2	3	3	2	3	2
	9	8	2	7	4	5	10	6	1	3

步骤四:重复步骤二,直到所有染色体完成交叉。

通过交叉,可以得到具有新性状的基因型,使得到更优的染色体成为可能。

6. 变异

本书采用单点变异的方式,变异率为 P_m。步骤如下。

步骤一:在选择出来的 k 个染色体中取出 1 个染色体,系统产生 $[0,1]$ 之间的随机数,若该数小于 P_m,则进入步骤二,否则跳过变异操作。

父代	1	3	2	1	2	3	3	1	2	3
	3	6	1	7	4	5	10	2	9	8

步骤二:单点变异。

父代	1	3	2	1	2	3	3	1	2	3
	3	6	1	7	4	5	10	2	9	8

子代	1	3	2	1	2	3	3	1	2	3
	3	6	1	7	8	5	10	2	9	4

步骤三：重复步骤一，直到所有染色体完成变异。

7. 种群规模检查

通过上述选择、交叉、变异步骤，可以得到 $k+1$ 个个体，这些个体将作为子代进入下一代。若 $(k+1)<N$（N 为种群规模），则从选择操作选出来的 k 个个体中选择适应度最高的前 $N-k-1$ 个个体补充到子代中，保证每代种群的完整性。

8.2.4 改进遗传算法设计

针对遗传算法容易陷入局部最优而很难获得更好解集的问题，本节将从三个方面对算法进行改进，分别是初始种群膨胀化、交叉率与变异率自适应和"爬山法"局部搜索。

1. 初始种群膨胀化

在遗传算法设计中，初始种群的确定在很大程度上奠定了遗传进化的方向。为了维持初始种群的多样性，随机生成初始解集是最简单也是最能满足性状多样性的方式。但利用系统生成的随机种群是不可控的，如果包含全局最优解的基因信息片段没有在初始种群中体现出来，且遗传算子若不能在有限的迭代过程中搜索到全局最优解所在的区域，那么就很容易提前收敛。

另外，若生成的随机个体有悖于种群进化的方向，甚至干扰整体的进化，将降低算法执行效率。为了在不增加算法复杂度的前提下尽可能地筛选出较为优秀的初始种群以便后续的遗传进化操作，现提出初始种群膨胀化的改进方法如下。

若种群规模为 N，系统根据编码规则随机生成 $2N$ 个个体。在计算个体适应度值后比较并选择其中最优的 N 个个体组成初始种群，其余的个体淘汰。该方式操作简单且能在较短时间内择优筛选一批表现型较优的个体作为初始解集，便于算法后续操作。

2. 交叉率与变异率自适应

第 k 代种群的稳定性 d_k 由那一代最优个体适应度值 $f_{\max}^k$ 与种群平均适应度值 f_{avg}^k 的差值表现，即 $d_k = f_{\max}^k - f_{\text{avg}}^k$。$d_k$ 越大，说明个体间性状差异明显，可以采用 $f_{\max}^k - f_{\text{avg}}^k$ 的差值近似地反映第 k 代种群的收敛性；d_k 越小，说明当前种群逐渐达到或已经达到局部最优，提前收敛的可能性越大。

在算法运行初期,由于采用随机生成种群的方式,个体适应度值普遍偏低,性状多样性广泛,这个时候需要加大交叉变异的概率,使之尽快地产生优秀个体并往较好的进化方向发展。而在算法后期,种群渐渐趋近最优,若交叉变异概率太大,则会破坏个体的优秀基因组,导致难以收敛,甚至陷入局部最优。另外,若个体适应度高于种群平均适应度,应尽量保持其优秀性状不被破坏;若个体适应度低于种群平均适应度,应尽可能地替换部分基因,使其向更加优秀的方向进化。

就上述问题,Srinvas[61]等人提出了自适应遗传算法(AGA)。其原理是根据每一次迭代的效果动态地改变交叉率 P_c 和变异率 P_m,达到调整整个优化迭代过程的目的。公式如下:

$$P_c = \begin{cases} \dfrac{k_1(f_{\max}-f_{\text{high}})}{f_{\max}-f_{\text{avg}}}, & f_{\text{high}} \geqslant f_{\text{avg}} \\ k_2, & f_{\text{high}} < f_{\text{avg}} \end{cases} \tag{8-2-15}$$

$$P_m = \begin{cases} \dfrac{k_3(f_{\max}-f)}{f_{\max}-f_{\text{avg}}}, & f \geqslant f_{\text{avg}} \\ k_4, & f < f_{\text{avg}} \end{cases} \tag{8-2-16}$$

式(8-2-15)、式(8-2-16)中: $f_{\max}$ 表示当前种群的最大适应度值; f_{avg} 表示当前种群的平均适应度值; f_{high} 表示交叉的两个体较大的适应度值; f 表示当前个体适应度值; k_1,k_2,k_3,k_4 分别为[0,1]中的常数。

该函数计算简单,能够通过各代种群表现型,自适应地改变交叉变异率,从而达到动态调控种群个体部分基因型的目的。但问题随之而来:在同一代种群中,交叉率和变异率随着个体适应度越接近当前种群的最大适应度而越来越小,直到为0。这样一来,在算法初期,优秀个体几乎不发生变化,很容易提前收敛并仅获得局部最优解。因此,这种简单的线性函数很难在复杂的迭代选择过程中发挥出良好的效果。

邝航宇、金晶、苏勇[62]提出了一种交叉变异曲线更为平滑的自适应函数(IAGA),目的是通过增大种群平均适应度值附近个体的交叉率和变异率来避免提前收敛问题。公式如下:

$$P_c = \begin{cases} \dfrac{P_{c\max}-P_{c\min}}{1+\exp\left(A\dfrac{2(f_{\text{high}}-f_{\text{avg}})}{f_{\max}-f_{\text{avg}}}\right)}+P_{c\min}, & f_{\text{high}} \geqslant f_{\text{avg}} \\ P_{c\max}, & f_{\text{high}} < f_{\text{avg}} \end{cases} \tag{8-2-17}$$

$$P_m = \begin{cases} \dfrac{P_{m\max}-P_{m\min}}{1+\exp\left(A\dfrac{2(f-f_{\text{avg}})}{f_{\max}-f_{\text{avg}}}\right)}+P_{m\min}, & f \geqslant f_{\text{avg}} \\ P_{m\max}, & f < f_{\text{avg}} \end{cases} \tag{8-2-18}$$

式(8-2-17)、式(8-2-18)中：f_{max}表示当前种群的最大适应度值；f_{avg}表示当前种群的平均适应度值；f_{high}表示交叉的两个体较大的适应度值；f表示当前个体适应度值；A 为常数，取值为 $9.903\ 438$；P_{cmax}，P_{cmin}，P_{mmax}，P_{mmin} 为固定常数，分别表示交叉率最大、最小值和变异率最大、最小值。

3. "爬山法"局部搜索

本部分将采用 IAGA 作为改进算法的自适应函数。遗传算法是全局寻优算法，局部搜索能力较弱，容易提前收敛造成局部最优。为了弥补该算法局部搜索能力不足的缺陷，引入"爬山法"。

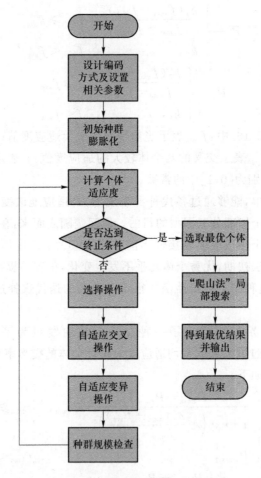

图 8-2-1　改进遗传算法流程图

"爬山法"是深度优先搜索算法(DFS)的一种改进。其原理为：在解空间中随机选取一个起点 p，系统在 p 点临域内随机产生一个点 q，计算 q 点目标值 f_q 并

与 p 目标值 f_p 比较。若 $f_q > f_p$，则 q 点替换掉 p 点成为新的起点(峰值)，重复操作直到找到最高峰为止；若 $f_q < f_p$，则保持 p 点不变，然后重复上述操作寻找新的峰值。不断向高峰攀爬，直到达到最高点[63]。

在本课题中引入"爬山法"主要为了对遗传算法计算出的最优解做进一步的局部寻优操作。具体操作如下。

步骤一：在遗传算法达到终止条件后，从最终代种群中寻找最优个体 p 并记录，然后以 p 为起点，进入"爬山法"局部寻优，并初始化计数器 count。

步骤二：如果 count 值达到阈值，进入步骤四。否则通过交换个体 p 部分基因位产生 p 点临域个体 p_1。计算 p_1 适应度值 f_{p_1}，并与 p 适应度值 f_p 比较。若 $f_{p_1} < f_p$，则 count+1，并返回步骤二；否则进入步骤三。

步骤三：将新产生的点作为新起点，假设为 p'，通过交换 p' 部分基因位产生 n 个 p' 临域个体集合 $\{p'_1, p'_2, \cdots, p'_n\}$ 并计算其适应度值。通过比较适应度值大小，如果 p' 适应度值最大，则记录个体 p'，且 count+1，返回步骤二；如果新生成的某个个体适应度值最大，则将该点作为新起点并返回步骤三。

步骤四：从记录的点中寻找适应度值最大的个体作为最优解，算法结束。

综上，遗传算法和"爬山法"的结合能起到优势互补的促进作用，能增加算法的有效迭代并跳出局部最优。算法流程图如图 8-2-1 所示。

8.3 基于时间窗的环形穿梭车调度算法的研究

在 8.2 节讨论的模型中，默认每个取货站台都有托盘货物在等待小车，即"货等车"模式。但在实际情况中，更多的时候会因为人工、机器等原因难以做到每辆小车每圈都能按时接到货物，这样一来就会增加小车空跑的时间，白白耗费资源。本节将围绕这个问题提出一种基于站台任务时间窗的策略，通过算法寻优找到合适的任务分配方法以及比较出最适合的小车数量，在较低的运行成本下提高系统运送效率。

8.3.1 时间窗模型概述

时间窗模型研究的是在模型满足必要的基本条件下，增加每个任务的被服务时间区间限制。时间窗模型多用于车辆路径问题(vehicle routing problem，VRP)的扩展，即带时间窗的车辆路径问题[64]（vehicle routing problem with time windows，VRPTW）。

VRPTW 是一个 NP-hard 问题,多采用精确算法或启发式方法进行求解[65]。常见的精确算法有分支定界法、动态规划法和集分割算法等。启发式方法主要有遗传算法、禁忌搜索算法、蚁群算法等[66]。但该问题是一个困难的组合优化问题,采用精确算法容易造成复杂度过高,效率低下,若模型规模庞大则很难得到精确解;而采用启发式方法求解则可以大大降低算法复杂度,效率较高,虽不容易得到精确解集,但可以在短时间内获得满意解[67]。

在时间窗模型中,客户可以根据自己的需求制定被服务的时间区间,以及对时间敏感性要求的不同可以分为硬时间窗(hard time windows)约束和软时间窗(soft time windows)约束。在硬时间窗模式下,若服务车辆早于被服务对象约定时间窗的最早时间到达,则必须停车等待;若服务车辆晚于被服务对象约定时间窗的最晚时间到达,则被拒绝服务。在软时间窗模式下,若服务车辆在被服务对象约定时间窗之外到达,则按照规定接受惩罚[68]。

在环形穿梭车系统中,根据入库站台托盘货物的备货速度可以分为人工备货和机械手备货。在人工备货中,默认准备入库的托盘货物在到货时均已码好,只需要完成扫码搬运上架的操作即可,即该入库站台默认货物到达无延迟。在机械手备货中,将由机械手完成码盘操作,然后再将码好的托盘货物上架入库站台等待搬运入库,即在该入库站台的货物到达时间有一定的时间间隔。且机械手口的站台缓存位有限,若缓存位被待搬运货物占满,则机械手无法继续码货。

在环形穿梭车同时存在机械手作业和人工作业的模型中,如果不对任务分配进行控制,有可能会发生所有小车集中处理人工口任务的情况,增加该区域的拥堵。另外,机械手口的站台缓存位有限,若码好的托盘货物得不到及时地处理有可能会造成站台缓存位不足,导致机械手停工。因此,需要对有时间要求的托盘货物增加时间窗约束,控制该任务的处理时间。另外,站台的每个任务都应该被小车执行,不存在因小车提前或延误而取消任务的情况。因此,本节讨论的时间窗模型是基于软时间窗约束的。

将任务集合按照什么样的规则分配给车,能够在协调人工口站台任务和机械口站台任务的情况下,使系统搬运效率最高是本节需要探讨和解决的问题。

任务优先级策略是一种对任务优先权决策的过程,通常针对任务缓急程度的不同划分不同任务集合,遵循紧急任务先执行,常规任务后执行的原则分批次执行。衡量一个物流中心完善与否的一个重要指标,就是在应对突发或者紧急任务时是否能够快速响应。因此,在物流中心的实际作业场景中,我们必须考虑任务优先级问题。

假设在某个时刻系统下发了 K 个搬运任务到环形穿梭车子系统。首先应该根据任务的优先级权重划分执行顺序。一般来说,任务的优先级一般有 3 个层次：
- 紧急任务——最高优先级,急速响应。
- 次紧急任务——高优先级,快速响应。
- 普通任务——普通优先级,正常响应。

可以根据上述任务的优先级将任务池中的 K 个任务按优先级从高到低的顺序划分 3 个子任务集合 Q_1, Q_2, Q_3,分别执行 Q_1, Q_2, Q_3。若子任务的任务数量不超过小车数 R,则直接按照就近原则将任务分配给小车。若子任务的任务数量大于小车数 R,则通过调度系统规划任务的执行顺序及分配策略。同样地,在一个子任务集合中,仍旧可以根据实际情况划分任务优先级,优先级高的任务将优先被执行。具体做法是通过时间窗的方式限制任务被执行的顺序,时间区间越早的任务将被优先执行;而对于那些对时间要求不敏感的任务的时间窗区间可以适当放宽,甚至不设置时间窗约束。

另外,在物流中心的运作过程中,经常有新任务需插入当前任务列表的操作。因此,对于突发任务的及时插入也需要制定相应的策略:若待插入任务的优先级 $Q_a, a \in \{1,2,3\}$ 小于当前正在执行的任务集合优先级,则将该任务挂起,直到系统规划 Q_a 优先级任务集合的时候插入该任务列表;若待插入任务的优先级 $Q_a, a \in \{1,2,3\}$ 大于当前正在执行的任务集合优先级,则马上插入任务列表,并暂停距离任务站台最近的空载小车当前任务,临时替换为插入任务,实现快速响应;若待插入任务的优先级 $Q_a, a \in \{1,2,3\}$ 与当前正在执行的任务集合优先级一致,则插入任务列表,待有小车完成所有任务而出现空闲时再去执行该任务。任务插入处理方式流程如图 8-3-1 所示。

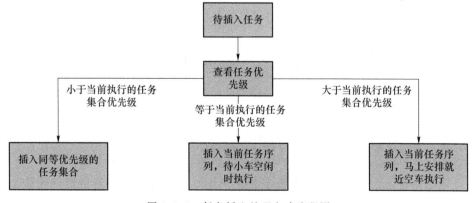

图 8-3-1　任务插入处理方式流程图

本小节讨论了针对任务优先级的处理策略,符合实际场景的应用需求,流程图如图 8-3-2 所示。

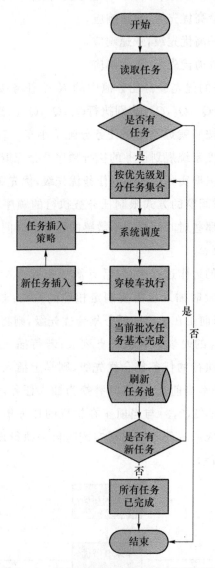

图 8-3-2　优先级策略下的任务执行流程图

8.3.2　环形穿梭车调度时间窗模型

本节将在 8.2 节提出的基本模型基础上增加环形穿梭车调度的时间窗模型,通过增加时间窗约束来限制任务被执行的时间区间,并通过算法寻优的方式找出满意解。

在环形穿梭车搬运系统中,每个任务按照规定在自己的时间窗内接受小车的搬运服务。假设任务 j 的时间窗为 $[e_j, y_j]$,其中 e_j 表示任务 j 允许的服务最早开始时间,若小车在 e_j 时间之前到达,任务 j 会因为托盘货物未准备好而拒绝被服务,由于在环形轨道上小车不可能停车等待 e_j 时刻的到来,这样会造成后车大面积拥堵。针对该问题,本课题采取的策略是小车暂时离开任务点,空跑一圈再回到该点,直到小车到达时刻进入该点任务时间窗为止。

y_j 表示任务 j 允许的服务最晚开始时间,若小车在 y_j 时间之后到达,则根据超时的时间差计算惩罚函数。惩罚函数累计值将作为次目标函数加入目标函数的计算中。惩罚函数表示为:

$$f_{\text{punish}} = \max\left[e^{(t_j - y_j)} - 1, 0\right] \tag{8-3-1}$$

其中,$e^{(t_j - y_j)} - 1$ 表示小车在 t_j 时刻到达任务 j 装货口的惩罚值。若 $t_j \leq y_j$,则惩罚值为 0,不需要惩罚;若 $t_j > y_j$,则惩罚值 $f_{\text{punish}} > 0$,累计惩罚值,且超时越久,惩罚值增长速度越快。另外,T_j 表示任务 j 的开始执行时间,t_{load} 表示服务时间,$t_{j,k}$ 表示任务点 j 到任务点 k 的行驶时间。

因此,在第 3 章数学模型的基础上将数学模型改进如下:

$$f_{\text{mgoal}} = \min T \tag{8-3-2}$$

$$f_{\text{sgoal}} = \min \left(\sum_{j=1} \max\left[e^{(t_j - y_j)} - 1, 0\right] \right), \quad j \in \text{Task} \tag{8-3-3}$$

决策变量如下。

- a_{i,j,t_j,e_j}:i 车到达 j 任务位置的时刻 t_j 是否晚于 j 任务最早允许到达的时刻 e_j。若是,置 1,否则为 0。
- b_{i,j,t_j,y_j}:i 车到达 j 任务位置的时刻 t_j 是否早于 j 任务最晚允许到达的时刻 y_j。若是,置 1,否则为 0。
- $z_{i,j,k}$:小车 i 开始执行任务 j 时,下个任务是否是任务 k。若是,置 1,否则为 0。

时间窗约束如下:

$$t_j \leq T_j, \quad j \in \text{Task} \tag{8-3-4}$$

$$z_{i,j,k} = 1 \rightarrow T_j + t_{\text{load}} + t_{j,k} \leq T_k, \quad j, k \in \text{Task} \tag{8-3-5}$$

$$e_j \leq T_j \leq y_j, \quad j \in \text{Task} \tag{8-3-6}$$

式(8-3-2)是主目标函数,表示最小化的任务完成总时间。式(8-3-3)是次目标函数,表示最小化的任务时间窗惩罚值。式(8-3-4)、式(8-3-5)、式(8-3-6)为时间窗约束。T_j 表示第 j 个任务的开始时间。

在算法模型的求解过程中,适应度函数是评价遗传算法中染色体性能的唯一度量指标。由于在上述时间窗模型中存在两个目标函数,可以通过系数法将多目标拟合为单目标函数,系数的选择一般通过以往经验或者偏好进行适当调整。适应度函数如下：

$$\text{fit}_i = a\frac{\max(f_{\text{mgoal}}) - f_{\text{mgoal}\,k}}{\max(f_{\text{mgoal}}) - \min(f_{\text{mgoal}})} + b\frac{\max(f_{\text{sgoal}}) - f_{\text{sgoal}\,i}}{\max(f_{\text{sgoal}}) - \min(f_{\text{sgoal}})} \tag{8-3-7}$$

在式(8-3-7)中，fit_i 表示当代种群中第 i 个染色体的适应度值，a，b 分别为主目标和次目标的偏好程度，且满足 $a+b=1$，$a\in[0,1]$，$b\in[0,1]$。

本节阐述了时间窗模型在 VRP 问题中的应用，并将它改用于环形穿梭车系统的任务分配问题中，旨在解决任务到达时间窗约束下的多车任务分配问题，同时提出了任务优先级执行策略，更加符合实际作业场景，具有实际意义。

8.3.3 仿真程序的搭建与算法有效性验证

本节将从实际案例出发，对课题算法进行实现、计算与输出，验证课题所提任务调度算法的可靠性。同时通过设计和开发 UI 仿真交互软件对算法结果做可视化处理，并与传统的贪婪算法作对比，进一步验证课题所提算法的有效性。

本课题将以北京烟草物流中心现有的环形穿梭车搬运系统为例，做算法有效性验证。该系统有 11 个入库站台(如图 8-3-3 所示)，其中 $P_1 \sim P_3$ 为人工入库口，$P_4 \sim P_{11}$ 为机械手入库口，且有 4 台机械手分别负责相邻两个入库口的托盘码盘工作。另外，有 $O_1 \sim O_3$ 共计 3 个出库站台，主要负责少量的空托盘出库任务。在立体库端，分别有 5 条入库输送线($O_4 \sim O_8$)和 5 条出库输送线($P_{12} \sim P_{16}$)。该系统主要负责托盘货物的入库搬运工作和少量的空托盘出库工作。

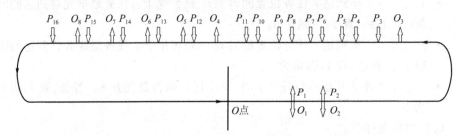

图 8-3-3 北京烟草物流中心环形穿梭车搬运系统简图

该系统小车运行方向为逆时针，其他参数如表 8-3-1 所示。

表 8-3-1 北京烟草物流中心环形穿梭车搬运系统参数表

轨道直道总长度	110 米	轨道弯道总长度	6 米
直道平均速度	2.5 米/秒	弯道平均速度	0.8 米/秒
机械手数量	4	机械手码盘速度	135 秒/托
站台缓存位	2	装卸货速度	10 秒/托

1. UI 仿真交互软件的设计与开发

为了可视化算法结果并更精确地模拟环形穿梭车系统的工作流程,本课题将开发 UI 仿真交互软件来辅助课题研究。

仿真软件是为了测试算法有效性,因此需选安全性和稳定性较好的硬件设施和开发平台。其中对于操作系统的选择尽量大众化,兼容性强;开发平台尽量高效、集成度高且支持性好。本软件的开发环境的配置如下。

- 操作系统:Window 10 专业版。
- CPU:Inter(R) Core(TM) i7-7700HQ CPU @ 2.80GHz。
- 内存:16G。
- 开发语言:基于.NET Framework 的 C♯语言。
- 实现平台:Visual Studio 2017。

2. 需求分析

UI 仿真程序的设计开发首先需要满足良好的人机交互体验,即满足人工操作的便捷性。其次需要满足应用场景的流程要求,最大限度地还原实际作业场景。最后在满足可视化展现的前提下,通过参数配置和输入输出数据得到相应的仿真结果。因此,要满足上述要求必须解决以下问题:

① 等比例缩小模型实际尺寸,绘制并生成仿真地图;
② 通过参数配置更改系统参数,以适应不同系统参数下的算法计算;
③ 在仿真运行时,实时记录时间及关键输出参数;
④ 接受算法结果文件的输入以及 UI 仿真结果输出;
⑤ 通过运行机制不同可选择多种运行模式。

本程序操作流程图如图 8-3-4 所示。

3. 软件各模块功能设计

上文简单介绍了 UI 仿真软件的基本功能和操作流程,本节将对各个开发模块做具体的介绍。为了满足仿真需求,现考虑增加以下主要功能模块(如图 8-3-5 所示)。

(1)地图编辑与生成模块

为了适应在不同案例下模拟不同场景,该模块可根据实际需要绘制相应的仿真地图并以后缀为.json 的文件保存在系统硬盘中,下次调用可直接读取该文件并生成相应的 UI 地图。

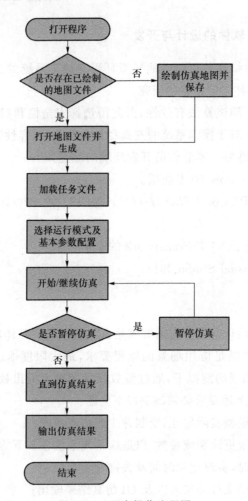

图 8-3-4　程序操作流程图

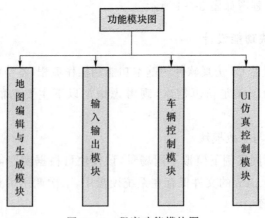

图 8-3-5　程序功能模块图

由于地图上有行使不同作用的站点,因此用整型标记区分开,即每个站点有以下两个属性:坐标和类型。地图json文件部分内容如下:

```
"workPoints": [
    {
      "dis2o": 0.0,
      "type": 0
    },
    {
      "dis2o": 12.71,
      "type": 6
    },
    {
      "dis2o": 16.21,
      "type": 6
    },
    {
      "dis2o": 27.5,
      "type": 1
    },
    ...
```

其中,dis2o 代表距离原点的相对位置坐标,type 表示该点类型。type 以数字 0~8 分别表示:原点、弯道起点、弯道终点、取货点、机械手取货点 A、机械手取货点 B、装卸货共用点、卸货点、终点。另外,由于计算机屏幕上的距离以像素(px)为单位,因此规定 1px 的屏幕距离等效为 0.1 米的实际距离。关于站点的代码定义如下:

```
public class WorkPoint//工作站点
{
    public float dis2o = new float();      //到原点的距离
    public byte type = new byte();         //站点类型
    [NonSerialized]
    public int goodcount = -1;             //任务数量(仅针对机械手)
    [NonSerialized]
    public int addtime = -1;               //距离机械手添加货物时间(仅
                                           // 针对机械手)
    [NonSerialized]
```

```
    public inttasknum = -1;           //任务数量(无机械手的装货点)
    [NonSerialized]
    public string name = "";          //站点别名
    [NonSerialized]
    public List<wpmissionlist> missionlist = new List<wpmissionlist>();
                                      //任务集合
}
```

地图绘制好后的效果图如图 8-3-6 所示。

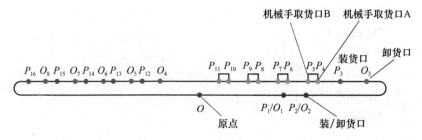

图 8-3-6　程序地图效果图

(2) 输入输出模块

UI 仿真软件主要是通过读取后缀为 .json 的任务文件实现任务输入，同样也支持系统随机生成任务集合并保存。任务集合定义如下：

```
public class wpmissionlist              //任务列表
{
    public int taskID = new int();      //任务 ID
    public string startCode = "";       //任务起始点
    public string endCode = "";         //任务终点
}
```

算法输出的部分任务文件内容如下：

```
"carNumber": 5,
"taskNumber": 10,
"task": [
    {
        "carID": 1,
        "taskID": 1,
        "startCode": "P2",
        "endCode": "O4"
    },
    {
```

```
    "carID": 1,
    "taskID": 2,
    "startCode": "P13",
    "endCode": "05"
},
{
    "carID": 2,
    "taskID": 3,
    "startCode": "P11",
    "endCode": "01"
},
{
    "carID": 3,
    "taskID": 5,
    "startCode": "P6",
    "endCode": "01"
},
...
```

在任务文件中,分派给每辆车的任务集合以及执行顺序已经通过算法求解确定。读取该文件后,仿真程序将按照指定任务顺序依次执行。

另外,关于系统参数配置的设置将在开始仿真前通过 UI 界面进行操作选择,可配置的基本参数有:小车直道/弯道平均速度(单位为 m/s),安全距离(单位为 m),装/卸货时间(单位为 s)。而关于机械手的配置参数有站台缓存位大小以及机械手码盘时间(单位为 s)。仿真参数配置如图 8-3-7 所示。

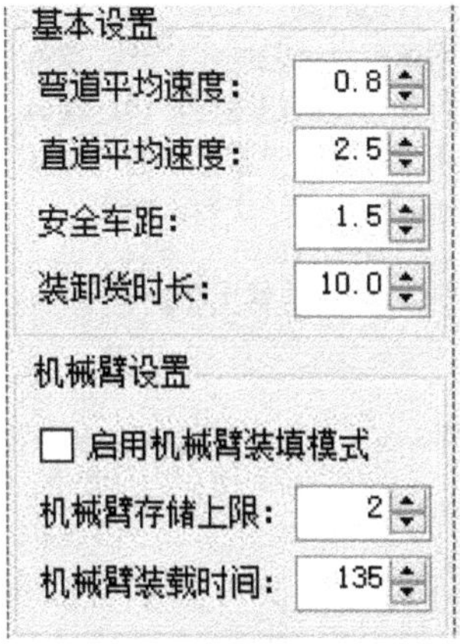

图 8-3-7 仿真参数配置图

仿真的输出部分主要是对小车状态、任务信息以及运行参数的实时监控。在仿真运行的过程中,实时记录了小车当前的状态(满载、空驶或空闲),当前正在执行的任务 ID 以及任务的装卸货点。同时,实时记录了装货站台待搬运托盘的数量。通过上述一系列参数的监控能有效掌握整个系统执行的状态信息。监控界面如图 8-3-8 所示。

车ID	当前任务ID	装货点	卸货点	状态		装货点	任务数
1	0	P3	O6	满载		P1/01	4
2	0	P1	O6	满载		P2/02	6
3	0	P1	O6	满载		P3	3
4	0	P6	O5	空驶		P4	7
5	0	P4	O7	空驶		P5	4
6	0	P9	O8	空驶		P6	1
7	0	P9	O6	空驶		P7	6
						P8	2
						P9	3
						P10	2
						P11	2

图 8-3-8 仿真监控界面图

而运行参数是评判算法有效性的关键因素,主要包括:运行总时间(单位为 s)、所有车运行总里程(单位为 m)、所有车负载总里程(单位为 m)、所有车空载总里程(单位为 m)、所有车拥堵总次数。在仿真执行的过程中,上述参数根据时间推移分别累加,如图 8-3-9 所示。

图 8-3-9 仿真运行输出参数图

(3) 车辆控制模块

该模块主要对小车类进行定义以及对多车行驶过程中的拥塞、启停等状态进行控制,是小车执行策略的核心部分,其中对小车类定义的部分代码如下:

```
public class Cars
```

```
{
    public float nextP2o = new float();     //距离下一个站点距离
    public float speed = new float();       //当前速度
    public float dis2o = new float();       //当前到原点的距离
    public int MissionSel = new int();      //正在执行第几个任务
    public int MissionSelTemp = -1;         //缓存任务位置为实时模式服务
    public List<CarMissions> CarMission = new List<CarMissions>();
                                            //小车任务表
    public bool hasGoods = new bool();      //是否携带货物
    public int waitTime = new int();        //等待时间
public bool isJam = new bool();             //是否发生拥塞
    public float totalMilo = new float();   //行驶总里程
    public float hasGoodsmilo = new float();//负载总里程
}
```

(4) UI仿真显示模块

该模块主要对仿真界面显示和多车位置显示加以定义。多车位置信息计算与更新是通过精度较高的多媒体定时器实现的,即 MmTimer 类,可达到毫秒级精度控制。该定时器每1 ms 计算一次车辆位置信息及站台货物信息并实时更新数据。

而 UI 界面的刷新则是通过 C# 自带的 Timer 类实现,该定时器精度一般,虽无法达到 MmTimer 的高精度要求,但作为界面的刷新时间已经足够。仿真启动/暂停相关控制代码如下:

```
switch (simstartbtn.Text)
{
    case "仿真开始":
        GenSchedule();//系统初始化
        mmTimer = new MmTimer();
        mmTimer.Mode = MmTimerMode.Periodic;
        mmTimer.Interval = 1;//时间间隔
        mmTimer.Tick += new EventHandler(Timer_tick);
        mmTimer.Start();//启动多媒体定时器
        simStartbtn.Text = "仿真暂停";
//禁用部分 UI 控件
        loadMissionbtn.Enabled = false;
        toolStripButtonNew.Enabled = false;
        toolStripButtonOpen.Enabled = false;
```

```
            toolStripButtonUndo.Enabled = false;
            settingPanel.Enabled = false;
            modePanel.Enabled = false;
            updateListview(true);
            timer1.Start();//启动界面刷新定时器
            break;
        case "仿真暂停":
            mmTimer.Stop();
            mmTimer.Dispose();//释放多媒体定时器
            simStartbtn.Text = "仿真开始";
            timer1.Stop();
            break;
    }
```

综上,本节对 UI 仿真交互软件的主要功能模块做了简要介绍并附上了部分代码。整个程序的设计与开发本着最大程度还原实际作业场景的原则,通过 UI 仿真能更加精确且直观地比较和验证算法有效性,可靠性更高。UI 仿真运行效果图如图 8-3-10 所示。

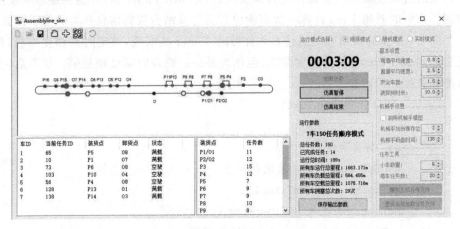

图 8-3-10　仿真运行效果图

8.3.4　算法对比与验证

在实际作业场景中,常见的任务分配方式为贪婪策略,即优先将站台待处理任务分配给距离该任务最近的空闲小车,从最小化小车空跑距离来优化系统效率。另外,每个站台的任务集合按照先到先服务的原则依次分配。该策略操作简单,计算时间几乎为 0。但其属于动态规划范畴,是一个局部寻优算法,其原理是将目标函数细分为若干个子目标,依次寻找各个子目标的最优解,通过将上个阶段的解作为下个阶段的已知条件层层迭代得到目标函数解。由于该策略只关注局部的子目标,几乎得不到全局最优解。本节将通过仿真对比在有无时间窗约束下的贪婪策略、基本 GA 算法以及改进 GA 算法的性能。

(1) 无时间窗模式下的算法结果对比

本小节将在任务无时间窗约束的条件下测试并对比算法优劣,即在没有机械手的一般模型下测试算例。任务数据截取北京烟草物流中心某时间段的系统数据。该任务集合总量为 150,其中入库任务为 120 个,出库任务为 30 个。具体任务如表 8-3-2 所示。

表 8-3-2 某时间段环形穿梭车系统任务表

	o_4	o_5	o_6	o_7	o_8	o_1	o_2	o_3
p_1		3	2	2	4	3		
p_2		3	4	4	2	1		
p_3		3	3	4	2	1		
p_4		2	3	3	2	3		
p_5		0	2	2	3	2		
p_6		2	3	1	1	3		
p_7		1	2	2	3	1		
p_8		2	2	3	1	2		
p_9		2	2	0	3			
p_{10}		1	2	2	1	3		
p_{11}		3	0	3	1	2		
p_{12}						3	2	1
p_{13}						2	2	3
p_{14}						1	3	3
p_{15}						1	2	2
p_{16}						2	2	1

当系统有 6 辆车执行上述任务,且在不同算法下分别测试 50 次,仿真运行结果如表 8-3-3 所示。

表 8-3-3　仿真运行 50 次结果汇总表(6 车)

运行次数		1	2	3	4	5	...	48	49	50
贪婪算法	总时间/s	2 110	2 116	2 105	2 115	2 094		2 120	2 127	2 098
	拥塞次数	189	192	180	190	193		182	186	175
	空跑距离/m	10 302	10 133	10 213	10 133	9 967		10 117	9 988	10 223
	算法时间	Null	Null	Null	Null	Null		Null	Null	Null
GA算法	总时间/s	1 874	1 862	1 920	1 911	1 857		1 876	1 849	1 899
	拥塞次数	90	96	100	97	80		111	98	91
	空跑距离/m	10 915	10 858	10 518	10 675	10 738		11 012	10 555	11 573
	算法时间/s	216	215	216	216	216		216	215	216
改进GA算法	总时间/s	1 808	1 818	1 820	1 836	1 827		1 876	1 804	1 810
	拥塞次数	75	81	88	84	71		100	88	73
	空跑距离/m	10 872	10 721	10 385	10 473	10 919		10 609	10 794	10 663
	算法时间/s	312	312	312	314	314		314	314	314

由表 8-3-3 可以看出，贪婪算法执行时间非常短，可以忽略不计。而 GA 算法和改进 GA 算法的执行时间分别为 216 s 和 314 s，相差大约 100 s。从算法执行时间看，上述算法的时间耗费在可接受的范围之内。接下来将重点从系统完成时间、拥塞次数和空跑距离这 3 个维度对算法性能做进一步的对比分析。算法各运行 50 次的结果绘制成折线图如图 8-3-11 所示。

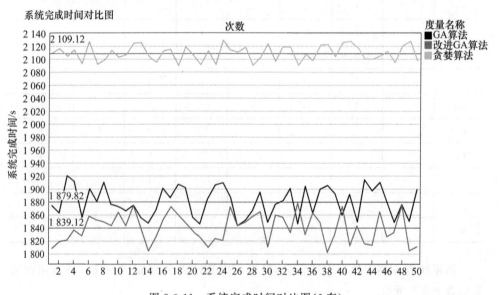

图 8-3-11　系统完成时间对比图(6 车)

综合 50 次算法执行的结果可以看出,贪婪算法各项指标比较稳定,相较 GA 和改进 GA 波动较小。

在系统完成时间的维度上看,GA 算法和改进 GA 算法性能远超贪婪算法。其中 GA 算法和改进 GA 算法在系统完成时间的维度上相较贪婪算法性能提升幅度分别在 10.9% 和 12.8% 左右波动。在图像中虽然改进 GA 算法结果与 GA 算法结果有重叠部分,但从整体上看,改进 GA 算法的性能要优于 GA 算法。

从图 8-3-12 和图 8-3-13 的结果看,综合拥堵次数和空跑距离两个维度可以发现,贪婪算法跑出的拥堵次数要远超 GA 算法和改进 GA 算法,但空跑距离要有所降低。这是因为贪婪算法是局部寻优算法,只关注当前车辆的当前任务计算目标值,而忽略了其他车辆的影响,这样虽然会降低小车的空跑距离,但会导致多车间的拥堵现象频发。而 GA 算法和改进 GA 算法关注整体最优,充分考虑了多车间的相互影响带来的效率问题,在算法的执行过程中会适当地增加小车的空跑来减少拥堵,从而提升整体效率。因此,算法要解决的核心内容是最大限度地平衡小车空跑和多车拥堵对整体效率的影响。

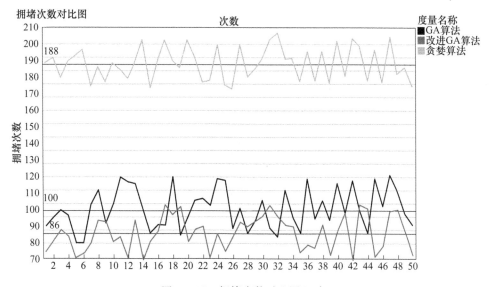

图 8-3-12 拥堵次数对比图(6 车)

综上,GA 和改进 GA 算法在性能上全面优于目前在工程上广泛应用的贪婪算法。且改进 GA 算法略优于 GA 算法,虽然在耗时上略有上升,但完全在可接受的范围内。

接下来,将在改进 GA 算法下测试不同车数的结果。具体做法为改变车数分别运行算法 50 次后取平均值,结果如图 8-3-14 所示。

由图 8-3-14 可以看出,随着车辆数的增加,系统完成时间的递减幅度在逐渐减小。这是由于随着车辆数的增加,多车间的拥堵情况逐渐增多,从图中可以看出拥

智能医药物流系统规划与设计

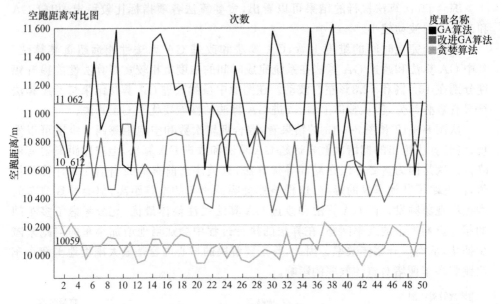

图 8-3-13　空跑距离对比图（6 车）

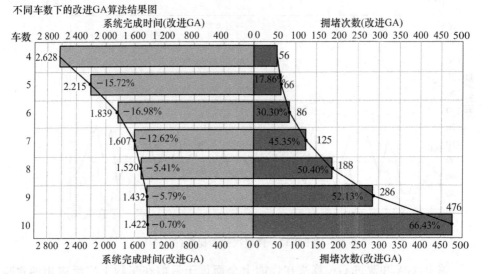

图 8-3-14　不同车数下的改进 GA 结果对比图

堵次数随着车辆数的增加其增长幅度逐渐加大，这将大大地影响小车的利用率，使得整体效率不高。当系统存在 10 辆车时，系统效率已经饱和，完成时间不再增加，拥堵次数达到了 476 次之多。当小车数为 6 时，改进 GA 算法得出的结果为 1 839 s，相较于 5 车时的 2 215 s 下降了 16.98%，降幅达到最大。因此可以得出 6 车是适合该系统的最佳车辆数。在物流中心的运行过程中，可以另外配置一辆备用车，用于应对系统吞吐量激增的情况以及应对车辆故障需要及时替换的突发情况。

8.3.5 时间窗模式下的算法结果对比

8.3.4 小节从不同维度对比了不同算法的性能,本节将在任务满足时间窗约束的条件下进一步对比算法性能。

实验的任务集仍旧使用表 8-3-2,需要注意的是,$P_4 \sim P_{11}$ 为机械手入库站台,由 4 台机械手负责这 8 个口的码盘工作,每台机械手负责相邻两个入库站台,各机械手之间互不干涉且相互独立。其他站台仍旧默认待搬运托盘已码好,即任务到达无延迟。需要注意的是每个站台的缓存位是 2,$P_4 \sim P_{11}$ 若存在任意站台缓存位已满的情况,负责该口的机械手将停止在该口码货,直到出现空余缓存位为止。

本次实验分别在 4~10 辆车的条件下测试算法性能并得出满足系统需求的最优车数,具体做法是分别运行算法 50 次后取平均值。结果如表 8-3-4 所示。

表 8-3-4 多车仿真结果汇总表

车数	算法类型	系统完成时间/s	拥堵次数	空跑距离/m
4	贪婪算法	3 495	120	14 692
	GA 算法	3 009	90	12 548
	改进 GA 算法	2 954	79	13 218
5	贪婪算法	3 361	176	18 090
	GA 算法	2 921	143	16 290
	改进 GA 算法	2 860	118	15 127
6	贪婪算法	3 232	292	20 116
	GA 算法	2 758	236	19 957
	改进 GA 算法	2 689	189	19 538
7	贪婪算法	3 074	372	23 731
	GA 算法	2 727	262	22 989
	改进 GA 算法	2 661	218	22 332
8	贪婪算法	2 999	474	26 299
	GA 算法	2 700	351	28 209
	改进 GA 算法	2 648	328	27 857
9	贪婪算法	2 977	534	31 065
	GA 算法	2 671	483	29 952
	改进 GA 算法	2 635	423	26 848
10	贪婪算法	2 970	672	32 065
	GA 算法	2 658	562	34 550
	改进 GA 算法	2 630	520	35 409

为了更加直观地比较数据结果,现绘制对比图如图8-3-15所示。

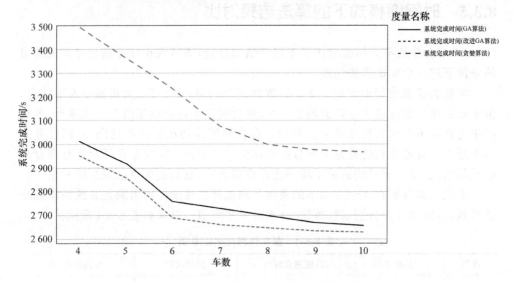

图8-3-15 不同车数下的系统完成时间对比图1

由图8-3-15可以看出,不管车数如何变化,GA算法和改进GA算法的性能远超贪婪算法,且改进GA算法运算出的结果略优于GA算法。另外,随着车辆数的不断增加,算法结果的降幅逐渐减少,当小车数量在7辆以上时,系统完成时间值的降幅明显放缓。当在9辆车及以上时,系统完成时间不再降低,小车数量达到饱和。

详细对比图如图8-3-16所示,从贪婪算法的计算结果总可以看出,当存在7辆车时,系统完成时间为3 074 s,相比6辆车完成时间的降幅达到了最大,即4.89%。当小车数量继续增加时,系统效率提高幅度有限。因此在贪婪算法下的系统合理车辆数为7。从GA和改进GA算法的计算结果中可以看出,当配置6辆车时,系统完成时间分别为2 758 s和2 689 s,相比5辆车完成时间的降幅分别达到了5.58%和5.98%,均达到了最高。当小车数量超过6时,系统效率提升幅度骤降,此时小车数量已经逐渐达到了饱和。因此在GA和改进GA算法下的系统合理车数为6,相比贪婪算法的结果更胜一筹。

另外,在时间窗模型中,当小车数量在6或7以上时,制约系统效率的瓶颈已经不再是小车数量,而是机械手的码盘速率。因为在系统中配置小车的数量大于7时,机械手码盘的速率已经跟不上小车的工作效率,这将大大增加小车的空跑以及不必要的拥堵情况,很大程度上降低了小车利用率。

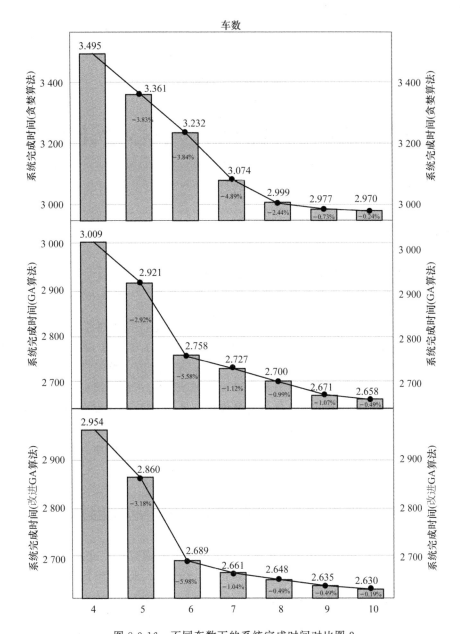

图 8-3-16 不同车数下的系统完成时间对比图 2

第 9 章
典型智能医药物流配送中心设计实例

9.1 南京医药股份中央物流中心设计实例

近年来,受我国国民经济的高速增长和人口老龄化趋势加剧的综合影响,我国医疗卫生事业发展迅速,卫生总费用不断上升。自 2001 年以来,我国医药工业总产值持续保持高速增长。2017 年全国七大类医药商品销售总额已经超过 2 万亿元,同比增长 8.8%,我国已经成为全球最大的新兴医药市场。医药物流作为支撑医药行业高速发展的重要部分,日益为各大医药企业所重视。本案例以南京医药股份有限公司中央物流中心为例,分享在我国近年医药政策变化带来的机遇与挑战中,南京医药股份有限公司如何应用新技术解决医药物流发展过程中出现的相关问题。

9.1.1 南京医药股份有限公司中央物流中心项目介绍

南京医药股份有限公司中央物流中心位于江苏省南京市江北新区,占地面积约 59 600 平方米。物流中心主楼长约 171 米,宽约 117 米,总建筑面积约 42 000 平方米,分为 AS/RS 自动化立体仓库区、多层穿梭车自动化立体库区及"货到人"拆零拣选区、复核包装区、多穿系统补货换箱等作业区、移动机器人整箱/拆零作业区、叉车高位货架存储区、入库待检区、发货集货区、托盘地堆区、各种特殊功能存储库等。

AS/RS 自动化立体库区和多层穿梭车库区均采用单层框架结构,西侧区域为三层楼库结构。AS/RS 自动化立体库区建筑总高 23.4 米;多层穿梭车库区层高 17 米;叉车高位货架存储区层高 11.5 米;三楼层高 5.5 米,设置有"货到人"拆零拣选区、复核包装区、多穿系统补货换箱区、关节机器人自动拆垛补货发货区、移动机器人"货到人"整箱拣选区、移动机器人"货到人"拆零拣选区等；二楼层高 5.5 米，主要存储疫苗/冷链类产品，规划有机器人"货到人"整箱拣选区、机器人"货到人"拆零拣选区、机器人自动拆垛/混合码垛区等。整体效果如图 9-1-1 所示。

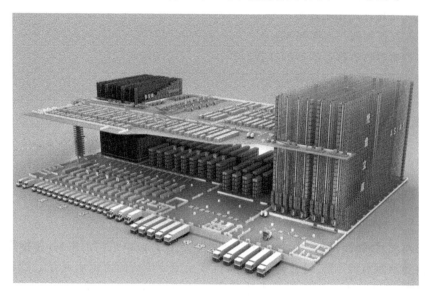

图 9-1-1　南京医药股份有限公司中央物流中心效果图

9.1.2　项目设计指标

该项目规划支撑南京医药股份有限公司旗下的南京国药、南京药事、中健之康、南京药业等子公司的相关物流业务。面向多种类型的医院、社区、药店和第三方物流等相关终端业态，涉及药品、低温冷链、医疗用品等多种品类。本项目设计能力如表 9-1-1 所示。

表 9-1-1　项目设计指标汇总表

项目		规划达产年形态	单位
订单行数		≥24 000	行/天
年周转率		12～15	次/年
物流中心储量		41～43	万箱
SKU 数		3	万个
品规数		2	
日均出货量	整箱方式出货	≥15 000	箱/天
	拆零拼箱方式	≥6 000	箱/天

本项目的建设目标为：
(1) 科学规划保证货物储运安全；
(2) 充分利用空间提高存储量；
(3) 提高物流作业效率；
(4) 降低物流作业差错率；
(5) 缩短物流作业周期的交货周期；
(6) 降低物流运作成本；
(7) 迅速掌握分销分配信息；
(8) 提升物流服务竞争力；
(9) 体现物流系统先进性；
(10) 提高同行业的示范效应。

9.1.3 项目设计难点

在本项目的设计过程中，考虑到医改相关政策对订单结构的影响，将拆零出库量的占比从现有的 15% 提升至 29%，将拆零出库订单行的占比从现有的 60% 提升至 90%。通过统计现有的几种主流拆零拣选模式单人作业效率对比如表 9-1-2 所示。

表 9-1-2　主流拆零拣选模式单人作业效率对比表

拆零拣选模式	手持RF+手推车	电子标签+手推车	电子标签+输送线
拣选效率	70~90 订单行/小时	100~120 订单行/小时	120~150 订单行/小时

通过初步评估，要满足 2 万个库存品规的规模，达到每小时拣选 2 000~2 500 个订单行的作业要求，需要拣选作业人员 20~35 人，且需要配置大量的隔板货架。由此可见，传统的拆零拣选模式难以满足业务发展的需要，必须考虑采用新的拆零拣选技术。

南京医药康捷物流有限责任公司经过严格的技术方案可行性论证及物流系统仿真建模论证，最终采用"多层穿梭车系统+货到人"拣选工作站的模式，完成普通药品的拆零拣选作业；采用"货到人搬运机器人+电子标签播种墙"，完成异形药品的整箱拣选和拆零拣选作业、冷链类药品的整箱拣选和拆零拣选作业。

9.1.4 物流中心的核心设备构成

整托盘存储区为 AS/RS 自动化立体仓库系统，共设置 8 个巷道，共配有 8 台单伸位托盘高速堆垛机（最高运行速度为 160 米/分钟）。堆垛机配合托盘输送机和 RGV 轨道小车进行托盘出入库作业。整个物流系统由计算机进行全自动控制，通过托盘输送线实现整托盘出入库，并支持在线整箱拣选和补货作业。单台堆垛机每小时实际复合作业效率超过 45 托盘/小时，在满足库存量要求的情况下，充分响应了出入库的作业能力需求。

多层穿梭车自动化立体库借助周转箱实现全品规药品的存储，共设置 7 个巷道，采用 73 台多层穿梭小车配合 7 台换层提升机和 14 台双工位高速料箱式提升机，由计算机全自动控制，配合 8 个"货到人"拣选台（另预留 2 个"货到人"拣选台的空间）、8 个换箱工作台和 28 个复核包装台，实现了药品的拆零拣选、复核包装和补货作业的高度自动化。

仓库设备控制系统（WCS）是仓库管理系统（WMS）和物流设备之间的桥梁，负责读取 WMS 数据，并将数据转化为物流设备调度信息，协调、调度底层的各种物流设备，是底层物流设备可以执行（WMS）的业务流程。WCS 监控平台采用了如图 9-1-2 所示的架构。为使 WCS 系统设计具备"高内聚，低耦合"的特点，本项目采用三层架构原则：界面层、业务逻辑层、数据访问层。其中，界面层负责展示用户界面，并与用户交互；业务逻辑层对数据业务逻辑进行处理，包括订单处理、任务调度、故障处理等，其中订单处理和任务调度已经考虑到未来的订单结构变化对算法效率的影响，并充分考虑预留接口；数据访问层对访问数据进行处理，包括数据库通信、设备通信等。

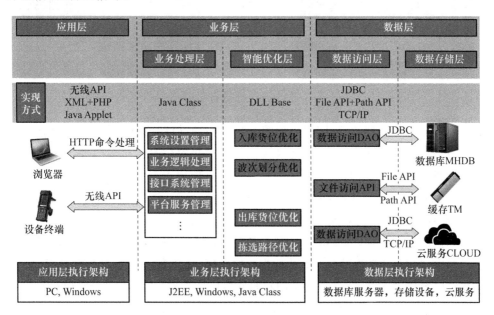

图 9-1-2　WCS 监控平台系统架构图

机器人"货到人"拣选系统借助移动机器人实现异形品药品的整箱/零头存储，共设置机器人整箱拣选区、机器人拆零拣选区、机器人冷藏药品拣选区，总作业面积约7 000平方米。该拣选系统采用了30台机器人配合13个拣选工作站和10个自动充电站，由计算机全自动控制，实现整箱拣选、拆零拣选、冷藏药品拣选等作业。

9.1.5 项目先进性

由于多设备的任务调度是目前物流系统集成领域的难点，多层穿梭车系统通过智能优化算法，可有效地提高系统运行效率。用于本项目的智能优化算法包括：入库货位分配算法、波次划分算法、出库货位分配算法等。货位分配优化Loc-Opt算法效果如图9-1-3所示，采用了基于运动单元任务均衡的分配原则：巷道间任务均衡策略（从高出库频次巷道出库的料箱，回库时优先入出库频次低的巷道）、层间任务均衡原则（从高出库频次层出库的料箱，回库时优先入低频次的层）、巷道内柔性分区策略（出入库频率高的料箱优先存放在靠近出入库端的货位）。

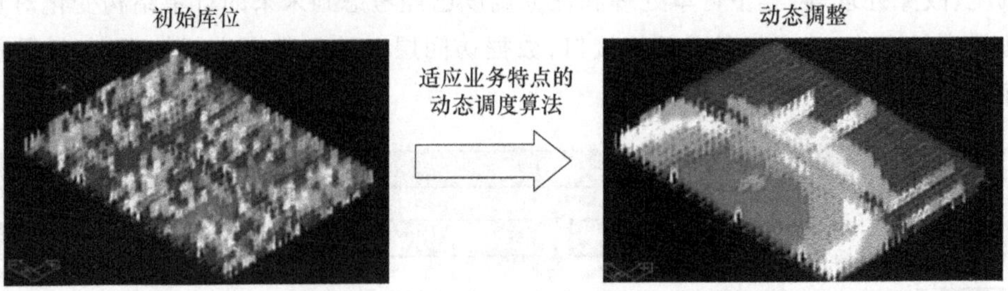

图9-1-3 入库货位分配算法优化效果

通过对业务数据的统计分析（如图9-1-4所示），梳理了单一大货主和其他第三方货主的订单行占比、拣选量占比及商品订货品规等信息。对多层穿梭小车的作业方式进行优化配置：通过不换层车辆实现对货位数占30%、品规数占20%的A和B类品规进行拣选作业，满足了拣选任务量的70%；通过换层车辆对货位数占70%、品项数占80%的C类和C-类品规进行拣选作业，满足了拣选任务量的30%。针对不换巷道的车辆，为了减少由于电容充放电带来的作业效率损失，采用了滑触线供电方式进行不间断供电；针对换巷道的车辆，考虑其作业效率要求较低，采用了超级电容供电方式，在巷道端头的料箱交接区实现充放电作业。最终按表9-1-3所示配置原则进行了车辆分配。

第9章 典型智能医药物流配送中心设计实例

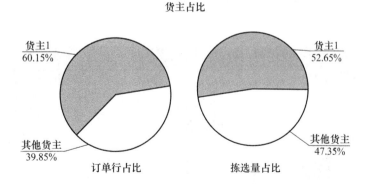

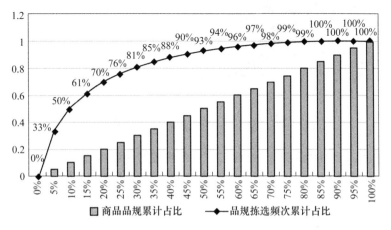

图 9-1-4 业务数据的统计分析

表 9-1-3 穿梭小车配置原则

车辆分配	数量	拣选量	货位数量(占比)	品项数量(占比)
不换层车辆	7层7车	70%	14 000(30%)	4 800(20%)
换层车辆	17层4车	30%	35 000(70%)	19 200(80%)

考虑到货架本身为钢结构,对无线信号存在一定的干扰和衰减影响,穿梭小车采用了 5G WiFi 通信方式,5G WiFi 可以实现 125 Mbit/s 的数据传输速度,相比 2.4G WiFi 的 36 Mbit/s 而言,数据传输速度更快,且避免和传统 2.4G 频段的多个无线信号的彼此干扰,同一时间可传送的内容更多,便于穿梭小车更快地进入低功率的省电模式。

在设计穿梭小车的过程中,考虑到项目实际的土建施工误差、货架的生产及安装精度等问题,特开发针对穿梭小车的四轮独立悬挂减震技术(如图 9-1-5 所示),让左、右两个车轮间没有硬性轴进行刚性连接,一侧车轮的悬挂部件全部都只与车身相连。当穿梭小车行走在精度有限的货架轨道上,独立悬挂可保证穿梭车在货架轨道上行走稳定,使穿梭车工作噪音控制在 60 dB 之内,减少仓库内噪音污染和设备震动。

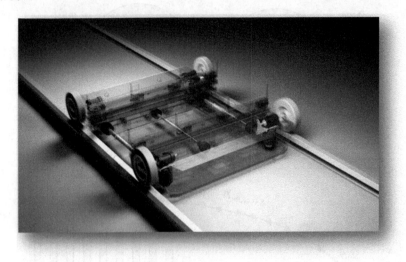

图 9-1-5　穿梭小车的四轮独立悬挂机构示意图

符合人因工程的"货到人"拣选工作台的设置是改善拆零拣选人员作业舒适度的关键,既需要考虑到不同作业人员的身高和手臂的臂展差异,又需要考虑如何避免作业人员在拣选过程中的差错。通过灯光指引系统来引导拣选作业人员明确拣选任务箱和订单箱的关系;通过"货到人"拣选系统软件自动判断拣选任务是否完毕,并触发任务箱回库、新任务箱补位、订单箱结束任务、新订单箱任务绑定等,采用软件和灯光指引系统相结合的办法,减少作业人员的判断过程;通过顶升移栽机构、辅助观察机构等让作业人员能够更轻松地进行拣选任务操作。

南京医药仓库针对异形尺寸药品和冷链类药品采用机器人"货到人"拣选,省去了人找货的行走过程,由机器人搬运货架或托盘到相应的拣选工作站完成拣选作业,现场的实际使用情况如图 9-1-6 所示。该机器人仓库主要服务于医院和药店的药品配送,发货方式包含整箱配送及拆零配送,因此机器人区采用货架和托盘混用的场景。在冷藏低温区规划中,专门为医药行业设计定制库位分区,不同种类的医药品出入库均在相应的库区中,方便实行良好的分类管理。低温版机器人经过了专业实验室测试认证,通过 -35~55 ℃ 的高低温循环可靠性测试,成熟的工艺流程及生产制造使得机器人可良好地在冷藏药品库中运行作业;考虑到本物流中心需要满足药店及医院等各种业态的配送需求,机器人仓库采用了托盘与货架混用的存储方式,大大提高了拣选灵活性。货架采用组合式货架,可在底托上组装货架,也可将货架拆卸成底托,可以做到根据实际库存优化存储。1 020 mm×1 220 mm 的底座可直接承载托盘;考虑到整箱和拆零业务的波动较大,设计了双区联动方案 &

人机混合场景，实现双区打通，可根据实时订单量进行机器人数量的优化配置，通过双区联动通道自动进行机器人调度作业。充分利用"货到人"系统的灵活性，提高整体区域的操作效率。在仓库的机器人拆零拣选区和机器人整箱拣选区均设立了人工作业区域，在订单高峰期来临前，可将畅销类药品由机器人先搬运至该区域，将该区域转化为人工区，高峰时可实现人工与机器人同时作业，提高工作柔性。

图 9-1-6 南京医药股份有限公司中央物流中心项目搬运机器人

9.1.6 应用效果与展望

南京医药股份有限公司于 2018 年 1 月份通过招标确定了公司中央物流中心项目总集成商；2018 年 4 月初中央物流中心设备具备进场安装条件；2018 年 10 月初整体物流系统第一阶段上线运行，经过后续持续的算法优化，保障了中央物流中心的正常运营。在峰值作业任务充足的情况下，"货到人"拣选工作站可实现 250 订单行/（人×小时）的作业要求，随着订单分配算法和设备调度算法的持续优化，设备效率有望进一步提高。

从实际应用效果来看，多层穿梭车系统、搬运机器人系统与"货到人"拣货工作台的组合模式，是目前解决大批量医药拆零拣选作业的最佳方案之一。不仅可以满足医药订单作业需求，还能够节约占地面积，节省大量的操作人员，大幅降低劳动强度。可以预测，未来随着医药政策的进一步推进和落实，订单碎片化及拆零业务的大幅增长不可避免，物流系统的作业需求也将从以整箱作业为主逐步向拆零作业为主转变，必然要求物流系统集成商不断地提升自身的能力，采用新的技术和产品，以满足医药物流持续发展的需要。

9.2 国药物流有限责任公司面向医药流通的机器人"货到人"拣选系统实例

9.2.1 概述

国药物流有限责任公司(下称国药物流)是由国药集团药业股份有限公司、台湾久裕企业股份有限公司、安维世远东有限公司、哈药集团制药总厂、华北制药股份有限公司、中国医药工业公司共6家国内外知名企业共同出资,于2002年年底在北京经济技术开发区设立的中国第一家第三方专业医药物流公司。国药物流整体采用先进的ERP、WMS软件,AS/RS系统、电子标签系统、RF、SPSS、条型码等设备和技术,并配备近百辆救护车、冷藏车等运输车辆,充分满足北京市内收货、送货的需求,配送范围覆盖北京市1 500多家医疗机构、商业客户。随着北京市医药终端配送需求的订单结构变化,2017年国药物流有限责任公司开始进行机器人"货到人"拣选系统的新技术尝试,希望通过相关系统的实施,提升作业人员效率,降低劳动强度,更好地适应未来医药流通领域业务需求的变化。

9.2.2 面向医药流通的机器人"货到人"拣选系统介绍

随着医改相关政策的逐步落地,北京市的分级诊疗政策导致社区医疗业务发生了明显的变化。社区医疗药品需求存在品规多、出货零散比例高、出货频次高等特点,这给医药物流的拆零拣选作业环节带来了以下困难和问题:

(1) 零拣作业量增长明显。由2017年年初的月均7万笔到2017年年末已增长至月均12万笔。

(2) 零拣效率已到瓶颈。原有电子标签拣货技术难以满足社区医疗业务的快速增长;传统的电子标签系统工作效率只有120订单行/小时,难以满足在社区医疗机构要求的时间内完成相关拣选作业任务。

(3) 人工成本不断增长。在医药流通环节的利润日益降低的背景下,通过自动化设备提升拣选人员的作业效率成为企业发展的必由之路。

智能拣选系统是应用于仓储物流自动化领域的多智能体系统,包括轮式移动机器人和软件系统,集成了先进的软硬件技术。机器人可以根据系统指令将承载有指定货品的货架搬到拣货站,操作人员只需根据显示屏和播种墙电子标签的提示,完成拣货、上架、盘点和药品养护等操作,之后机器人再将货架搬回指定位置,实现"货到人"操作,打破了对照订单去货位找货的"人到货"模式,适用于中小件、多品类的仓库拣选作业,并能够适应医药、鞋服、食品、日用品、汽车制造等众多行业。

通过采用"货到人"拣选机器人,能够大幅降低劳动强度,提高拣选效率。电商领域散件拣货场景可实现 300~600 件/小时/人的拣选效率,医药行业可以实现 200 行/小时/人的拣选效率,是人工方式的 3 倍以上,同时准确率可以提高到 99.99% 以上。传统的自动化系统需要 12 个月以上的定制化设计、生产制造和项目现场实施的周期,"货到人"拣选机器人系统项目实施周期可以控制在 2 个月以内。"货到人"拣选机器人系统投资小、回报快,通过节省直接人工成本,2 年时间可以实现投资回报。

9.2.3 机器人"货到人"拣选系统关键技术

"货到人"机器人系统涉及的主要技术包括:机器人本体设计技术、机器人导航和控制技术、通信技术、系统集成技术、多智能体集群调度技术、大型仓库管理系统技术、大数据存储及挖掘技术、货架动态调整算法、密集存储算法等多种智能算法技术等。

(1) 机器人本体设计技术

国药物流对机器人定制化程度高。高度自动化对机器人运行稳定性要求高。极智嘉机器人本体设计可以做到高载重、运行速度快、稳定性高,特有的柔性底盘设计使机器人运行稳定性得到有效保障。P500、P800 和 P1000 机器人负载能力分别为 500 千克、800 千克和 1000 千克,具有自主搬运、自主导航、自动避障、自动充电功能。在"极智嘉拣选系统"和"极智嘉机器人管理系统"的调度下,可以保证多台机器人 24 小时不间断工作。系统内的每一台机器人都可以上报电池的实时状态,系统根据预设的充电逻辑调度需要充电的机器人到充电站充电,机器人自动与充电站对接并完成充电工作。在充电过程中,机器人将电池状态上报服务器,当机器人检测到电池充好后,会将充电完成状态上报给服务器,服务器给充电站发送停止充电指令,整个过程完全自主运行。大功率充电技术和浅充浅放的策略可以保证机器人高效运行并延长电池寿命。

(2) 机器人组合导航技术

组合导航技术为机器人的高精度运动提供保障。"陀螺仪+编码器"的惯性导航为机器人提供实时位置和角度,二维码视觉导航为机器人提供绝对位置和角度的累计误差校正。SLAM 导航不需要地面标识,利用环境特征进行地图创建和定位,使机器人路径灵活度更高。

（3）5G 实时无线网络通信技术

高速实时的无线网络通信技术是仓库中机器人流畅运行的基础。机器人实时向服务器提交状态数据，服务器根据机器人的位置、速度等信息进行实时的路径调度，工作机制如图 9-2-1 所示。

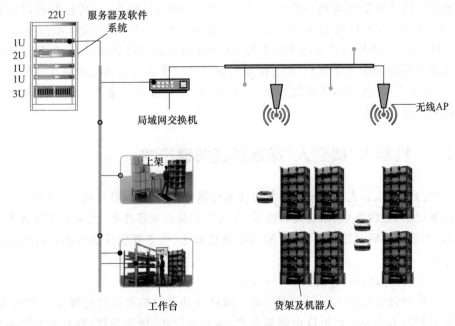

图 9-2-1 在无线网络下的工作机制

（4）多智能体集群调度技术

如图 9-2-2 所示，大规模集群多智能体调度技术是根据机器人任务和交通拥堵情况和预估，对机器人进行均衡分配，采用机器人运动模型预估，在路径冲突时做出智能决策。该技术包括：动态管理路径的申请、分配、占用和释放，避免机器人碰撞；路径规划设定交通规则，避免路径冲突；多地图管理适配不同种机器人协同工作。

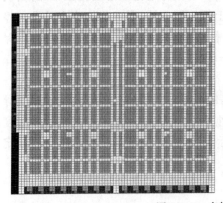 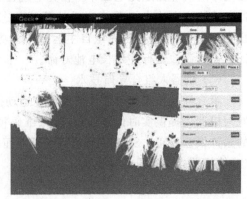

图 9-2-2 多智能体集群调度技术

如图 9-2-3 所示,基于三分图模型,按照最优路径匹配最佳机器人-货架-工作站组合,计算转弯、拥堵成本,优化寻路算法,智能任务管理,优先调度机器人搬运紧急货架。

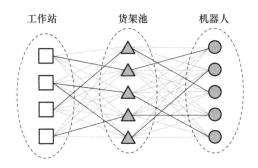

图 9-2-3　三分图匹配规模最优路径模型

(5) 货架热度分析和动态调整技术

如图 9-2-4 所示,可以根据商品销量信息、库存分布信息、订单预测信息、订单池信息对货架打分,对地图中的货架存储位置到工位的距离打分,采用 TF-IDF 算法进行最优位置搜索,分数高的货架与分数高的存储位置匹配,使机器人运动距离最小。

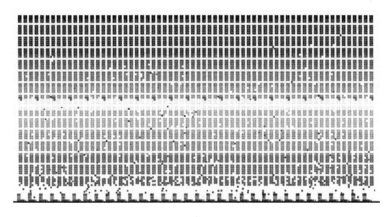

图 9-2-4　货架热度分析和动态调整技术

(6) 密集存储技术

如图 9-2-5 所示,采用密集存储技术能够提高仓库面积利用率,系统协调两台机器人将内部货架搬出,仓库面积利用率比人工仓库提高 50% 以上。

(7) 订单聚类和关联分析技术

如图 9-2-6 所示,订单聚类技术在大型仓库里必须用到,需要根据订单的品类分布进行库存布局,避免机器人跨区域长距离运行。采用 Apriori 算法对关联商品挖掘,结合商品出库数量的分散存储。

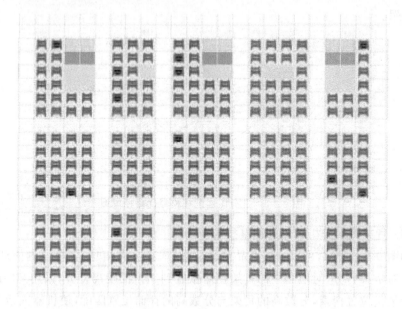

图 9-2-5　密集存储技术

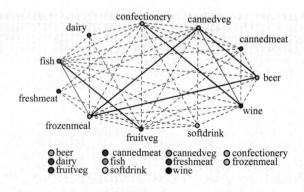

图 9-2-6　订单聚类和关联分析技术

(8) 数据仓库及大数据技术

数据仓库是对各仓作业数据以及机器人运行数据进行汇总,集中存储。对订单数据进行规律挖掘,对趋势做预测,优化库存布局,优化库存深度,对仓库备货提出建议。同时能够统计出机器人的运行日志,对机器人运行轨迹进行跟踪,对部件状态进行监控,提供运维数据支持。

9.2.4 详细技术内容

(1) 总体思路

拣选机器人通过 WiFi 网络接收服务器的指令,由电池供电并能够自动充电。有 2 个驱动轮和 2 组支撑轮进行移动和转动并保持机器人稳定,具有抬起和放置库存货架的升降结构。通过识别操作层上的 2D 条形码标签来确定其位置,通过从内部陀螺仪传感器获取数据,定期测量操作层上的 2D 条形码标签并从内部解码器计算来确定其方向,利用配备在机器人前端的激光雷达传感器来检测主路径中的障碍物,在仓库环境中用于物料拣配和移动动作。收到拣配订单后,机器人移动到存放所需材料的库存货架,抬起货架并将其移动到指定的拣货站以完成拣货任务,机器人还能够将散装包装材料从一个点移动到另一个点。

国药物流应用拣选机器人,通过技术升级改造、管理模式创新实现拆零拣选降本增效的目标,提升零拣效率,优化作业环节,降低成本费用,创新合作模式。

本项目涉及的主要技术包括:机器人本体设计技术、机器人导航和控制技术、通信技术、系统集成技术、多智能体集群调度技术、大型仓库管理系统技术、大数据存储及挖掘技术、货架动态调整算法、密集存储算法等多种智能算法技术。通过分布式的系统设计,结合合理的流程规划和集成方案,将上述核心技术有效结合在一起,构建成一整套的拣选机器人服务体系。

第一层级为实体机器人层:实体机器人在仓库的半结构化环境中进行自身定位导航,并将状态信息上报服务器调度系统,同时接收机器人管理系统的任务指令和路径,控制自身本体沿着服务器下发的路径执行,在执行过程中根据调度指令或者自身避障传感器数据进行减速或停止控制,并控制机构执行指令规定的动作。

第二层级为机器人调度层:机器人调度层负责接收业务系统任务并缓存,对任务进行拆解,如果需要路径,则进行路径规划,并发送给机器人,同时监控机器人的任务执行过程,进行故障任务回复等控制,在路径执行过程中,根据地图的占用状态,分配路径单元给机器人,避免路径碰撞;对机器人的任务进行均衡分配,同时根据机器人电量调度机器人自动充电。调度系统控制机器人的任务执行流程如图 9-2-7 所示。

第三层级为仓库管理层:仓库管理层与传统的仓库管理系统的最大不同在于对机器人系统的集成,作业任务需要转化为机器人任务下发到机器人调度层。仓库管理层包含传统仓库管理系统的收货、上架、库内管理、拣货、复核包装、发运等操作环节和任务。仓库管理系统生产流程如图 9-2-8 所示。

智能医药物流系统规划与设计

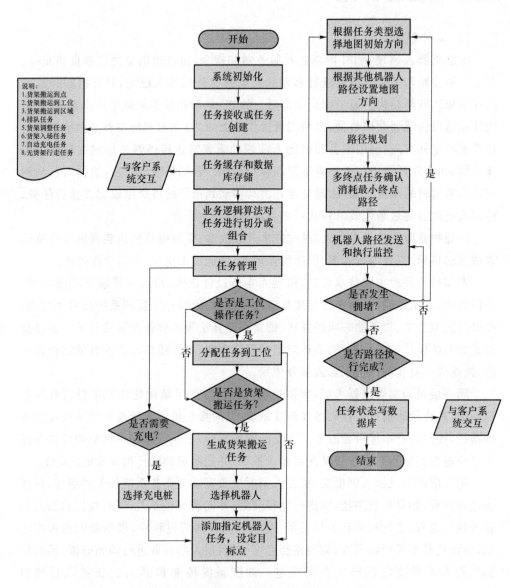

图 9-2-7　调度系统控制机器人任务执行流程图

|第9章| 典型智能医药物流配送中心设计实例

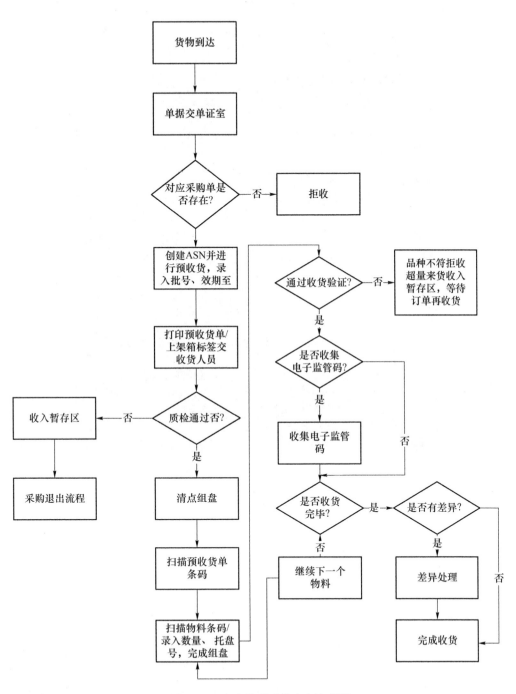

图 9-2-8 仓库管理系统生产流程图

第四层级为数据层:数据层即数据平台,如图9-2-9所示。

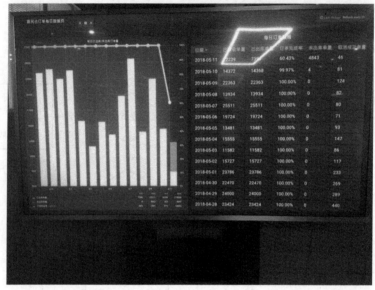

图9-2-9　数据平台

(2) 实施效果

智能拣选机器人通过机器人搬运货架实现"货到人"拣选。这种"货到人"拣选模式集成了先进的软硬件技术,拣选人员只需根据显示屏和播种墙电子标签的提示,从指定货位拣取相应数量的商品放入订单箱即可,打破了对照订单去货位找货的"人到货"模式,相对于传统自动化系统具有风险低、回报快、柔性高等特点。

国内仓储物流正处于从人工方式到智慧物流方式的变革,仓储市场蓬勃发展。人工成本逐步上升,同时电商仓储业波峰波谷明显,人员流动性大,招工困难,对柔性自动化解决方案的需求非常迫切,智能物流机器人系统应运而生,并在市场上得到了认可。极智嘉科技利用自身技术优势,正引领着行业的变革。

- 大幅降低了劳动强度,提高了拣选效率。可实现300~600件/小时/人的拣选效率,是人工方式的3倍以上,同时准确率可以提高到99.99%以上。

- 标准化,实施快。项目实施时间可以控制在2个月以内,较传统自动化系统所需12个月以上的定制化设计、生产和实施的时间大大缩短。
- 投资小,回报快,通过直接人工成本的节省即可实现2年左右的投资回报期。
- 目前该产品在技术上国内领先,在价格上具有明显优势,本项目的实施必将为企业、为国家带来更多的经济效益和社会效益。
- 柔性解决方案,彻底解决仓储物流行业痛点。

智能仓储机器人证明了人工智能+的无限可能,可合理控制成本,可提高效率,可走产业化普及的道路。智能仓储机器人将在各行业得以应用,发展前景不可估量。未来,众多仓储物流优质科技产品将成为不可缺少的工业设备,因此,最大程度上整合同领域不同行业的各项资源,不仅能促成仓储物流科技成果的共享,还能加快行业逐步向智能转型升级。

9.3 中国医药集团广州一致药业物流中心设计实例

9.3.1 概述

2020年,国家各个部委纷纷"鼓励企业开展物流智能化改造,推广应用物流机器人、智能仓储、自动分拣等新型技术装备;统筹推进现代流通体系硬件和软件建设"。智慧物流已成为国家点名的促内循环抓手。中国医药集团广州一致药业(简称国控广州)敏锐地捕捉到数智化转型,已成为行业创造增量的代表。国控广州自动化物流中心投产已超过12年,业务量早已增长数倍,物流中心作业能力已经到达设备上限。经过多方评估,在原有AS/RS自动化系统基础上,引进自主移动机器人AMR和AI技术的结合,实现数智化转型才是最优的解决方案。

作为中国南区领先的药品分销及供应链服务提供商,国控广州始终围绕国药一致"科技赋能服务升级"核心举措,针对医药流通行业普遍存在的难点、痛点,率先布局数智化,探索出了一条不停工、不重建的升级之路。据了解,国控广州物流中心每个工作日就有含税价值2亿元人民币的药品销售需要完成出库作业,停工一天将面临巨额经济损失,并严重影响两广地区药品供应。因此,国控广州在2020年经过半年的测算与探讨,引进了自主移动机器人AMR和AI技术,最终在不停工的前提下实现了无缝升级,为整个医药分销体系中亟需智能化升级的企业,探索出一条通过数智化改造、实现医药物流中心从自动化向智能化升级的可行性路径。

9.3.2 "AS/RS+AMR+AI"智慧物流解决方案

针对国控广州扩大产能的需要,以及保证客户订单时效和服务水平,国控广州将原来的单体仓库、"传统自动化立体仓库(AS/RS)+人工拣选",改造为双仓联通、"AS/RS + AMR + AI"共同作业,以投入产出比(ROI)高、柔性高、使用率高、部署快以及维护方便的3A智慧物流解决方案。搬运的主力军,是自主移动机器人(AMR)、堆垛机(AS/RS)和输送线;繁重的拆码垛工作,交给了AI机械臂;AI五面扫描装置,实时读取运动中的药箱上的电子监管码,实现药品流通可追溯;在运营管理上,基于AI的信息化系统,实时呈现设备运行状态,及时处理业务订单。

图 9-3-1　具有"视觉识别+智能控制"的 AI 机械臂

在AS/RS自动化存储和箱拣环节,应用了具有"视觉识别+智能控制"的AI机械臂,来降低人工作业强度,提升效率,现场如图9-3-1所示。立体仓库内存储了2000+SKU,各个SKU的货物尺寸、垛型不同,货物包装箱的颜色、顶部封箱胶条式样、包装扎带式样种类繁多。据介绍,该立体仓库内每天的箱拣量约6 000箱,在原来人工作业模式下,工人日均负重15吨,而有了AI视觉识别能力的机械臂之后,拆码垛的效率整体提升了106%,大大降低了工人作业强度。

在货架箱拣环节,原来要靠人满场地走动进行拣选,每人每天要走3万步,现在有自主移动机器人(AMR),背着货架,排队上架和出库,实现了从入库到出库的全程货到人(GTP)自动化、智能化作业,即使货量再大,也不用担心作业距离。由此,不仅拣选员每天少跑"半程马拉松",效率也得到了很大提升。现场如图9-3-2

所示。

图 9-3-2 基于 AMR 的"货到机器人"拣选作业

另外,在分拣环节之前,国控广州仓采用了 AI 五面视觉扫描系统(如图 9-3-3 所示),该系统可对高速运行中的药品原箱进行自动扫描识别,读取前、后、左、右、顶五个面的所有条码,并经过有效过滤,将药监码和物流码进行绑定,回传给 WMS 系统,一方面实现了纸箱的快速分拣,另一方面做到了透明化和可追溯。

在仓库中的 AMR 机器人、AI 机械臂、AI 五面视觉扫描系统、AS/RS 堆垛机、输送线等多样化的设备,都通过智慧物流操作系统进行统一管理,并打通仓库内的 WCS、WMS、RCS 等多层设备控制系统,实现了整个仓库的高效调度与管理。

9.3.3 对行业的借鉴意义

国药控股广州物流中心改造实现了产能升级和全自动化作业。产能升级满足了当前业务的需要,同时无须新增仓库作业面积,节约了仓库租赁成本,经测算,项目改造后,年均节约人力成本上百万元,并将在未来五年为国控广州节约成本上千万元。在成本节约的同时,项目的成功上线及有效运行将带来更大的社会效益和行业示范作用。

疫情常态化的当下,国控广州作为中央医药应急储备单位,其智能化改造将有利于快速响应医药物资配送需求,助力提升基层医疗机构服务能力。国控广州在智慧物流领域的探索,提高了医药物流服务能力,也将在一定程度上推动广东省乃至全国卫生健康实业高质量发展,为市民群众提供更加优质、更高水平的健康服务。

智能医药物流系统规划与设计

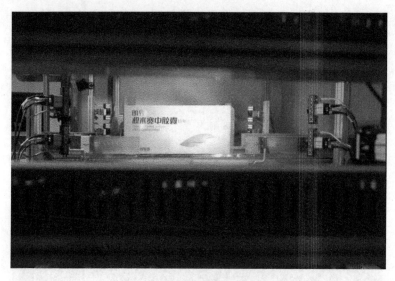

图 9-3-3　AI 五面视觉扫描系统

国药控股广州有限公司在不停工的前提下,实现了智能化升级,仓库整体效率提升了 25%。借助双仓联通的巧妙设计以及领先的 3A 智慧物流解决方案("AS/RS+AMR+AI"),物流中心储存密度提升了 15%,每天作业完成时间提前了 2 小时,对于医药流通领域的数智化升级改造具有示范效应。对医药物流行业而言,国控广州的第一个智能化改造升级项目,边运营边升级,让行业看到了不同路径实现智能化升级的可能性——不一定要建设全新的物流中心才能迈进智能化。这一项目对医药商业领域有较强的示范效应,将有效带动医药物流进一步深化自动化、智能化转型,促进产业高质量发展。未来,国控广州还将进一步探索医药物流创新模式,挖掘 AI 在医药领域的价值,不断将成功的经验复制到更多需要智能化转型的实体产业中去。

国控广州 AI 技术的引入,开启了智慧物流新模式。以物联网、大数据、人工智能等技术为依托,应用和开发更先进、更智能化的软硬件系统、设备。利用互联网+、智慧+的优势,促进物流高效运作,助力国药一致高质量发展,进而推动行业加快技术与物流的深度融合,带动医药物流行业进一步发展。

参考文献

[1] 李斌,吴双,匡永江.仓储物流系统中多车同轨模型的控制方法研究[J].制造业自动化,2008,30(4):20-21.

[2] 陈华.基于分区法的2-RGV调度问题的模型和算法[J].工业工程与管理,2014,19(6):70-77.

[3] 王晓宁.直线往复式轨道穿梭车避让策略仿真研究[D].北京:北京邮电大学,2012.

[4] 张桂琴,张仰森.直线往复式轨道自动导引小车智能调度算法[J].计算机工程,2009,35(15):176-181.

[5] LIU Y,LI S,LI J,et al.Operation Policy Research of Double Rail—Guided Vehicle Based on Simulation[C]//E-Product E-Service and E-Entertainment(ICEEE),2010 International Conference on IEEE,2010:1-4.

[6] 陈华.基于TS算法的直线往复2-RGV系统调度研究[J].工业工程与管理,2015,20(5):80-88.

[7] 姜华.环形穿梭车在烟草工业企业物流系统中的应用[J].物流技术与应用,2015,2:120-123.

[8] 方泳,袁召云.环行穿梭车调度策略的仿真研究[J].物流技术与应用,2012,4:98-100.

[9] 杨少华,张家毅,赵立.基于排队论的环轨多车数量与能力分析[J].制造业自动化,2011,33(8):102-104.

[10] 向旺,吴双,张可义,等.基于排队论的环形穿梭车系统运行参数分析[J].制造业自动化,2018,40(6):151-153.

[11] 林佳良.基于现实的自动化立体仓库轨道式循环搬运系统构建与调度优化[D].北京:北京物资学院,2014.

[12] 向旺.环形穿梭车系统车数确定及其调度算法的研究[D].北京:机械科学研究总院,2018.

[13] 顾红,邹平,徐伟华.环行穿梭车优化调度问题的自学习算法[J].系统工程理论与实践,2013,33(12):3223-3230.

[14] 江唯.智能立体仓储系统运行效率优化[D].南京:南京理工大学,2016.

[15] 刘君嵩.环行穿梭车调度策略研究[D].武汉:武汉理工大学,2016.

[16] DOTOLI M, FANTI M P.Modeling of an AS/RS Serviced by Rail-Guided Vehicles with Colored Petri Nets:a Control Perspective.Proceedings of the 2002 IEEE International Conference on Systems, Man and Cybernetics, Hammamet,Tunisia:162-167.

[17] DOTOLI M, FANTI M P.Performance-Based Comparison of Control Policies for Automated Storage and Retrieval Systems Modeled by Colored Petri Nets. In Proceedings of the 2003 IEEE International Conference:299-306.

[18] LEE S G, DE SOUZS R, ONG E K.Simulation Modeling of a Narrow Aisle Automated Storage and Retrieval System(AS/RS)Serviced by Rail-Guided Vehicles[J]. Computers in Industry,1996(30):241-253.

[19] 任芳."货到人"拣选方案及其创新发展[J].物流技术与应用,2017,22(10):80-84.

[20] 李明.智慧仓库规划与设计:自动化拆零拣选系统配置优化[M].北京:机械工业出版社,2018:18.

[21] 尹军琪.配送中心拆零拣选技术与方案选择[J].物流技术与应用,2012,17(08):61-66.

[22] 张颖川.德马泰克"货到人"系统使订单履行更高效[J].物流技术与应用,2015,20(10):144-146.

[23] 郭进.多订单并行分拣问题的优化研究[D].上海:上海交通大学,2012.

[24] 张珺.电子商务环境下并行分区拣选系统的订单合并优化研究[D].大连:大连理工大学,2014.

[25] 赵兰.基于拣选和分拣时间的订单分批优化方法研究与应用[D].武汉:华中科技大学,2015.

[26] 卢烨彬,刘少轩.随机存储机制下基于引力模型的订单波次划分方法的研究[J].管理现代化,2016,36(04):101-105.

[27] 张彩霞.基于"货到人"模式的电商订单拣选优化研究[D].杭州:浙江理工大学,2016.

[28] HOSSEIN A A, SHAHROOZ T, PEZHMAN G, et al. Order Batching in Warehouses by Minimizing Total Tardiness:A Hybrid Approach of Weighted Association Rule Mining and Genetic Algorithms[J]. The Scientific World Journal, 2013, 2013:1-13.

[29] NICOLAS L, YANNICK F, RAMZI H. Order batching in an automated

warehouse with several vertical lift modules: Optimization and experiments with real data[J]. European Journal of Operational Research, 2017:958-976.

[30] ARDJMAND E, BAJGIRAN O S, YOUSSEF E. Using list-based simulated annealing and genetic algorithm for order batching and picker routing in put wall based picking systems[J]. Applied Soft Computing Journal, 2018:106-119.

[31] 刘明,董绍华,庞慧,等.基于拓展 TOPSIS 法的订单排序问题研究[J].物流技术,2014,33(01):122-126.

[32] 吴颖颖,孟祥旭,王艳艳,等."货到人"拣选系统订单排序优化[J].机械工程学报,2016,(04):206-212.

[33] 王旭坪,张珺,易彩玉.电子商务人工并行分区拣选系统服务效率优化研究[J].管理工程学报,2017,31(02):209-215.

[34] 吴思沛.面向制造业 B2C 模式的多层穿梭车自动分拣系统设计及订单分配优化[D].济南:山东大学,2018.

[35] CLAEYS D, ADAN I, BOXMA O. Stochastic bounds for order flow times in parts-to-picker warehouses with remotely located order-picking workstations[J]. European Journal of Operational Research, 2016, 254(3): 895-906.

[36] FÜßLER D, BOYSEN N. Efficient order processing in an inverse order picking system[J]. Computers and Operations Research, 2017:150-160.

[37] NILS B, DIRK B, SIMON E. Parts-to-picker based order processing in a rack-moving mobile robots environment[J]. European Journal of Operational Research, 2017:550-562.

[38] 王彬宇,刘文芬,胡学先,等.基于余弦距离选取初始簇中心的文本聚类研究[J].计算机工程与应用, 2018, 905(10):16-23.

[39] LI XIAOWEN, YANG XIUQING, ZHANG CANRONG, et al. A simulation study on the robotic mobile fulfillment system in high-density storage warehouses[J]. Simulation Modelling Practice and Theory, 2021, 112:102366.

[40] 徐翔斌,马中强.基于移动机器人的拣货系统研究进展[J/OL].自动化学报, 2022, 48(1):1-20.

[41] WEIDINGER F, BOYSEN N, BRISKORN D. Storage assignment with rackmoving mobile robots in kiva warehouses. Transportation Science, 2018, 52(6): 1479-1495.

[42] NILS B, DIRK B, SIMON E. Parts-to-picker based order processing in a

rack-moving mobile robots environment[J]. European Journal of Operational Research, 2017, 262(2): 550-562.

[43] 张新艳,邹亚圣.基于改进A*算法的自动导引车无碰撞路径规划[J].系统工程理论与实践,2021,41(01):240-246.

[44] ZHOU L, SHI Y, WANG J, et al. A Balanced Heuristic Mechanism for Multirobot Task Allocation of Intelligent Warehouses[J]. Mathematical Problems in Engineering,2014,(11):1-10.

[45] ZOU B, GONG Y, XU X, et al. Assignment rules in robotic mobile fullment systems for online retailers[J].Post-Print, 2017.

[46] GHASSEMI P, CHOWDHURY S. Decentralized Task Allocation in Multi-Robot Systems via Bipartite Graph Matching Augmented with Fuzzy Clustering[C]. ASME 2018 International Design Engineering Technical Conferences and Computers and Information in Engineering Conference (IDETC/CIE2018): 44th Design Automation Conference: V02AT03A014-1--V02AT03A014-11.

[47] LAMBALLAIS T, ROY D, DE KOSTER M B M. Estimating performance in a Robotic Mobile Fullment System[J].European Journal of Operational Research, 2017, 256(3):976-990.

[48] 张经天.典型物流场景下的AGV系统关键技术研究[D].北京:北京邮电大学,2019.

[49] ZHANG J, YANG F, WENG X. A Building-Block-Based Genetic Algorithm for Solving the Robots Allocation Problem in a Robotic Mobile Fullment System[J]. Mathematical Problems in Engineering, Volume 2019, Article ID 6153848.

[50] VIS I F A. Survey of research in the design and control of automated guided vehicle systems[J]. European Journal of Operational Research, 2006, 170(3):677-709.

[51] QI M, LI X, YAN X, et al. On the evaluation of AGVS-based warehouse operation performance[J]. Simulation Modelling Practice and Theory, 2018, 87:379-394.

[52] EPP M, WIEDEMANN S, FURMANS K. A discrete-time queueing network approach to performance evaluation of autonomous vehicle storage and retrieval systems[J]. International Journal of Production Research,2017,55(4):960-978.

[53] D'ANTONIO G, MADDIS M D, BEDOLLA J S, et al. Analytical Models

for the Evaluation of Deep-lane Autonomous Vehicle Storage and Retrieval System Performance[J]. International Journal of Advanced Manufacturing Technology,2018,94(5-8):1811-1824.

[54] D'ANTONIO G,CHIABERT P. Analytical Models for Cycle Time and Throughput Evaluation of Multi-shuttle Deep-lane AVS/RS[J]. The International Journal of Advanced Manufacturing Technology,2019,(8):1-18.

[55] 田彬,吴颖颖,吴耀华,等."四向车"拣选系统订单排序优化[J].机械工程学报,2019,55(18):225-232.

[56] 曹伟洁.四向多层穿梭车系统建模与优化研究[D].济南:山东大学,2019.

[57] 王婷.穿梭车式密集仓储系统资源配置优化研究[D].西安:陕西科技大学,2019.

[58] 刘瑞萍.四向穿梭车仓储系统调度优化研究[D].长春:吉林大学,2020.

[59] 段绿辉.四向穿梭车系统配置优化与调度算法研究[D].长春:吉林大学,2020.

[60] DAI MIN,TANG DUNBING,ADRIANA GIRET,et al. Multi-objective optimization for energy-efficient flexible job shop scheduling problem with transportation constraints[J]. Robotics and Computer Integrated Manufacturing,2019,59:143-157.

[61] SRINVAS M,PATNAIK L M. Adaptive Probabilities of Crossover and Mutation in Genetic Algorithms[C]. IEEE Trans on Systems, Manand Cybernetics,1994,24(4).

[62] 邝航宇,金晶,苏勇.自适应遗传算法交叉变异算子的改进[J].计算机工程与应用,2006,12:93-99.

[63] 张小莲,李群,殷明慧,等.一种引入停止机制的改进爬山算法[J].中国电机工程学报,2012(14):128-134.

[64] GAMBARDELLA L M,TAILLARD R,AGAZZI G. MACS-VRPTW:A multiple ant colony system for vehicle routing problems with time windows[J]. New Ideas in Optimization,1999:63-76.

[65] 何小峰,马良.带时间窗车辆路径问题的量子蚁群算法[J].系统工程理论与实践,2013,33(5):1255-1261.

[66] 沙庆.基于改进型遗传算法下时间窗约束车辆路径问题的研究[D].长春:吉林大学,2007.

[67] 潘立军.带时间窗车辆路径问题及其算法研究[D].长沙:中南大学,2012.

[68] 杨婷,韩冬桂,燕怒,等.基于改进蚁群算法的软硬时间窗车辆路径优化[J].物流技术,2019,42(09):1-6.